Eckpunkt

DIE GLUT IM KOPF   Was heute Fernsehreporter sind, waren früher Bänkelsänger. Unterstützt von Bildtafeln sangen sie von Gräueltaten und Kriegswirren, um ihr Publikum zu unterhalten und moralisch zu belehren. Ein einträgliches Geschäft mit der Sensationsgier. Doch stellen Sie sich vor, ein Fernsehreporter kann nicht mehr zwischen Wirklichkeit und Abbild unterscheiden und begeht im Wahn selbst eine Gräueltat. Wie würden Sie ihn dafür bestrafen? So wie die Bänkelsängerin Friederike Louise von Rantzau vor knapp 300 Jahren? - Ein Lübecker Kriminalfall von 1740, der bereits damals die Debatte über den Sinn der Todesstrafe anheizte.

Abitur in Hannover. Studium in Berlin. Mehrere Jahre als Tonmeister in Musikstudios und als Musikproduzent tätig. Dann Aufbaustudium an der Musikhochschule Lübeck. Unterricht in Musik und Physik. Als Leiter der Schulchöre verantwortlich für eine überregional beachtete Chorarbeit. In Büchern und Fachzeitschriften Publikationen zur Musikpädagogik sowie Chorarrangements. Promotion über das Thema "Schule in der Musik". Seit 2010 Autor von Kriminal- und Historischen Romanen sowie Reiseführern.

www.dieterbuehrig.de

Weitere Romane:
- *Schattengold* (2010)
- *Der Klang der Erde* (2011)
- *Schattenmenagerie* (2012)
- *Die verschollene Jungfrau* (2012)
- *Brüllbeton* (2013)
- *Fluchtvögel* (2014)
- *Mauerriss* (2014)

Dieter Bührig

Der Tod der Bänkelsängerin

Ein Lübecker Kriminalfall von 1740

Roman

 Eckpunkt-Verlag

© 2015 Eckpunkt-Verlag, Stockelsdorf
www.eckpunkt-verlag.de
info@eckpunkt-verlag.de
Alle Rechte vorbehalten

Umschlaggestaltung: Dieter Bührig
Fotomotiv mit freundlicher Genehmigung des
  Museo Modernista Can Prunera Sóller, Mallorca

ISBN 978-3-00-049406-2

Vorspiel – Erinnerungen eines Seelsorgers

Teil 1 – Lübeck 1739

Ihr Christen kommt und tut anhören,
Wie Satan uns sucht zu betören;
Dass er uns bringen mag zu Fall:
Exempel hat man abermal.

Es war ein freundlicher Sommertag, als ich ihr das erste Mal begegnete. Martin, mein alter Freund und Kollege aus Köln, war nach Lübeck zu Besuch gekommen, um die berühmten Orgeln meiner Heimatstadt kennenzulernen. Bei der Gelegenheit wollte ich ihm, der stets vom Kölner Karneval schwärmte, zeigen, dass auch wir im Norden es verstehen, Feste zu feiern. Bislang war er felsenfest davon überzeugt, dass es in unserer Hansestadt nur steif und gesittet zuginge. Also führte ich ihn auf unseren Jahrmarkt.

Der weite Platz war derart mit Händlerbuden, Schaustellerzelten und Musikantenbühnen vollgestellt, dass es schwer fiel, sich durch den dichten Strom der Passanten hindurch zu drängen. Die Vorderreihe begann mit der Bude eines Spielzeughändlers. Seine Steckenpferde, Puppen und Kreisel zogen eine Schar von Kindern an, deren Augen glänzten. Doch nur wenige Eltern konnten sich die teuren Artikel leisten.

Gleich daneben hatte ein Musikalienhändler sein Domizil errichtet. Lauten und Flöten hingen einträchtig zusammen mit Trommeln und Schalmeien von einer Querstange herab. Auf dem Ladentisch lagen zwei Geigen. Eine dritte hatte ein junger Mann zur Hand genommen und begutachtete sie. Ob er das wertvolle Instrument erstehen würde?

Als nächster kam ein Tuchhändler an die Reihe. Seine Ballen von feiner Seide und kostbarem Damast in unterschiedlichen Farben lagen sauber gestapelt in Reih und Glied auf den Regalen. Von der Budendecke hingen kunstvoll gestickte Baumwolltücher und flämische Spitzendeckchen herab, um das Herz der vorbeiflanierenden Damen höher schlagen zu lassen.

In unübertreffbarem Kontrast stellte in der Nachbarbude ein Schlachter seine Ware aus. Statt der Spitzendecken hingen hier Würste und Schinken von der Dachkante. Gegenüber pries lautstark ein Fischer seinen frischen Fang. Seine Heringsfässer standen weit vor dem Stand, sodass wir fast darüber gestolpert wären und uns mit dem kräftigen Fischgeruch verpestet hätten.

Ein paar Buden weiter machte sich eine Töpferei breit. Entgegen der Marktordnung standen seine Krüge und Tonkessel mitten in der Gasse. Ein streunender Hund, der gerade eine Katze jagte, stieß eine der Tonpyramiden zum hellen Entsetzen des Handwerkers um und verschwand, einen jämmerlichen Scherbenhaufen hinterlassend.

Auch die Wahrsagerin neben ihm, eine Zigeunerin mit einer Glaskugel und einem Kartenspiel auf dem Tisch, jammerte, weil sie befürchtete, dass ihr in dem heillosen Durcheinander die Kunden wegbleiben würden.

Aus einer Kneipe am Rand des Platzes tönte der übermütige Streit Betrunkener, begleitet vom Gejohle ihrer Zechkumpane. Der Marktaufseher schritt ein und beförderte den Rädelsführer mit einem kräftigen Tritt in den Hintern in die Gosse.

Ich muss gestehen, dass ich derlei Volksvergnügungen nicht besonders mag. Die rohe Ausgelassenheit des einfachen Volks, das Zur-Schau-Stellen von sensationslüsternen Kunststücken, die heidnischen Methoden der Wahrsager und Sterndeuter und das grobe Absingen, besser gesagt, das Grölen von gotteslästerlichen Liedern gehören nicht unbedingt in die Welt eines Geistlichen.

Aber was soll's. Ich bin wahrlich kein Kind von Traurigkeit. Denn, wie heißt es so treffend im Alten Testament, im Buch der Prediger: *Darum pries ich die Freude; denn es gibt für den Menschen nichts Gutes unter der Sonne als essen und trinken und fröhlich sein. Das begleite ihn bei seiner Mühsal die ganze Zeit seines Lebens, das Gott ihm gegeben unter der Sonne.*

Umso überraschter war ich, als ich ihre Stimme hörte, ohne dass wir die Sängerin sehen konnten. Wir standen gerade vor der Bühne eines Quacksalbers, der sich bemühte, mit seinen zweifelhaften Werkzeugen einen Patienten von seinen Zahnschmerzen zu befreien. Ich konnte beobachten, wie die Frau des Quacksalbers dem bedauernswerten Mann im Moment seiner höchsten Pein die Geldbörse entwendete. Diebstahl gehört wohl zur festen Nebeneinnahme eines Zahnbrechers.

Eigentlich wollte ich einschreiten, doch mein Freund Martin, der von Musik mehr versteht als ich, war auch auf den Gesang aufmerksam geworden und zerrte mich am Ärmel. »Komm, Johann, das ist nichts für uns. Unsre Zähne sind noch jung und gesund. Mich interessiert viel mehr, wo dieser wunderbare Gesang herkommt. Die Sängerin hat nicht nur Talent, sondern auch eine musikalische Ausbildung, das höre ich sofort.«

> *Aus dem Mecklenburger Lande*
> *Kam ein Mädchen; frühe schon*
> *Trat sie auf dem Weg der Schande,*
> *Scheuend nicht der Sünde Lohn.*
> *Ihres Falles Zeuge, lebte*
> *Ihr ein Kind im Heimatsort,*
> *Drum sie in die Fremde strebte,*
> *Und nach Hamburg ging sie fort.*

Also ließen wir den Zahnklempner stehen und bogen in eine Seitengasse ein. Dort sahen wir sie. Die Bänkelsängerin hatte ihren Standort klug gewählt. Sie stand auf einer Art Fußbank vor einer laubenähnlichen Arkade. Dadurch wurde ihr Gesang auf natürliche Weise verstärkt, sodass sie selbst die leisen Stellen ohne Klangverlust singen konnte.

Sie war mit einem offenherzigen Mieder bekleidet, der die Augen der Männer auf sich zog. Geschickt verstand sie es, ihr langes blondes Haar im Takte der Melodie zu wiegen.

Doch dem Leichtsinne blieb ergeben
Sie auch hier; es naht der Tag,
Wo aufs Neu ein zweites Leben
Sollte künden ihre Schmach.
Niemand ahnte ihr Vergehen,
Ihre eigne Mutter nicht;
Drauf, dass niemand es sollt sehen,
War ihr Sinnen nur gericht.

Ganz im Banne dieser sonderbaren Musik traten wir näher. Ein Laufbursche hielt mir sogleich einen Stapel Programmhefte und einen verdammt echten Klingelbeutel unter die Nase. Gott weiß, aus welcher Kirche er ihn gestohlen hatte. »Weil Sie's sind, Hochwürden, nur einen halben Taler das Heft.«

Ich warf ihm einen Taler in den Beutel und nahm mir ein Heft, das auch den Text des Liedes enthielt. *Friederike von Pentz, Sängerin, und Christian Seecki, Kriegsversehrter und Lieutenant außer Dienst, sowie Maler der Bildtafeln, geben sich die Ehre, Ihnen die schaurige Ballade vom zerschnittenen Kind vorzustellen, welches von der Mutter, einem Dienstmädchen in Hamburg, nach der Geburt zerstückelt und in ein Klosett geworfen wurde. Nach einer wahrhaftigen Begebenheit und zu Ihrer Erbauung, und in aller Bescheidenheit zur frommen Belehrung in kunstvollen Gemälden, ergreifenden Reimen und lieblicher Melodie vorgetragen.*

Als das Kind zur Welt gekommen,
Hat sie sonder Furcht und Scheu
Sich ein Messer hergenommen,
Fühlend weder Angst noch Reu.
Ihrem Kind die Arm und Beine
Und den Kopf selbst schnitt sie fort,
Und den Rumpf in mehre kleine
Stücke nun zerteilt sie dort.

Friederike sang den Text auf einer volkstümlichen Melodie, deren Namen ich vergessen habe. Sie hatte eine bemerkenswert warme Stimme und traf die Töne präzise, im Unterschied zu ihren meisten Kollegen, die sich mangels Musikalität in einen diffusen, groben Sprechgesang flüchten.

Aber es war nicht nur die Stimme, die die zahlreichen Zuhörer anlockte. Das faszinierendste an ihr waren ihr Gesichtsausdruck und ihre Gestik. Ich trat ganz nahe an sie heran, um sie aus der Nähe zu beobachten. Ihre Augen hielt sie meist halb geschlossen. Bei besonders markanten Worten riss sie sie allerding weit auf und starrte mit geistesabwesendem Blick über ihr Publikum hinweg.

Hin und wieder strich sie sich mit einer eckigen Bewegung die Haarsträhnen aus der Stirn. Ihre Mundwinkel zuckten nervös. In diesen Momenten machte sie auf mich den Eindruck einer Geistesverwirrten. Es schien, als hätte sie sich in die Rolle der Mutter versetzt, deren Schicksal sie besang, als wäre es ihr eigenes. Das machte ihren Vortrag erstaunlich authentisch. Er war beängstigend und packend zugleich. Wir Zuhörer litten regelrecht mit ihr und ihrer Protagonistin.

> *Und, mit Schaudern ist´s zu sagen,*
> *Wirft in ein Klosett sie´s nun,*
> *Denkt die Wasser werden tragen*
> *Weit weg ihr verruchtes Tun.*
> *Doch es stopfen sich die Röhren,*
> *Und sie werden untersucht;*
> *Männer kommen und sie stören*
> *Auf des grausen Unheils Frucht.*

Neben Friederike stand Seecki, ihr Partner, vor einer mannshohen Bildertafel, deren Seiten zunächst nach hinten geklappt waren. Mit einem langen Stock wendete er bei jeder Strophe ein neues Blatt nach vorn, und eine von geschickter Hand ausgeführte Zeichnung kam zum Vorschein, die das Gesungene in einer drastischen Bildsprache kommentierte.

Seecki war eine bemerkenswerte Figur. Von kräftiger, männlich-roher Statur, umgab ihn das Odium eines Frauenschwarms. Ein spärlicher Flauschbart umrahmte seine weichlichen Gesichtszüge. Schwer zu glauben, dass er einst Söldner war. Allein, sein makaber glänzender Handstumpf und eine breite Narbe auf der Stirn kennzeichneten ihn als militanten Draufgänger.

Mit theatralischen Bewegungen unterstrich er die jeweilige Szenerie. Dabei schaute er seine Zuschauer mit einem hypnotisierenden Blick an, als wollte er sie aufmuntern, in der Tragödie mitzuspielen.

Ich bemerkte, dass die einfältigsten unter den Zuschauern ihre Augen und Münder weit aufrissen, als glaubten sie, leibhaftig Zeuge der entsetzlichen Gräueltat zu sein. »So ein Weib!«, rief eine empörte Marktfrau. »An den Galgen gehört sie, so ein liederliches Weibsbild.«

Die Verbrech´rin wird gefangen
Und erwartet ihren Spruch;
Bald wird Er zu ihr gelangen;
Doch in Gottes Richter Buch
Ist ihr Name auch getragen.
Schwer bereue sie, dass nicht
Wird Er einst sein Buch aufschlagen,
Es noch härter zu ihr spricht.

Nach dieser Strophe stieg Friederike von ihrem Podest herunter und ging, weiter singend, durch die Reihen des Publikums. Sie kam ganz dicht an mir vorbei, doch ich hatte den Eindruck, dass sie mich nicht wahrnahm. Ihre Augen glänzten vor Aufregung, aber sie schien durch mich hindurch zu sehen, als lebte sie in einer anderen Welt zu einer anderen Zeit. Stand sie unter Hypnose oder hatte sie ein berauschendes Mitteln genommen? Ihr Kompagnon Seecki jedenfalls verfolgte sie mit seinem stechenden Blick, als müsste er aufpassen, dass sie keinen Fehltritt machte.

*Ihr Christen kommt und tut anhören,
Wie Satan uns sucht zu betören.
Und wer meint, mein Lied war gut,
legt einen Taler in den Hut.*

Friederike stieg wieder auf ihre Bank und verbeugte sich mit einer hastigen Bewegung. Aufrichtiger Beifall schlug ihr entgegen, doch sie lächelte nicht. Mit einem ungelenken Knicks verabschiedete sie sich und verschwand hinter der Bildertafel.

So verlor ich sie aus den Augen.

Der Laufbursche drängte sich mit dem Klingelbeutel durch die Menge. Es wurde ein finanzieller Erfolg für die Bänkelsängerin. Der eine oder andere Bürger steuerte gleich mehrere Taler bei, als wollte er sich mit dem Obolus von seinen Sünden freikaufen. Einige Bürgersfrauen erwarben ein Textheft, wohl um es zur Belehrung ihrer eigenen Kinder mit nach Haus zu nehmen.

Erst später erfuhr ich, dass jene Friederike von Pentz seinerzeit ihren wahren Namen verschwieg. Sie hatte es sich angewöhnt, sich nach dem Namen ihrer Mutter zu benennen.

In Wirklichkeit hieß sie Friederike Louise von Rantzau.

*

Warum bloß lässt Gott dies zu?

Allein die Fragestellung würde mich an anderen Stellen unseres Planeten wegen Ketzerei auf den Scheiterhaufen bringen. Wenigstens sind wir hier in Lübeck so weit, dass Glaubenszweifel nicht mehr mit dem Tode bestraft werden.

Die junge Frau jedenfalls, über die ich diesen Bericht verfasse, muss ihre Tat mit dem Leben bezahlen. Zur Sühne, heißt es, oder zur Abschreckung oder einfach aus Gerechtigkeit.

Indes, niemand fragt, wieso es so weit kommen musste, und niemand sucht die Schuld bei sich selbst.

Niemand fragt, ob wir überhaupt das Recht haben, andere Menschen zum Tode zu verurteilen, aus welchen Gründen auch immer. Wissentlich, nach öffentlich anerkannten Prinzipien und nach den Gesetzen einer juristischen Vernunft einen anderen Menschen zu töten, obwohl auch er, der Sünder, ein Geschöpf Gottes ist.

Steht es nicht allein Gott zu, über Leben und Tod zu entscheiden? Warum maßen wir uns an, Gottes Vollstrecker zu sein? Warum hat Gott uns mit Vernunft ausgestattet, damit wir die Dinge nicht auch auf anderem Weg lösen können?

Friederike Louise von Rantzau ist nicht der erste Todeskandidat, den ich auf seinem schweren letzten Gang begleiten muss.

Von jeher war mir dieser Teil meines Berufs ein Gräuel, nicht nur wegen meiner prinzipiellen Abneigung gegen Todesurteile, und auch nicht nur wegen der mitleiderregenden Todesangst, die stets aus den Augen der Delinquenten spricht.

Ich hasse vor allem die menschenunwürdigen Umstände, unter denen das arme Opfer das Licht der Welt verlässt. Eine Hinrichtung ist zu einer billigen Jahrmarktssensation verkommen, die jegliches Gefühl für Menschenwürde abstumpfen lässt.

Freibier wird ausgeteilt, Kinder dürfen den verurteilten Sünder mit faulem Obst bewerfen, Diebe und Betrüger haben Hochkonjunktur, und Schausteller, Quacksalber und Bänkelsänger nutzen die Gunst der Stunde, um mit ihren grotesken Schauermärchen den Leuten das Fürchten zu lehren und ihnen gleichzeitig ihr Kleingeld abzuknöpfen.

Ironischerweise gehörte auch Friederike von Rantzau zum fahrenden Volk der Bänkelsänger. Sie, die auf den Jahrmärkten und Dorffesten blutrünstige Verse über Kindermörderinnen, Leichenschänder und Hexenprozesse gesungen hatte, ist unvermittelt durch einen einzigen unbeherrschten Moment in ihrem Leben selbst zum Thema ihrer zweifelhaften Kunst geworden. Wer weiß, welcher Bänkelsänger morgen anhand hastig ausgemalter Stelltafeln ihr Schicksal besingen wird.

Doch eins nach dem anderen. Mir war es vergönnt, Friederike von Rantzau in den langen Wochen zwischen ihrer Verhaftung und ihrer Hinrichtung fast jeden Tag im Gefängnis zu besuchen, ihr Trost zu spenden und sie auf ihren letzten Weg vorzubereiten.

Dabei gelang es mir, ihr Vertrauen zu gewinnen, sodass sie mir über ihr Leben, über ihr Innerstes viel anvertraute, mehr als jedem andern zuvor. Das bemerkenswerte dabei ist, dass, je näher ich in die Gegenwart kam, sie immer stärker an Gedächtnisschwund litt. Mag sein, dass sie nicht wollte, die Beweggründe für ihre grauenhafte Tat zu offenbaren. Mag sein, dass sie sich ihrer schämte.

Ich glaube aber nicht an so etwas. Ich glaube, dass sie, je älter sie wurde, sich immer mehr in eine Scheinwelt zurückzog, die sie von Kindheit an um sich herum aufgebaut hatte. Sie war in einem Käfig gefangen, den sie sich selbst kunstvoll zusammengeschmiedet hatte, und der sie schließlich hinderte, zwischen Realität und Traum zu unterscheiden.

Ich machte mir von Anfang an Aufzeichnungen, und dank meiner hanseatischen Beziehungen zu den früheren Stätten ihres Lebens konnte ich viele ihrer Aussagen durch die Berichte meiner Freunde aus Norwegen, Dänemark und Holstein überprüfen und ergänzen.

So hat sich in mir nach und nach das Bild einer starken Persönlichkeit entwickelt, aber auch das einer zerbrechlichen Frau, der es vergönnt gewesen wäre, unter anderen Vorzeichen dem unerbittlich urteilenden Getriebe der Justiz zu entgehen.

Das meiste in meiner Darstellung basiert auf den Nachforschungen und scheint der Wahrheit zu entsprechen. Allerdings muss ich nochmals bekräftigen, dass Friederike von Rantzau in den letzten Wochen vor ihrer Hinrichtung, also in der Zeit meiner intensiven Gespräche mit ihr, zeitweise sehr stark unter Realitätsverlust litt. Der Leser möge mir verzeihen, wenn ich hier und dort meiner eigenen Fantasie freien Lauf lasse, etwas nach eigenem Gutdünken ausschmücke oder über manch intime Einzelheit den Mantel des Schweigens decke.

Denn es ist weder meine Absicht, anzuklagen noch schonungslos Rechenschaft abzulegen. Es ist mein Ziel, mit diesem Bericht einer bedauernswerten Frau die Würde wieder zurückzugeben, die ihr die Mitmenschen Zeit ihres Lebens, sei es unwissentlich oder sei es vorsätzlich, Stück für Stück geraubt hatten.

Kapitel 1 – Die Kindheit

Trondheim, Norwegen 1705 - 1711

»Es ist also bloß ein Mädchen geworden.«

Leutnant Maximilian von Rantzau saß in seinem Zelt und drückte dem Kurier, der den Brief aus der Heimat überbracht hatte, ein paar Münzen in die Hand.

Maximilians Zeltgenosse, ein Leutnant der Nachbareinheit, der gerade seinen Degen putzte, blickte nur kurz auf. »Gratuliere zum Nachwuchs. Sei froh, dass es überhaupt was geworden ist. Meine Frau war damals an einer Wochenbettinfektion krepiert. Und der Knirps gleich mit ihr.«

Seufzend setzte er seine Arbeit fort. Dann strich er vorsichtig mit seinem Daumen über die Schneide. Sie war messerscharf. Jetzt war er für die morgige Schlacht bestens vorbereitet.

»Du wirst es kaum glauben, auch Mädchen haben was Gutes. Du kannst sie später verheiraten und, wenn du es richtig anpackst, eine satte Mitgift einheimsen.« Er vollführte mit seinem Degen ein kurzes Scheingefecht. »Kopf hoch. Wer weiß, vielleicht hast du ihn morgen Abend nicht mehr auf den Schultern.«

Maximilian beachtete die rohe Anspielung nicht. Er steckte den Brief in seine Brusttasche und machte sich daran, seine Uniform zu säubern. Danach überprüfte auch er seinen Degen. Da musste alles stimmen, schließlich konnte im Gefecht eine Kleinigkeit über Leben und Tod entscheiden.

Das hatte er nun schon hunderte Mal gemacht, aber diesmal fiel es ihm schwer, sich auf seine Aufgabe zu konzentrieren. Die Nachricht von seiner Frau aus Trondheim beunruhigte ihn. Ein Mädchen. Dabei hatte er sich einen Stammhalter erhofft, einen kräftigen Jungen, der es später in der Offizierslaufbahn weiter bringen würde als er. Er hatte es bisher nur geschafft, Zugführer zu werden, obwohl er aus einer alten Adelsfamilie stammte. Aber es war eben nur eine verarmte Seitenlinie, da konnte man nicht mit mehr rechnen. Und seine Heirat mit Margarethe von Pentz hatte sich nicht als besonders lukrativ erwiesen, denn auch sie war nicht unbedingt eine gute Partie.

So hatte er all seine Hoffnungen auf einen männlichen Nachkommen gesetzt, dem es gelingen würde, durch gute Ausbildung, Mut und Draufgängertum wieder in die oberen Reihen derer von Rantzau aufzuschließen. Aber mit einem Weibsbild war das nicht zu schaffen. Welcher dänische Graf heiratet schon eine verarmte Landjungfer aus der norwegischen Provinz?

Maximilian bewunderte Jørgen von Rantzau, den Führer seiner Einheit. Der Verwandtschaftsgrad war weitläufig, doch Maximilian war zu stolz, um daraus irgendwelche Vorteile zu ziehen. Er schämte sich seiner ärmlichen Verhältnisse und wollte nicht von den Almosen reicher Verwandter abhängig sein. Also machte er Jørgen nicht auf sich aufmerksam.

Unter dem Kommando seines Namensvetters fühlte sich Maximilian in guten Händen. Ob so ein Vertrauensverhältnis auch zwischen ihm und seinen eigenen Untergebenen herrschte, wagte er zu bezweifeln. Sicher, an Mut und Tatkraft fehlte es ihm nicht. So manches Mal hatte er an der Spitze seines Zugs gestanden und wie ein Berserker auf den Feind eingedroschen.

Doch es mangelte ihm an Weitsicht und an Geduld. Mehrfach hatte er das Leben seiner Leute unnötig aufs Spiel gesetzt. Er war zu impulsiv, zu eigenwillig. Er konnte schnell jähzornig werden und innerlich aus dem Gleichgewicht geraten. Wenn eine Situation drohte, ihn zu überfordern, war es ihm, als rauschte das Blut durch seine Stirnadern und lähmte seinen klaren Menschenverstand. Dann hörte er im Inneren einen schrillen hohen Ton, von dem er wusste, dass er außerhalb seines Kopfes gar nicht existierte.

Hoffentlich hat sich das nicht auf meine Tochter vererbt, grübelte er, während er seine Kampfausrüstung inspizierte.

Plötzlich erklang draußen ein Hornsignal. Klar zum Gefecht! Maximilian steckte seinen Degen in die Scheide, befestigte die Pistole am Gurt und stülpte seinen mit weißen und roten Federn geschmückten Hut über.

Jetzt schon? Waren die Schweden so nahe herangekommen? Maximilian rannte zum Exerzierplatz, wo sich binnen weniger Minuten die Grenadiere seines Zugs versammelten. Ein berittener Bote brachte den Einsatzbefehl. Die Schweden waren aus einer anderen Richtung herangepirscht, als man vermutet hatte. Nun galt es, mit seinen Soldaten so schnell wie möglich die westliche Flanke der verbündeten sächsisch-polnischen Truppen bei Rakowitz zu stärken.

Ohne zu zögern ließ Maximilian seinen Zug mit aufgepflanztem Bajonett nordwärts stürmen. Gleich hinter einer Hügelkette kam es zum Zusammenstoß. Recht lustlos droschen die Söldner aufeinander ein. Zu lange hatte der Nordische Krieg gewütet, und eine Entscheidung war nicht in Sicht. Maximilian trieb seine Leute kräftig an. Er sparte nicht mit rohen Worten und traktierte seine Untergebenen durch Hiebe mit der stumpfen Säbelseite. Mürrisch drang sein Zug vor und setzte sich von der Linie der benachbarten Truppen ab.

Die Schweden wichen ihm zögerlich aus. Ob es auch unter ihnen Soldaten gab, die heute die Nachricht erhalten hatten, dass sie Familienvater geworden waren?

Dann dachte er an Zuhause, an Margarethe. Frederick sollte sein Erstgeborenes heißen. Doch es war bloß ein Mädchen geworden war. Nun galt es, einen weiblichen Vornamen zu finden.

Maximilian war für einen kurzen Augenblick in seinen Gedanken vom Gefecht abgelenkt, als ihn eine aus kürzester Entfernung abgeschossene Kugel traf. Das war das Ende, wurde ihm schlagartig bewusst. Für den Bruchteil einer Sekunde glaubte er, der Schuss wäre schräg hinter ihm von einem seiner eigenen Leute abgefeuert worden.

Die Kugel hatte Maximilian einen Teil der linken Schulter zerfetzt. Er brach vor Schmerzen ohnmächtig zusammen. Stunden später wachte er in einem notdürftig hergerichteten Feldlazarett wieder auf. Die

Schweden hatte zwar das verbündete Heer geschlagen, doch die Entscheidung über die Vormachtstellung im Ostseeraum war vorläufig nur aufgeschoben, nicht endgültig gefallen. Maximilian durfte nach Haus zurückkehren, um sich von seiner Verletzung zu erholen.

Doch nicht für lange, denn die dänisch-norwegische Armee brauchte jeden erfahrenen Soldaten, jeden Offizier, auch wenn dieser den linken Arm nicht mehr bewegen konnte.

*

Der Duft weißer Lilien beherrschte das Holzhaus in der Bisbegata, einer Querstraße im Süden der Flussschleife der Nidelva, die Trondheim so umrundete, dass das Stadtgebiet fast eine Insel bildete. Ein Geruch von Trauer, aber auch von Geburt und Hoffnung lag in der Luft.

Von der Straße aus machte das blauweiß gestrichene Haus mit seinem überschaubar bewachsenen Vorgarten den gepflegten Eindruck mittelständischen Besitztums. Unkraut gab es hier ebenso wenig wie moderndes Holz, abgeplatzte Farbe oder ungeputzte Fensterscheiben. Margarethe sorgte persönlich dafür, obwohl sie sich dessen wegen ihres adligen Standes genierte. Einen Gärtner, eine Amme oder andere Hausbedienstete konnte sich die Familie nicht leisten. Aber nach außen hin musste alles so aussehen wie bei anständigem Landadel.

Maximilian kam mit einem gelähmten linken Arm nach Haus. Er sollte seine Verletzung so gut es ging auskurieren. Doch sein Urlaub vom Krieg war nur auf Pump, das wusste er. Denn es würde nicht lang dauern, bis der König von Dänemark-Norwegen erneut gegen die Schweden ins Feld zog. Schließlich ging es um die Vormachtstellung im Ostseeraum, und dazu brauchte man jeden Mann. Wenigstens zahlte man ihm einen Teil seines Soldes weiterhin aus, sodass die Familie einigermaßen über die Runden kam.

Als geborene von Pentz stammte Margarethe, wie ihr Mann, aus einer dänisch-holsteinischen Adelslinie. Es war keine Liebesheirat, sondern der Versuch von Maximilians Eltern, die abgewirtschaftete Rantzau-Linie wieder aufblühen zu lassen. Doch daraus wurde nichts, denn kurz nach der Ehe fiel ihr ohnehin karger Landbesitz dem politischen Schacher zwischen Dänemark und dem Holstein-Gottorfer Herzog zum Opfer. Die Familie stand damit praktisch am unteren Rande der Mittelschicht.

Jetzt, mit einem Kind im Haus, wurde das Leben teuer. Margarethe verdingte sich unter ihrem Geburtsnamen als Lehrerin in einer der Winkelschulen, die vor Kurzem in der Stadt gegründet und ohne Konzession und entsprechende Aufsicht geführt wurden, um die Kinder der einfachen Bürger im Lesen, Schreiben und Rechnen zu unterrichten.

Von Anfang an nahm sie die Kleine mit in die Schule, weil sie sich keine Kinderfrau leisten konnte. Friederike kam in einen Korb, der neben dem Lehrerpult stand. Hier blieb sie sich selbst überlassen, weil die Mutter genug mit den nicht gerade lernwilligen Kindern zu schaffen hatte. Meistens schlief

Friederike oder döste, eingelullt von der monotonen Lehrerstimme, vor sich hin. Wenn sie ausgeruht war, fing sie schon früh an, die Schulkinder genau zu beobachten.

Sie kamen aus unterschiedlichen Schichten und gehörten verschiedenen Jahrgangsstufen an, Mädchen wie Jungen. Durch die Bank hatten sie wenig Lust, dem Unterricht zu folgen und nahmen jede Gelegenheit wahr, sich zu zanken, zu stören und die Lehrerin zu verunsichern. Friederike war nicht selten Zielpunkt ihrer Sticheleien, denn wenn das Kleinkind unruhig wurde, war die Mutter abgelenkt, und so konnten die Zöglinge über die Bänke springen und sich mit ihren Büchern bewerfen.

Der Hauptantreiber war ein schmaler, hochgeschossener Bursche, der Sohn eines Hufschmieds, der sich mit roher Gewalt die Führungsposition unter den Kindern erkämpft hatte. Eines Tages, als er unvorbereitet an die Tafel musste, stieß er, natürlich angeblich rein aus Versehen, mit dem Fuß gegen den Korb und rüttelte Friederike so durcheinander, dass sie zu schreien begann.

Ihre Mutter warf einfach eine Decke über den Korb, sodass das Kind mangels frischer Luft gezwungen war, das Schreien einzustellen. Die Dunkelheit unter der Decke erschreckte Friederike, und es baute sich eine tiefe Angst vor den Kindern auf, da sie sich unbewusst bedroht fühlte und sich nicht wehren konnte.

Seitdem schrie das Kind nie wieder. Es war, als ob in ihrem Kopf ein natürlicher Lebensimpuls erstickt worden war. Dennoch wurde sie immer wieder,

besonders in den Pausen, Zielscheibe von Hänselei-
en seitens der Schüler.

Nur ein stilles Mädchen aus der hintersten Reihe,
die Tochter eines Heringsfängers, die die anderen
Kinder wegen ihres angeblich angeborenen Fischge-
ruchs mieden, zeigte Mitleid mit Friederike.

In unbeobachteten Momenten beugte es sich mit
liebevollem Lächeln über den Korb und streichelte
sie, als wäre sie seine Puppe. Denn eine Puppe hatte ihm ihr Vater, der raubeinige Fischer, nie geschenkt.

Eines Tages drückte das Mädchen ihr drei leuch-
tende Glasmurmeln in die Hand, eine grüne, eine
rote und eine gelbe. Es war ein kostbares Geschenk.

Für beide.

Über Friederikes Gesicht huschte das erste wirkliche Lächeln ihres jungen Daseins. Sie beschäftigte
sich fortan Tag für Tag mit dem unscheinbaren
Spielzeug, das sie eifrig vor den Augen ihrer Mutter
versteckte, aus Angst, sie würde ihr die Murmeln
wieder wegnehmen.

Jetzt hatte sie etwas, mit dem sie sich bei den
Angriffen der Kinder trösten konnte. Immer, wenn es
zu einer für sie gefährlichen Situation kam, umfasste
sie die Glasmurmeln mit ihrer kleinen Faust und
drehte sie unablässig zwischen den Fingern herum.

Das beruhigte sie.

*

Die adlige Herkunft der Familie von Rantzau bildete ihr einziges Kapital. Von daher war die Frage der Nachkommenschaft von zentraler Bedeutung. Doch mit einem Mädchen könnte man nicht viel Staat machen, meinte Maximilian.

Aber Margarethe tröstete ihn: »Auch aus einem Mädchen lässt sich Kapital schlagen. Wir müssen es nur standesgemäß erziehen, damit es Zugang zum Hof bekommt. Und im Übrigen: Statt zu jammern, sollten wir uns anstrengen, beim nächsten Mal einen Jungen zu zeugen.«

Ein Jahr später kam Frederick zur Welt. Endlich ein männlicher Thronfolger. Jetzt konnten die Eltern tatkräftig an die Verfolgung ihrer ehrgeizigen Pläne gehen. »Abhärtung ist das wichtigste«, lautete Maximilians Devise. »Abhärtung, Disziplin und Gehorsam. Und zwar von Kindesbeinen an. Nur so wird unser Sprössling eines Tages als heldenhafter Offizier Karriere machen.«

Also musste der kleine Frederick, obwohl er von Natur aus weder mit einer robusten Gesundheit noch mit einem starken Körperbau ausgestattet war, schon früh alle möglichen Torturen erleiden. Baden in eiskaltem Wasser gehörte dazu ebenso wie erzwungenes Hungern und ein volles Tagespensum sportlicher Übungen. Bei jeder kleinen Unachtsamkeit oder Schwäche gab es Stockschläge auf den Rücken, so wie es Maximilian bei seinen Soldaten praktizierte.

Eines Tages, Frederick war gerade drei Jahre alt geworden, entdeckte das Kind den Zauberklang des Clavichords, das die Mutter in einer Ecke des Wohnzimmers abgestellt hatte. Seit ihrer Ehe hatte sie das

Musikinstrument nicht mehr angerührt, obwohl sie es in ihrer Jugend zu einer beachtlichen Virtuosität auf den Tasten gebracht hatte. Ihre Eltern waren der Ansicht, dass es zur Ausbildung einer adligen jungen Dame gehörte, die Gesellschaft mit gefälliger Musik zu unterhalten.

Nun war das Instrument, das äußerlich wie ein Cembalo aussieht, jedoch eine völlig andere, eine viel empfindlichere Anschlagtechnik beherbergt, verstaubt und verstimmt. Das machte dem kleinen Frederick jedoch nichts aus. Die Eltern waren gerade mal nicht zu Haus. Endlich durfte er unbeobachtet mit den Fingern über die Tastatur streichen, deren regelmäßige Abwechslung von dunkelbraunen und elfenbeinfarbenen Tasten ihn beeindruckte.

Neugierig wählte er sich eine Taste aus und drückte sie vorsichtig nieder. Ein am Ende der Tangente befestigtes Metallplättchen schlug von unten gegen die gespannte Saite. Der merkwürdig leise Klang, den die angeschlagenen Saiten erzeugten, verblüffte ihn.

Bald fand Frederick heraus, dass man den Klang beeinflussen konnte, wenn man unterschiedlich stark auf die Taste drückte. Der Ton vibrierte, er begann zu leben, er gehorchte dem Willen des Spielers. Doch es war eine ganz andere Art des Gehorsams, als die, die der Junge seinem gestrengen Vater entgegenbringen musste.

Friederike war die erste, die der neuen Leidenschaft ihres Bruders auf die Spur kam. Sie hatte schon längst den Zauberkasten erforscht und führte mit ihm geheime Zwiegespräche.

Seit Fredericks Geburt hatte sich ihr Verhältnis zu den Eltern verschlechtert, weil diese sich nur noch aufs Notwendigste mit ihr befassten. Der Thronfolger stand jetzt im Mittelpunkt des Lebens in dem bescheidenen Haus in der Bisbegata. Und da Friederike es früh verlernt hatte zu schreien und zu weinen, nahmen sie sie überhaupt nicht mehr richtig wahr.

So hatte sie sich in den langen unbeobachteten Momenten mit dem Clavichord vertraut gemacht. Das Musikinstrument wurde ihr heimlicher Gesprächspartner, dem sie ihre Gefühle anvertraute. Bald lernte sie es, ihre Trauer, ihre Verdrossenheit und ihre seltenen Augenblicke der Freude in Melodien umzusetzen, die nur sie verstand. Manche Klangkombinationen versetzten sie in einen überschwänglichen Gemütszustand, andere hingegen in eine melancholische Stimmung. Der klanglich traumhafte Reichtum des fünf Oktaven umfassenden Tonvorrats ersetzte ihr den Umgang mit der Wirklichkeit.

Als Friederike bemerkte, dass ihr Bruder begann, das geliebte Instrument mit seinem tollpatschigen Fingerspiel zu entweihen, wurde sie zunächst eifersüchtig. Doch bald merkte sie, dass er die Musik als heimliche Auflehnung gegen seinen Vater benutzte. Seitdem unterstütze sie ihn, wo sie nur konnte, und brachte ihm ein paar Spielübungen bei.

Eines Tages kam der Vater dazu. Er schlug Frederick mit einem Stock heftig auf die Finger. »Untersteh dich, das Ding noch einmal anzurühren! Das ist Weiberkram, damit hast du nichts zu schaffen.«

Eigenartigerweise ging er mit seiner Tochter umso verständnisvoller um, je härter er seinen Sohn züchtigte. Ihm war Friederikes Zuneigung zur Musik nicht entgangen. Er teilte die Ansicht seiner Frau, dass eine musikalische Bildung für ein adliges Mädchen wichtig war, um standesgemäß verheiratet werden zu können.

Also bekam Margarethe den Auftrag, Friederike in die Kunst des Klavierspiels einzuweisen. Schließlich beherrschte die Mutter das Instrument noch ganz passabel, und einen Hauslehrer konnte man sich nicht leisten.

Bei der Mutter war es umgekehrt wie beim Vater. Sie missbilligte die strenge Erziehung Fredericks, weil sie genau sah, dass der Junge viel zu zart gebaut war, um den Anforderungen gerecht zu werden. Auch sein gesundheitlicher Zustand wurde zunehmend instabiler. Den trockenen Keuchhusten, den der Vater als jämmerliche Erkältung abtat, wurde er einfach nicht los. Immer öfter musste sie das Kind heimlich in die Arme schließen, um es wenigstens durch ihre Körperwärme zu beruhigen.

Ihr Umgang mit Friederike entwickelte sich entgegengesetzt. Anfangs war sie noch stolz darauf, dass die Tochter ein gewisses Talent für die Musik zeigte. Die Mutter schrieb das der Vererbung zu. Doch sie war nicht geduldig genug. Die kleinen Finger konnten den anspruchsvollen Übungen nicht gerecht werden. Die Oktavläufe klapperten, und der Daumenuntersatz war unbeholfen. »So wird aus dir nie was!«, kommentierte Margarethe bissig. Wenn sich Friederike nicht an den vorgeschriebenen Fingersatz hielt, gab es mit dem Lineal einen Klapps auf den Handrücken.

Anfangs machte Friederike der Unterricht Spaß. Jetzt fühlte sie sich erstmals wirklich ernstgenommen. Endlich kümmerte sich jemand um sie, endlich stand sie im Mittelpunkt, wenn auch nur zeitweise. Sie griff die Fingerübungen, die ihr die Mutter zeigte, begierig auf und übte sie, bis ihr die Finger schmerzten. Das brachte Friederike zwar in technischer Hinsicht voran, doch es befriedigte sie nicht. Damit konnte sie ihre Gedanken und Gefühle nicht so durch Klänge und Melodien ausdrücken, wie sie es gern wollte.

Im Gegenteil, das Ableiern von Tonleitern behinderte den freien Lauf ihrer Phantasie, denn ihre Gefühle wurden immer stärker und bildhafter, je älter sie wurde. Sie sehnte sich danach, wieder ihre geheimen Zwiegespräche mit dem Clavichord aufzunehmen, Melodien zu erfinden, ihren Empfindungen freien Lauf zu lassen. Doch kaum hörte die Mutter, dass Friederike von ihrem Übungspensum abwich, knallte sie den Klavierdeckel zu, verschloss ihn und sperrte das Mädchen in sein Zimmer. Es weinte nicht und gab keinen Laut der Klage von sich. Es hatte gelernt, seine Wut still hinunterzuschlucken und schaute von seinem Bett aus durchs Oberfenster zu, wie die Wolken ruhelos dahinzogen.

Nach ein paar Stunden kam in der Regel der Vater, schloss die Zimmertür wieder auf und tröstete Friederike. Wahrscheinlich wollte er auf diese Weise instinktiv das wieder gutmachen, was er an seinem Sohn falsch machte. Doch es half nichts. Die Mutter blieb hart und öffnete den Klavierdeckel erst wieder, nachdem Friederike versprochen hatte, sich nur ihren Tonübungen zu widmen.

Durch einen Zufall entdeckte Friederike eine wirksame Methode, sich gegen ihre Mutter durchzusetzen. Längst hatte sie mitbekommen, dass Vater und Mutter in vielerlei Hinsicht, vor allem in der Erziehung der Kinder uneins waren. Das machte sich auch bei den täglichen Mahlzeiten bemerkbar. Seitdem der kleine Junge selbstständig am Tisch sitzen konnte, mussten beide Geschwister die Speisen der Erwachsenen teilen, auch wenn diese alles andere als kindgerecht waren.

Pilze waren ihr besonders verhasst. Sie ekelte sich vor dem schwammigen Bissgefühl und dem fauligen Modergeschmack. Außerdem litt sie unter dem Wahn, sie könnten giftig sein. Immer wenn es Pilze gab, fieberte es in ihrem Kopf, die Eltern würden sie vergiften, um das lästige Kind loszuwerden.

Mehr aus Reflex denn aus Überlegung erbrach sie sich, wenn Pilze auf den Tisch kamen. Wenn sie Glück hatte, schaffte sie es noch rechtzeitig zur Toilette, wenn nicht, gab es eine heillose Schweinerei. Ähnlich erging es ihr beim Verzehr von Spinat.

Aber egal wie das Drama auslief, die eigentliche Katastrophe kam hinterher. Im einfachsten Fall musste Friederike die Schweinerei auffeudeln und wurde dann zur Strafe hungrig in ihr Zimmer gesperrt. Im schlimmsten Fall musste sie vor dem Erbrochenen so lange sitzen, bis die Erwachsenen mit dem Essen fertig waren. Dann musste sie den gesamten Abwasch erledigen.

»Einer Hofdame darf so etwas nicht passieren, und wenn es mal passiert ist, darf sie sich ihr Malheur nicht anmerken lassen«, ermahnte die Mutter. Der Vater hielt sich in solchen Fällen zurück und flüchtete mit Worten wie »Typischer Weiberkram« aus dem Speisezimmer, um seine Ruhe zu haben.

Doch etwas Gutes in Bezug auf Friederikes Entwicklung hatten diese übertrieben ehrgeizigen Erziehungsmaßnahmen der Mutter. So schmerzhaft diese Ereignisse waren, Friederike lernte, dass das Erbrechen ein wirkungsvolles Mittel war, um Aufmerksamkeit zu erregen.

Ansonsten drehte sich alles um ihren Bruder. Nur selten, allenfalls an ihrem Geburtstag, stand sie im Mittelpunkt der Familie.

*

Nach wie vor nahm Margarethe ihre Tochter tagsüber mit in die Winkelschule. Nachdem Friederike dem Krabbelkorb entwachsen war, bekam sie hinten im Klassenraum eine Ecke, in der sie stundenlang Murmeln spielte. Die Mutter band sie an eine kurze Leine, sodass Friederike nicht fortlaufen konnte. Dann widmete sie sich ihrem Unterricht und beachtete das Kind nicht weiter. Die Schüler verloren nach und nach das Interesse an der Lehrerstochter. Es lohnte sich nicht, das wie ein Haustier angebundene Kind zu hänseln.

Auch wenn es den Anschein hatte, als würde Friederike anteilnahmslos vor sich hin brüten, so schnappte sie dennoch vieles aus dem Unterricht auf. Ihr Allgemeinwissen entwickelte sich zu einem Sammelsurium von unverarbeiteten Einzelheiten, welches alles andere als Bildung genannt werden konnte. Besonders fehlten ihr die Fähigkeiten logische Gedankengänge zu entwickeln und ihre Gedanken und Gefühle schriftlich angemessen wiederzugeben. Nur beim Musizieren und Singen war sie den anderen Schülern weit überlegen. Doch um nicht aufzufallen, hütete sie sich, das zu zeigen.

Kurz vor ihrem neunten Geburtstag traten Ereignisse ein, die ihr Leben bald völlig veränderten. Es begann damit, dass sie eines Tages ihren Bruder leblos in seinem Bett liegen sah. Blass war er, und auf seinem entblößten Unterarm entdeckte sie zahlreiche Striemen und Blutergüssen. Wieder einmal hatte er es gewagt, auf dem Clavichord herumzuklimpern.

Friederike dachte zunächst, er würde schlafen. Doch er bewegte sich nicht, obwohl die Wunden bestimmt schmerzen mussten. Und es war im Zimmer still. Sein trockener, kurzer Keuchhusten hatte seit geraumer Zeit ausgesetzt.

Als der Vater hereinkam, trat er gegen das Bettgestell. »Auf die Beine, du Faulpelz. Unter die kalte Dusche, damit du wieder zu Verstand kommst!«

Fredericks entblößter Unterarm rutschte zur Seite, doch sein Kopf regte sich nicht. »Wenn du simulieren willst, mach ich dir Beine!«, schimpfte Maximilian und wollte seinen Sohn aus dem Bett zerren.

Da bemerkte auch er es.

»Verdammt! Er ist tot.«

Erschrocken richtete sich der Vater auf und tat er ein paar Schritte rückwärts zur Tür.

»Margarethe, komm sofort! Ich glaube, da ist was passiert, etwas ganz Schreckliches.«

Margarethe rannte die Treppe hoch. Als sie den bewegungslos liegenden Jungen sah, bremste sie mitten im Lauf ab, als wäre sie gegen eine gläserne Wand gestoßen. Benommen blieb sie regungslos stehen. Sie atmete flach, und über ihr Gesicht legte sich eine merkwürdige Starre. Dann näherte sie sich, band sich langsam die Küchenschürze ab und bedeckte Frederick damit, als wäre es eine Wolldecke.

»Schlaf weiter. Ich muss noch die Zwiebeln schälen. Heute gibt es dein Lieblingsessen. Ich wecke dich, wenn es soweit ist.«

Ohne auf die beiden anderen zu achten, stahl sie sich mit gekrümmtem Rücken aus dem Zimmer.

Maximilian blickte ihr nach. Es schien, als ob er verstehen würde, was ihrem Kopf vorging. Dann gab er sich innerlich einen Ruck. Er nahm Friederike bei der Hand und führte sie in ihr Zimmer:

»Beunruhige dich nicht, mein Kind. Er schläft nur. Es ist so, als würde er eine sehr lange Reise antreten.«

Friederike hatte zwar schon die Leute über den Tod reden hören, aber was das genau war, wusste sie nicht.

»Gehen wir alle auf diese lange Reise, also auch du und ich?«, wollte sie wissen.

»Ja, wir alle. Es ist eine wunderschöne Reise. Sie führt uns in ein fernes Land, wo es kein Leid und keinen Hass gibt. Man kommt zu einem Ort, an dem man geborgen ist. Du musst dich wegen Frederick nicht fürchten.«

Das war er also, der Tod. Überhaupt nicht so schrecklich, wie er auf den Bildern in der Kirche aussah. In einem unbeobachteten Moment schlich sie wieder in das Sterbezimmer, um ihrem Bruder eine gute Reise zu wünschen. Mit einem letzten Blick vergewisserte sie sich, dass auf seinem Gesicht nicht der geringste Schatten von Angst lag.

*

Der nächste Schicksalsschlag folgte wenig später. Maximilian war wegen des Dahinscheidens seines Sohnes ein anderer Mensch geworden. Nun, da der Traum vom Thronfolger ausgeträumt war, zerfiel er regelrecht. Er betrank sich, wann er nur konnte und verlor jeden Bezug zur Familie. Für Friederike brach eine höllische Zeit an. Für Musik war jetzt kein Platz mehr im Haus. Die Eltern zankten sich ständig und ließen bei jeder Kleinigkeit ihren Unmut an der Tochter aus. Vorbei war es mit dem gemeinsamen Essen. Jeder ging seine eigenen Wege. Friederike versteckte sich so gut es ging in ihrem Zimmer. Am liebsten wäre sie in solchen Momenten ihrem Bruder auf die lange Reise gefolgt.

Der Krieg zwischen Dänemark-Norwegen und Schweden flammte wieder auf. Maximilian verdingte sich sofort bei seinem alten Regiment. Völlig verbittert und rücksichtslos kämpfte er an vorderster Front bei der Belagerung von Helsingborg. Wieder hatte sein Namensvetter Jørgen von Rantzau das Oberkommando.

Doch Soldatenglück lässt sich nicht ungestraft zweimal herausfordern. In den nebelverhangenen Anhöhen von Ringstorp kam es zum entscheidenden Feindkontakt. Hier die weiß-roten Dänen, dort die blau-gelben Schweden. Als die Dänen sahen, dass ihnen die Hauptmacht der Schweden auf der linken Flanke gegenüberstand, befahl Jørgen von Rantzau den Truppen um Maximilian, diesen Abschnitt zu verstärken.

Wieder ließ sich Maximilian von seiner draufgängerischen Ungeduld hinreißen. Bevor der eigentliche Befehl dazu ausgegeben war, trieb er seine Leute zum Angriff. Als ob er seinen eigenen Tod herbeisehnte, stürzte er sich blindlings auf die Schweden.

Diesmal kam die Kugel von vorn und zerfetzte seinen Schädel.

*

Margarethe verzichtete darauf, das Haus in der Bisbegata mit weißen Lilien als Symbol für die Trauer zu schmücken. Im Gegenteil, sie verhängte die Fenster mit groben Leinentüchern, sodass nur diffuses Tageslicht in die Räume gelangte.

Auch die Gemüter der beiden Bewohnerinnen verdüsterten sich zunehmend. Margarethe flüchtete sich, ganz in der Tradition ihres verstorbenen Ehemanns, in die Sackgasse des Alkohols, der ihr ein trügerisches Gefühl von Trost und Vergessen vermittelte. Ihre Stelle an der Winkelschule ließ sie einfach fallen und kümmerte sich nicht länger um das Los ihrer Schüler.

Friederike hockte nur noch teilnahmslos in ihrem Zimmer herum. Ein wenig vermisste sie ihre Ecke in der Schule, in die ihre Mutter sie abgestellt hatte. Hier hatte sie die Grundlagen ihrer Lebenswelt gelernt, auch wenn sie oft mit schmerzhaften Erfahrungen verbunden waren.

Und sie vermisste ihren Vater. Immerhin stand er auf ihrer Seite, wenn die Mutter sie in ihrer unerbittlichen Art mit Tonleitern traktierte. Aber Friederike war nicht traurig, denn sie wusste, dass er auf seine lange Reise gegangen war, dorthin wo alles friedlich und harmonisch ist.

Umso mehr litt sie jetzt unter den Launen ihrer Mutter. Margarethe stand permanent unter Alkoholeinfluss. Tagelang sperrte sie sich im Haus ein und brütete vor sich hin. Dann plötzlich bekam sie einen Anfall und beschloss, ihre Umgebung glücklich zu machen, indem sie für alle Nachbarn Blumenkränze band und mit Kindern am Spielplatz singen wollte.

Sie wurde für Friederike unberechenbar.

Darunter litt der Klavierunterricht, der bald ganz zum Erliegen kam. Immerhin konnte Friederike sich in den Stunden, in denen die Mutter geistig abgetreten war, wieder öfter ihren freien Klangexperimenten widmen.

Ohne lange nachzudenken, begann sie, sich im Nachsingen ihrer frei erfundenen Melodien zu üben. Nach und nach festigte sich ihre Stimme. Bald ging sie dazu über, zuerst die Motive zu singen, um sie anschließend auf dem Clavichord nachzuspielen.

Manchmal konnte sie das stundenlang durchhalten. Niemand störte sie. Sie hörte erst auf, wenn sie in ihrem Kopf ein heftiges Zucken verspürte, was vor allem dann auftrat, wenn das Musizieren nicht so klappte, wie sie es sich vorgestellt hatte.

Diese Kopfschmerzen waren teilweise so heftig, dass sie wie besinnungslos durch das Zimmer lief, gegen die Wände stieß und nicht merkte, wie sie sich blaue Flecken holte. Ihr Erinnerungsvermögen setzte in diesen Phasen teilweise aus. Niemand war da, um ihr zu helfen, um mit ihr darüber zu reden. Sie gewöhnte sich daran, diesen emotional labilen Zustand, der stets unter erhöhter psychischer Belastung eintrat, als ein unvermeidbares Schicksal hinzunehmen.

Eines Tages war es mit dem Musizieren vorbei. Die heruntergekommenen finanziellen Verhältnisse zwangen die Mutter, alles was irgendwie von Wert war, zu veräußern. Das Clavichord musste als erstes dran glauben. Für den Erlös konnten die beiden ein paar Monate über die Runden kommen, denn der Witwensold aus der Staatskasse reichte vorn und hinten nicht. Und mit dem Nebenverdienst in der Winkelschule war es vorbei.

Nun hatte Friederike außer ihren Glasmurmeln nichts mehr, was ihr Freude bereitete. Der Umgang mit den Nachbarskindern war ohnehin seit langem eingeschlafen. Kein Nachbar hatte das Haus betreten, seitdem der Vater im Krieg gefallen war.

Nach vielen Monaten entschloss sich Margarethe in einem ihrer wenigen hellen Augenblicke, das Ruder herumzuwerfen. Sie riss die Leinenvorhänge von den Fenstern, räumte die verbliebenen Möbel auf so gut es ging, und befahl ihrer Tochter, das Haus von oben bis unten zu putzen.

Dann nahm sie ein Bad, was sie seit Monaten nicht mehr getan hatte, legte sich das beste Kleid an, das ihr übriggeblieben war, schminkte sich stundenlang und eilte aus dem Haus, nicht ohne vorher Friederike in ihr Zimmer zu sperren.

Am Abend kam sie Arm in Arm mit einem jungen Leutnant zurück. Ohne viel Aufhebens zu machen, verschwand sie mit ihm im einstigen ehelichen Schlafzimmer. Dort gingen die beide ans Werk, ohne sich zu beherrschen. Friederike lag auf ihrem Bett und bekam alle Geräusche aus dem Nebenzimmer mit.

Sie erschreckten sie. Sie fühlte sich an die Winkelschule erinnert, als sie im Korb neben dem Lehrerpult lag. So, wie ihr einst die Mutter einfach die Decke übergeworfen hatte, um ihre Ruhe zu haben, zog sich Friederike heute die Bettdecke so fest über den Kopf, dass sie den Klang der seltsamen Geräusche von nebenan nahezu erstickte. Unter fiebrigen Träumen schlief Friederike ein.

Dem Leutnant muss die Nacht gefallen haben, denn am nächsten Morgen lag ein Beutel Münzen auf dem Küchentisch. Den größten Teil investierte Margarethe in Alkohol. Für Friederike kaufte sie immerhin drei teure Porzellankugeln, die ihr Murmelspiel vervollständigten. Ansonsten kümmerte sie sich nicht mehr sonderlich um ihr Kind, das ihr jetzt nur noch als billige Putzhilfe diente. Vorbei waren die Träume von einer angemessenen adligen Erziehung.

So ging das mehrere Wochen. Friederike wurde während der Herrenbesuche in ihr Zimmer gesperrt, damit sich der Leutnant durch die Gegenwart eines Kindes nicht gestört fühlte.

Dummerweise kam Friederike eines Tages zum falschen Zeitpunkt in das falsche Zimmer. Der angetrunkene Soldat entdeckte das Mädchen und meinte wohl, es gehöre zum Angebot des Hauses dazu. Gierig warf er Friederike aufs Bett und wollte sich ihrer bemächtigen.

Doch er machte die Rechnung ohne die Wirtin, die zum Glück noch nicht so betrunken war, dass sie den letzten Rest ihrer Ehre verloren hatte.

»Lass meine Tochter in Ruh, du Schwein!«, herrschte sie ihn an und versuchte ihn mit Gewalt vom Bett wegzuschleifen .

»Stell dich nicht an! Was dir an mir gefällt, wird auch ihr Spaß machen.«

Er riss sich brutal von Margarethe los, stürzte sich erneut auf die völlig verschreckte Friederike, die sich so klein machte, wie sie nur konnte.

Margarethe war außer sich vor Wut. Sie griff nach dem erstbesten Gegenstand, um den Übergriff des Leutnants auf ihre Tochter abzuwehren. Es war eine lange Stoffschere, die auf dem Schminktisch lag. Ohne zu zögern packte sie die scharfe Klinge und stieß sie mit aller Gewalt dem Mann in den Rücken.

Dabei stieß sie einen Kerzenständer um.
Die Flamme fand schnell Nahrung.

Mit einem dumpfen Röcheln brach der Leutnant über Friederike zusammen. Sein Blut besudelte das weiße Bettzeug und beschmierte ihre Kleidung.

Ihre Mutter schrie, als hätte sie den Verstand verloren. Sie achtete nicht auf die lichterloh brennenden Vorhänge, sondern zerrte die völlig verschüchterte Friederike aus dem Bett, packte sie am Oberarm und flüchtete mit ihr laut kreischend auf die Bisbegata. »Zu Hilfe! Der Teufel herrscht in meinem Haus!«

Auf der Straße blieb sie wie besinnungslos stehen. Ein paar Nachbarn eilten hinzu. Der stämmige Oberzöllner von nebenan legte Margarethe eine Decke über die Schultern und stützte sie, wobei Friederike die Gelegenheit bekam, sich von der Mutter loszureißen.

*

Friederike lief ziellos die Gassen zum Hafen hinunter. Sie nahm von ihrer Umgebung keinerlei Notiz und spürte auch den kalten Wind nicht, der heute den Fjord fest im Griff hatte. Ab und zu rempelte sie Passanten an, die ihr kopfschüttelnd nachblickten, doch sich nicht weiter um das verstört wirkende Mädchen kümmerten.

In seinem Kopf spukten wilde Zerrfiguren herum, und es schien, als würde es durch einen finsteren Tunnel irren, der sich weigerte, seinen Ausgang preiszugeben.

Stechende Kopfschmerzen plagten sie. Ihre Augen waren völlig verdreht, als wäre sie eine Blinde.

Sie zitterte am ganzen Körper, trotz der Kälte stand ihr Schweiß auf der Stirn.

Sie rannte gegen eine Holztür, die dem Aufprall nachgab und ihre Flucht mitten in einem Schuppen zum Stillstand brachte. Sie stolperte über einen Stapel Fässer und fiel zu Boden. Ein paar dieser Behälter stürzten um und breiteten eine stinkende Brühe in der Lagerhalle aus.

Friederike musste sich erbrechen. Dann verlor sie das Bewusstsein.

Dass sie nicht an ihrem Erbrochenen erstickte, verdankte sie einer Frau, die gerade den windgeschützten Schuppen nutzte, um für einen Seemann gegen klingende Münze die Beine breit zu machen. Fluchend schreckte das zwielichtige Paar von seinem Liebesakt auf. Der Mann erhob sich, hielt seinen Hosenbund notdürftig mit der Hand zusammen und floh, ehe die Matrone zur Besinnung kam. Schließlich waren in letzter Zeit die königlichen Rekrutenwerber verstärkt unterwegs, um mit unlauteren Methoden unter den Matrosen Kanonenfutter für den Krieg gegen Schweden anzuwerben.

Die Dirne spuckte Gift und Galle, als sie merkte, dass ihr der Tagesgewinn durch die Lappen ging. Sie wollte sich das am Boden liegende Mädchen vorknöpfen, um sich an ihm mit ein paar kräftigen Ohrfeigen zu rächen. Doch als sie sah, dass es völlig hilflos und erschöpft dalag, brachen bei ihr mütterliche Gefühle durch.

»Sieh mal einer an! Welch Vöglein ist mir denn da ins Nest gefallen?«

Mit dem Zipfel ihres schmutzigen Unterrocks wischte sie Friederike das Gesicht ab. Dann zog sie aus einer ihrer unergründlich tiefen Rocktaschen eine Flasche Rum hervor und träufelte, nachdem sie sich selbst einen guten Schluck genehmigt hatte, dem Mädchen ein paar Tropfen auf die Lippen.

Der hochprozentige Alkohol brachte Friederike schnell wieder zur Besinnung. Als sie die Augen aufschlug, jagten ihre Blicke durch den Hafenschuppen. Das heftige Zucken in ihrem Kopf hatte aufgehört. Es schien, als wäre sie wieder Herr ihrer Sinne geworden. Doch an das, was sich in der Bisbegata vor wenigen Minuten abgespielt hatte, konnte sie sich nicht erinnern.

Der mütterliche Blick der Dirne und deren körperliche Wärme taten ihr gut. Friederike krümmte sich ein wenig zusammen und schmiegte sich an ihre Beschützerin. Mit einem Seufzer der Erleichterung schloss sie wieder ihre Augen und vergrub die Hände in ihren Rocktaschen.

Sie ertastete die drei Glasmurmeln, die sie stets mit sich herumtrug, und ließ die kalten Kugeln durch ihre Finger gleiten. Sie vermittelten ihr ein Empfinden von Geborgenheit, ein Gefühl, wieder zu sich selbst zurückgekehrt zu sein.

Das Geräusch der Murmeln erregte die Aufmerksamkeit der Matrone, die zunächst dachte, es handelte sich um Geldmünzen. Für den Klang des Geldes hatte sie ein gutes Gespür.

»Was hat mein Vöglein denn da in seiner Tasche? Zeig doch mal her deinen Schatz!«

Sie riss Friederikes Hand ans Tageslicht. Das Mädchen zuckte zusammen und schaute die Alte verängstigt an, die ihm mit sanfter Gewalt die zur Faust geballte Hand öffnete. Als statt der erwarteten Kronen drei Glaskugeln zum Vorschein kamen, huschte ein Lächeln über das Gesicht der Dirne.

»Murmeln. So etwas hatte ich in meiner Jugend das letzte Mal in den Fingern, und das ist verdammt lange her.«

Sie strich mit ihrem Daumen über die Kugeln. »Keine Angst, ich nehme sie dir nicht weg. Du darfst sie behalten. In meinem Alter spielt man nicht mehr mit Murmeln.«

Die Dirne lehnte sich zurück und deutete auf die umgefallenen Fässer. »Komm, lass uns nach draußen gehen, mir stinkt es hier zu sehr nach Fisch.«

Vor dem Hafenschuppen lagerten ein paar Kartoffelsäcke. Die beiden machten es sich dazwischen bequem, denn sie schützten vor dem kalten Wind. Von hier aus hatte man einen wunderbaren Blick auf den Hafen. Jetzt, am späten Nachmittag, war nicht mehr viel Betrieb an den Kaianlagen. Die Ladung der Frachtschiffe war längst gelöscht worden. Nur ein paar Kaufleute liefen durch die Stapel von Fässern, Kisten und Säcken, um ihre Ware zu kontrollieren.

Schade, dachte die Dirne, da wäre gute Kundschaft für mich dabei. Aber jetzt ist es wichtiger, sich um das junge Gör zu kümmern.

Ihr gefiel das schweigsame Mädchen. »Gibst du mir mal eine von deinen Murmeln?«

Friederike nickte und reichte ihr die Lieblingsmurmel, die hellgrüne.

»Willst du mit mir spielen?«

Das waren die ersten Worte, die sie seit ihrer Flucht aus dem brennenden Haus sagte.

Plötzlich, wie aus heiterem Himmel, bekam sie einen schrillen Lachanfall, fasste sich an die Stirn und rieb sie so stark, dass Kratzspuren entstanden. Die Dirne schaute sie entgeistert an. Sie konnte mit dieser heftigen Reaktion nichts anfangen. Ausweichend antwortete sie: »Nein, ich will nicht spielen. Jedenfalls nicht direkt.« Sie hielt die Kugel gegen die Sonne, sodass sie wie ein grüner Stern leuchtete.

»Ich kann damit in deine Zukunft schauen. Du musst wissen, dass ich von Beruf Wahrsagerin bin. Ich treibe mich eigentlich nur außerhalb der Saison mit den Matrosen zwischen den Fischfässern herum. Damit kann man zwar schnell ein paar Silberlinge verdienen, aber ehrlich gesagt, es ekelt mich an. Auch ich habe eine Glaskugel zu Haus, keine Murmel, sondern eine schöne, große. Normalerweise gehe ich damit auf die Jahrmärkte und sage den Leuten ihre Zukunft voraus. Gegen Bezahlung, versteht sich.«

»Die Zukunft vorhersagen? Kann man denn dem lieben Gott in sein Libretto sehen, so, als wäre das Leben ein vorgezeichnetes Opernspiel?«, staunte Friederike.

»Nein, natürlich nicht. In Wirklichkeit gaukle ich den Leuten nur das vor, was sie sich ohnehin insgeheim wünschen.«

»Aber woher willst du das wissen? Du kennst sie doch gar nicht.«

»Stimmt. Aber ich habe gelernt, die Menschen genau zu beobachten. Wie sind sie gekleidet, wie bewegen sie sich, wie schauen sie mich an, wie sehen ihre Hände, ihre Schuhe aus, wie reden sie, was ist in ihren Einkaufskörben, und so weiter. Du ahnst nicht, wie viel die Menschen von sich preisgeben, ohne sich dessen bewusst zu sein.

Nehmen wir zum Beispiel den Kerl da drüben bei den Stoffballen. Von der Kleidung her ein Kaufmann. Dass er sich selbst um seine Ware kümmern muss, zeigt, dass es mit ihm wirtschaftlich bergab geht. Dann sein Mantel und seine Kopfbedeckung. Nicht gerade neuste Mode, und, soweit ich das von hier aus beurteilen kann, schon reichlich abgetragen. Und schließlich sein Verhalten. Ständig schweift sein Blick hin und her, ruhelos tritt er auf der Stelle. Offenbar redet er auch noch laut vor sich hin. Wenn ich den vor meiner Glaskugel hätte, würde ich ihm den Weltuntergang prophezeien, und er würde es mir obendrein auch noch glauben.«

Friederike beeindruckten die Worte sehr. Sie gab ihr auch die beiden anderen Murmeln. »Hier, nimm sie. Kannst du auch mein Schicksal vorhersagen?«

»Na ja, eigentlich müsste ich dir jetzt erst einmal drei Kronen abknöpfen, und die hat mein armes Vöglein bestimmt nicht in der Tasche. Aber weil du es bist, will ich eine Ausnahme machen.«

Die Frau nahm die drei Kugeln und ließ sie wie Sand durch ihre Hände hin und her gleiten. Dann legte sie sie auf den obersten Kartoffelsack so in die Sonne, dass die durch das Glas gebrochenen Strahlen auf Friederikes Gesicht eine farbige Lichtbrechung erzeugten.

Die Alte schwieg eine Weile und schaute Friederike in die Augen. Dann schien sie zu einem Ergebnis gekommen zu sein.

»Nun, mein Vöglein. Durch deine Augen hindurch kann ich in dein Innerstes schauen. Du hattest eine harte Kindheit und musstest vor Kurzem einen schweren Schicksalsschlag erleiden. Deine Vergangenheit liegt wie ein offenes Buch vor mir, doch in der Kürze der Zeit kann ich nichts Genaueres erkennen.«

Durch diese Worte kam in Friederike die Erinnerung an die furchtbare Brandkatastrophe zurück. Sie begann, am ganzen Körper zu zittern, als wollte sie ihr Gedächtnis abschütteln. Plötzlich schluchzte sie laut auf, und Tränen liefen ihr hemmungslos über die Wangen. Sie lallte ein paar wirre und unverständliche Worte.

Die Alte spürte, dass sie ihr jetzt beistehen musste. Behutsam redete sie auf das Mädchen ein. »Beruhige dich, mein kleines Vöglein. Ich wollte dir nicht wehtun. Aber jetzt sehe ich, dass du in den letzten Stunden mehr durchstehen musstest, als ich in meinen vielen Jahrzehnten zusammen.«

Die beiden schmiegten sich eng einander und starrten auf den Hafen hinaus. So blieben sie eine Zeit lang stumm sitzen. Der Kaufmann drüben bei den Stoffballen hatte bald seine Arbeit beendet und verschwand gebückt schlurfend hinter dem nächsten Schuppen.

»Dem wird bestimmt auch kein glückliches Leben beschert sein«, kommentierte die Alte seinen Abgang.

Die Sonne stand inzwischen schräg über dem Schuppendach und verlor an wärmender Kraft. Sanft aber bestimmt löste sich die Alte von dem Mädchen. Sie nahm die drei Glaskugeln, die nun nicht mehr im Licht funkelten, und drückte sie Friederike wieder in die Hand.

»Wenn du willst, kann ich dir auch ein wenig über deine Zukunft sagen. Die Lebenslinien einer Hand sind für mich wie eine Landkarte.«

Friederike hatte sich wieder etwas beruhigt. Sie schaute mit dankbarem Blick zu ihrer Beschützerin auf. Möge die Vergangenheit ruhen, dachte sie. Wichtiger ist, was kommen wird.

Die Alte öffnete Friederikes Hand und strich mit kreisförmigen Bewegungen über die Innenfläche. Es dauerte lange, bis sie wieder das Wort ergriff.

»Du hast zarte Hände. Wie eine Musikerin. Spielst du ein Instrument?«

»Ja. Das Clavichord.«

»Das ist eine wunderbare Gabe. Du wirst es bis zur Meisterschaft bringen. Doch das wird kein gerader Weg sein. Du wirst ein abwechslungsreiches Leben führen. Dir wirst Höhen und Tiefen durchmachen. Du wirst glücklich, und du wirst traurig werden. Man wird dich lieben und man wird dich hassen. Du wirst Männer treffen, die dir alles geben, aber auch welche, die dir alles nehmen werden. Du wirst in dem, was du machst, Erfolg haben, aber …«

Tiefe Schatten hatten sich über die Hautfalten gelegt, weil der Sonnenuntergang anbrach. Die Alte brach unvermittelt ab. Sie brauchte eine geraume Zeit, bevor sie sich die passenden Worte zusammengelegt hatte. Sie wollte das junge Mädchen nicht unnötig erschrecken.

»Ja, du wirst Erfolg haben, jedenfalls in musikalischer Hinsicht. Doch du wirst dir diesen Erfolg in zwischenmenschlicher Hinsicht schwer erkämpfen müssen. So schwer, dass du in deinem Leben bis an die Grenzen gehen wirst. – Und, worum ich dich am meisten beneide, ist, dass du in die Geschichte eingehen wirst, dass dein Name unsterblich werden wird.«

Dass Friederike kein langes Leben beschieden werden würde, das verschwieg die Alte, obwohl sie es ahnte.

*

Die Bemühungen der Feuerknechte konnten nichts mehr ausrichten. Das Haus in der Bisbegata stand binnen weniger Minuten in hellen Flammen. Nachdem man sie gelöscht hatte, wurde der tote Körper des Leutnants geborgen. Das einst so stolze Haus brannte bis auf die Grundmauern ab. Margarethe steckte man in eine Irrenanstalt. Sie hatte nicht nur ihr Gedächtnis, sondern auch den Verstand verloren.

Friederike griff man ein paar Tage später zwischen den Holzstapeln am Hafen auf. Sie sagte nichts und schaute die Gendarmen nur wie blöd an.

Auch sie schien den Verstand verloren zu haben. Seitdem gab sie keinen Ton von sich, als wäre sie stumm geworden.

Der Pastor der Gemeinde erinnerte sich daran, dass es in Christianssand, im südlichen Zipfel Norwegens, unten am Skagerrak, einen entfernten Verwandten aus der Familie von Pentz gab, einen verwitweten Kantor, in dessen Obhut man das Waisenkind bringen könnte.

Das Einzige, was Friederike von zu Haus mitnahm, waren die drei Murmeln, die sie in der Tasche hatte, als das Feuer ausbrach.

Kapitel 2 – Die Jugend

Christianssand, Südnorwegen 1711- 1721

»Herzlich Willkommen in Christianssand!«, rief Jasper von Pentz quer über den Kai, noch bevor Friederike die schwankende Gangway betreten hatte. »Willkommen zu Haus!«

Das Mädchen machte nicht den Eindruck, als ob es sich auf sein neues Zuhause freuen würde. Es war eine anstrengende Reise gewesen. Statt mit der Postkutsche quer über die norwegischen Gebirge zu reisen, war es einfacher gewesen, das Schiff zu nehmen. Die Überfahrt entlang der Nordseeküste bis in die Mündung des wilden Skagerraks hatte Friederike heftig zugesetzt. Bleich, abgemagert und völlig in sich zusammengesunken stolperte sie den hölzernen Laufgang vom Schiff hinunter. Ein Schiffsoffizier, der die Aufgabe hatte, sie bei ihrem Pflegevater abzuliefern, begleitete sie und stütze sie, damit sie nicht in das schmutzige Hafenbecken fiel.

In der Hand hielt Friederike einen Pappkarton, der lediglich ein paar Kleider zum Wechseln auf der langen Überfahrt beinhaltete. Der Pastor in Trondheim hatte sie in seiner Gemeinde gesammelt, denn aus der Brandruine des Hauses, das einst ihr Heim war, konnte nichts Verwertbares gerettet werden.

»Herzlich Willkommen zu Haus, mein Kleines!« Jasper merkte nicht, dass er sich wiederholte. Er streckte ihr zur Begrüßung die Hände entgegen, doch sie reagierte nicht. Es schien, als nahm sie ihre Mitmenschen überhaupt nicht wahr. Sie blickte ihnen weder in die Augen, noch sagte sie ein Wort. Als er sie umarmen wollte, zuckte sie zusammen und entwand sich ihm.

Jasper spürte sofort die Distanz, die Friederike ihm gegenüber aufbaute. Er respektiert das und trat einen Schritt zurück. Dann zog er eine Kette mit einem kleinen Medaillon aus der Manteltasche und hielt es Friederike hin. Ein paar Sonnenstrahlen reflektierten sich auf der bernsteinernen Oberfläche. Friederikes Gesichtszüge entspannten sich ein wenig. Ohne sich um die Gefühle des schüchternen Mädchens zu kümmern, legte er ihm die Kette um den Hals. Bei der Körperberührung wich Friederike diesmal nicht aus. Sie nahm das Medaillon in die Hand und streichelte es unauffällig.

»Hier, das ist für dich. Ein kleiner Willkommensgruß. Das Relief zeigt die Heilige Katharina, die Namenspatronin meiner verstorbenen Gattin. Ich hoffe, es wird dir Glück bringen.« Er hakte sich bei Friederike unter und ergänzte: »Dir und auch mir.«

Dem Ehepaar von Pentz war es nicht vergönnt, leibliche Kinder zu haben. Catharina von Pentz war vor einem Jahr verstorben. Dann kam die Anfrage des Freundes aus Trondheim, die kleine Friederike an Kindesstatt aufzunehmen. Der Witwer zögerte keine Minute. Er wusste zwar von ihrer Existenz, hatte jedoch seit langer Zeit keinen Kontakt mehr mit der Familie Rantzau. Als er dann hörte, unter welchen Schicksalsschlägen das Mädchen zu leiden hatte, sah er es als seine Pflicht an, sich seiner anzunehmen. Außerdem hoffte er auf diese Weise, seinen vereinsamten Haushalt mit neuem Leben zu füllen.

»Du bist ein schönes Mädchen«, schmeichelte Jasper. »Ich freue mich, dass du da bist, und ich bin sicher, du wirst dich hier wohl fühlen. Komm, lass mich das tragen.« Er bemächtigte sich des Pappkartons. Mit gemächlichen Schritten gingen sie vom Hafen hoch in die Stadt.

Unterwegs redete Jasper pausenlos auf Friederike ein. »Der Weg zu unserem Haus in der Kirkegata ist nicht weit, und er ist einfach einzuschlagen. Du musst wissen, dass Christianssand wie ein Schachbrett aufgebaut ist. Ich liebe klare Linien, und so ist es kein Wunder, dass ich mich hier wohl fühle. Die Stadt liegt an der Mündung der Otra auf einer sandigen Landzunge, die über eine weite Bucht hinaus auf das Skagerrak führt. Dieser Umstand sorgt das ganze Jahr über für mildes Klima, und oft weht der Südwind frische Ostseeluft durch unsere Gassen.«

Christianssand war eine moderne Stadt, zwar keine von weltlicher Ausstrahlung, aber immerhin beherbergte sie einen Bischofssitz und nannte sich Garnisonsstadt. Von den Wirren des Krieges mit Schweden wurde sie Gott sei Dank bislang verschont. Es ging hier friedlich zu, oft ein wenig selbstgefällig.

»Du darfst nicht vergessen, dass wir in der Provinz leben. Du kommst aus Trondheim, einer Handelsmetropole, die doppelt so groß ist. Ich hoffe, du wirst dich in unserer verschlafenen Kleinstadt nicht langweilen.«

Er merkte, dass es nicht besonders klug war, Friederike an ihr altes Zuhause zu erinnern. Anfangs hatte sie neugierig die schmucken Bürgerhäuser bewundert, die noch keine hundert Jahre alt waren. Alles machte hier einen ordentlichen und soliden Eindruck. Doch nach Jaspers letzter Bemerkung ging ihr wieder der traurige Schicksalstag in ihrem Elternhaus durch den Kopf. Das waren Erlebnisse, die sie nie wieder vergessen würde.

Jasper versuchte, sie abzulenken. »Dort drüben befindet sich die Lateinschule. Als Kantor muss ich für die musikalische Unterweisung der Domsänger sorgen. Vielleicht wirst du meine Schülerin sein.«

Er knuffte sie in die Seite. »So streng wie ich aussehe, bin ich eigentlich nicht. Du wirst sehen, wir werden schon gut miteinander auskommen.«

Friederike reagierte zurückhaltend. Sie bohrte ihre Hände in die Manteltasche, um die Murmeln zu fühlen, die sie als einzige Erinnerung aus dem brennenden Haus gerettet hatte.

Wenig später erreichten die beiden ihr Ziel. Das Haus des Kantors lag im Zentrum der Stadt nahe der Domkirche. Am Türschild stand schlicht *Pentz*. Das adlige *von*, das ihm eigentlich aufgrund seiner Herkunft zustand, hatte Jasper abgelegt. Er war mit seiner Tätigkeit als Kantor der Domkirche rundum zufrieden und wollte in der bürgerlich dominierten Kleinstadt weder Aufsehen erregen, noch unerfüllbare Privilegien beanspruchen.

Das Haus war anlässlich des Empfangs seiner neuen Bewohnerin festlich geschmückt. Überall duftete es nach Rosen, die in allen nur denkbaren Farben als Gebinde über den Türen hingen oder in zierlichen Glasvasen auf den Fensterbänken standen. Endlich mal keine weißen Lilien, dachte Friederike.

»Das ist unser Zuhause«, erklärte Jasper, der Friederike um die Schulter fasste und sie über die Türschwelle führte. »Nicht besonders luxuriös, aber eben unser Zuhause. Wir sind einfache Leute. Ich bin nur ein Musiker, und ich hoffe, ich kann dir alles Notwendige bieten, was du zum Leben brauchst. Wenn dir etwas fehlt, oder wenn dich etwas stört, dann sag es mir ruhig. Ich möchte dich gern als meine Tochter sehen.«

Kaum hatten sie das Wohnzimmer betreten, entdeckte Friederike das Cembalo, das in einer Nische stand. Sie befreite sich aus der Umarmung ihres Pflegevaters und lief zum Instrument. »Oh, wunderbar, ihr habt ein Clavichord.«

Es waren ihre ersten Worte, die sie seit ihrer Ankunft sagte. Jasper schaute sie zufrieden an. Endlich schien das Eis gebrochen zu sein.

Als Friederike ein paar Tasten anschlug, um eine frei erdachte Melodie auszuprobieren, erschrak sie. Das war ein ganz anderer Klang, als der auf dem Instrument in ihrem ehemaligen Zuhause. Hart, metallen war er, und starr und statisch. Mit dem Druck auf die Taste konnte Friederike ihn nicht verändern. Sie unterbrach ihr Spiel und schaute etwas ratlos zu ihrem Pflegevater empor.

Jasper schien ihre Gedanken zu erraten. »Liebe Friederike, es ist kein Clavichord, sondern ein Cembalo. Die beiden Tasteninstrumente sehen zwar äußerlich sehr ähnlich aus, der Ton wird jedoch auf völlig unterschiedliche Art erzeugt. Die Saiten werden nicht angeschlagen, sondern gezupft. Ich hoffe, du bist nicht enttäuscht.«

Er setzte sich auf den Klavierhocker und begann, eine Musik zu spielen, die Friederike sofort verzauberte. »Das ist ein Präludium von Dieterich Buxtehude«, deklamierte er, während seine Finger virtuos über die Tasten glitten. »Einem in Dänemark geborenen Komponisten, der durch seine Orgelmusik in Lübeck berühmt geworden ist. Vor wenigen Jahren ist er verstorben.«

Jasper war jetzt völlig in seinem Element. Mächtige Klangkaskaden erfüllten das bescheidene, gutbürgerliche Wohnzimmer. Nach ein paar Takten schielte er mit einem Seitenblick auf Friederike. Hoffentlich schrecke ich sie mit meinem Geklimper nicht ab, fürchtete er.

Im Gegenteil. Friederike verfolgte die atemberaubende Jagd der Stimmen und Gegenstimmen mit offenem Mund. »Wunderbar, das möchte ich auch mal können.«

»Kein Problem, das kann ich dir beibringen. Du musst nur viel üben und fest an dich glauben«, erwiderte er. Auch wenn seine Stimme etwas altklug klang, Friederike schien einverstanden zu sein, denn sie legte ihre Hand auf seine Schulter. Jasper freute sich über die Zuneigung, brach sein Spiel ab und erhob sich. »Komm, ich zeige dir jetzt dein Zimmer. Hoffentlich gefällt es dir.«

Er hatte für sie ein Zimmer im ersten Stock mit Blick auf den Garten eingerichtet. Da es zum Süden lag, schien die Sonne direkt hinein und wärmte es.

Über den Dächern des Nachbarhauses baute sich die mächtige Kirchturmspitze des Doms auf. Gerade als Jasper das Fenster öffnete, begannen die Glocken zu läuten. »Das ist ein Willkommensgruß vom lieben Gott. Ein gutes Zeichen. Auch er freut sich, dass du jetzt bei uns bist,« erklärte er lächelnd. »Sonntagmorgens kannst du von hier aus hören, wie ich dort die Orgel spiele.«

Das Zimmer war farbenfroh und freundlich eingerichtet. Auf dem Bett lagen Puppen und Stofftiere, doch Friederike beachtete sie nicht. Ihre Aufmerksamkeit galt einem kleinen Kasten, der auf einem Beistelltisch neben dem Fenster stand. Das Innere war mit Stroh ausgelegt, auf dem ein paar Figuren rund um eine winzige Krippe gruppiert waren.

»Das ist unsere Weihnachtskrippe«, erklärte Jasper, dem Friederikes Neugier nicht entgangen war. »Ich habe schon als Kind damit gespielt. Und da dachte ich, du würdest auch Freude daran haben. Hier die drei Könige und dort die Schafe. Wenn es dir gefällt, können wir noch weitere Tiere hinzukaufen. In der Nachbarschaft wohnt ein Holzschnitzer, der sowas macht.«

Friederike nahm das kleine Jesuskind aus der Krippe und begutachtete es. Das etwas grob geschnittene Gesicht schien ihr nicht besonders zu gefallen. Sie legte die Figur ins Stroh neben die Krippe, zog aus ihrer Rocktasche ihre Lieblingsmurmel heraus und legte sie in die Krippe.

»Das ist schön. Das Spiel gefällt mir«.

Jasper sah sie mit erstaunter Miene an. Hatte Friederike keine christliche Erziehung genossen, um zu wissen, dass das, was sie da eben machte, ziemlich heidnisch wirkte?

»Ja, du wirst dich bestimmt wohl bei uns fühlen«, meinte er, obwohl ihn das sonderbare Verhalten seiner Pflegetochter etwas irritierte. »Die Haushilfe hat uns zur Begrüßung ein Festmahl vorbereitet. Komm, lass uns runter in das Esszimmer gehen.«

Die Tafel war festlich geschmückt. Das Hochzeitsgeschirr kam nach zwanzig Jahren kümmerlichen Daseins in der Glasvitrine endlich mal wieder zum Einsatz. Feine seidene Servietten lagen neben dem Silberbesteck. Jasper zündete die Kerzen an und ließ die Speise auftragen. Wildbraten mit Preiselbeeren und Pilzen.

Friederike stocherte in ihrem Essen herum. Sie wollte ihren neuen Gastgeber, der sich so liebevoll um sie bemühte, nicht enttäuschen. Ausgerechnet Pilze! Tapfer schluckte sie das eklige Zeug hinunter. Doch es half nichts. Sie stürzte aus dem Esszimmer und rannte zur Toilette, wo sie sich übergab.

Als sie mit bleichem Gesicht zurückkam, wagte sie es nicht, ihren Pflegevater anzuschauen. Sie setzte sich wieder.

Mit brüchiger Stimme erklärte sie: »Entschuldigung, aber Pilze vertrage ich nicht.«

Jasper stand auf und beugte sich über sie: »Du musst dich nicht entschuldigen. Wenn ich das gewusst hätte, wär etwas anderes auf den Tisch gekommen.«

Er nahm Friederikes Kopf in die Hände und flüsterte in ihr Ohr: »Man darf nichts übereilen. Ich muss mich entschuldigen. Es wird noch einige Zeit brauchen, ehe wir uns aneinander gewöhnt haben.«

*

Die Gewöhnungsphase dauerte länger, als Jasper vermutet hatte. Nur ganz langsam taute das Mädchen auf. Das Cembalo spielte dabei eine wichtige Rolle. Endlich durfte Friederike auf dem Instrument ihrer musikalischen Phantasie freien Lauf lassen. Niemand zwang sie zu langweiligen Tonleiterübungen, niemand verbat ihr das Musizieren.

Im Gegenteil. Jasper war als professioneller Musiker erfahren genug, um zu erkennen, dass sich seine Adoptivtochter in einer wichtigen Phase der kreativen Neugier befand, die er nicht stören wollte. Er war zwar von Haus aus Organist, doch als Musiklehrer an der Lateinschule beherrschte er auch das Geigenspiel. Eines Tages, als Friederike gerade in ihren Klangexperimenten versunken war, holte er seine Violine aus dem Schrank, um sie zu putzen. Dann stimmte er sie und begann, ganz vorsichtig Friederikes Cembalotöne auf der Geige zu erwidern. Zuerst wiederholte er einfach die Melodien, die sich Friederike ausgedacht hatte, dann aber veränderte er sie leicht. Das Mädchen stutzte zwar, doch schnell gefiel ihm das Wechselspiel. Es war wie eine Herausforderung. Friederike begann, ihre Melodien immer komplizierter zu gestalten, doch Jasper hielt Schritt. Hin und wieder übernahm er die Führung, und Friederike versuchte, seine Melodien nachzuahmen. Bald entwickelte sich eine Stehgreifdarbietung, die einer ausgebildeten Musikerin alle Ehre gemacht hätte.

Nach einer halben Stunde platzte die Haushilfe mitten in das Konzert herein: »Das Essen ist fertig!«

Es war das erste Mal, dass sich ein glückliches Lächeln auf Friederikes Gesicht breit machte. Heute schmeckte ihr sogar der Spinat, den sie eigentlich schon immer verabscheut hatte.

Nach dem Essen fragte Jasper sie ganz nebenbei: »Sag mal, hättest du nicht Lust, morgen mit in die Kirche zu kommen? Ich muss das Konzert für den Sonntag vorbereiten und brauche jemanden, der für mich die Register zieht.«

»Register, was ist das?«

»Das sind Schieberegler an der Orgel, mit denen man den Klang einstellt. Ich glaube, du hast ein gutes Gehör für Klänge, da könntest du mich beraten.«

Auf diese Weise tauchte Friederike in die klangliche Wunderwelt einer Kirchenorgel ein. Bald wurde sie für Jasper eine unentbehrliche Hilfe. Schnell lernte sie die verschiedenen Registerzüge kennen und begann, seine dritte Hand zu werden. Während er sich auf die Tasten und Fußpedale konzentrierte, sorgte sie für einen abwechslungsreichen und spannenden Ton.

Die Zuhörer waren begeistert. So gut hatte die Orgel der Domkirche von Christianssand schon lange nicht mehr geklungen.

*

Für Friederike begann eine sorgenfreie Zeit, die erste wirklich glückliche in ihrem Leben. Sie durfte so viel Musik machen wie sie wollte. Jasper drängte sie nicht. Freiwillig schloss sie sich dem Kirchenchor an und stärkte mit ihrer klaren Stimme den Sopran. Jasper kümmerte sich behutsam um ihre Stimmbildung. Hin und wieder durfte sie Solopartien übernehmen.

Ihr Pflegevater nahm sie auch mit in die Lateinschule, wo sie sich im Musikunterricht als seine wichtigste Stütze erwies. Die anderen, durchweg älteren Schüler respektierten sie wegen ihrer musikalischen Begabung. In den Lernfächern waren sie ihr anfangs haushoch überlegen und ließen sie es auch spüren. Wie in der Winkelschule ihrer Mutter musste sie in der letzten Bank sitzen und wurde nicht selten Zielscheibe des Gespötts.

Doch Friederike störte das jetzt nicht mehr. Sie hatte inzwischen genug Selbstbewusstsein entwickelt, um sich von den rohen Scherzen der Schüler nicht provozieren zu lassen. Jedenfalls verfolgte sie aufmerksam den Unterricht, sodass sie im Lesen, Schreiben und Rechnen bald weiter war, als die anderen. Allerdings hütete sie sich, es ihnen zu zeigen. Nur Jasper bemerkte ihre rasche Auffassungsgabe und ihre Lernfortschritte.

In ihrem neuen Zuhause in der Kirkegata fühlte sie sich wohl. Freunde aus der Schule oder aus der Nachbarschaft hatte sie nicht. Sie war lieber allein. Gern spielte sie mit der Weihnachtskrippe, wobei ihr der biblische Zusammenhang gleichgültig war. Sie nutzte die Krippe als Theaterbühne, um sich eine eigene Welt zu schaffen. Und diese Welt kreiste immer wieder um das, was sie in den letzten Tagen und Wochen in ihrem ehemaligen Elternhaus erleben musste. Sie konnte den Untergang ihres Geburtshauses nicht vergessen. Von daher spielten die Murmeln in ihrem Theaterspiel eine herausragende Rolle.

Jasper übertrug ihr einen Teil der Hausarbeit. Friederike musste vor allem der Haushilfe in der Küche beistehen und wurde für den Einkauf zuständig, weil sie sich als gute Rechnerin erwies und sorgsam mit dem Haushaltsgeld umzugehen wusste. Auf dem Wochenmarkt nannte man sie bald die *Kleine vom Kantor*.

Eines Tages bekam Friederike den Auftrag, zum Hafen zu gehen, um frischen Fisch einzukaufen. Sie ließ sich viel Zeit, weil sie wusste, dass ihr Pflegevater an diesem Tag recht spät nach Haus kommen würde. Also schlenderte sie ziellos durch die Stadt, bevor sie daran dachte, sich zum Hafen zu begeben. Doch Friederike hatte inzwischen die Orientierung verloren und musste nach dem Weg fragen. Man riet ihr, quer über ein mit Gestrüpp dicht bewachsenes Feld zu gehen, bis sie an das Ufer einer Bucht kam. Dort müsste sie sich links halten, dann würde sie den Fischereihafen erreichen.

Genau an dieser Stelle machte das Dickicht einer größeren Weide Platz, die von windschiefen Birken gesäumt war. Auf der freien Fläche standen ein paar flache Zelte und bunt angemalte Karrenwagen, zwischen denen Pferde weideten. Neugierig trat Friederike näher.

Zwischen zwei Birken, nahe dem größten Zelt, war in Kniehöhe ein Seil gespannt. Ein seltsam bekleidetes Mädchen mit einem knallroten Sonnenschirm in der Hand tanzte auf dem Seil herum. Mal vollführte es Pirouetten, mal tänzelte es rückwärts, mal kniete es mit einem Bein auf dem Seil. Dann versuchte es einen Luftsprung. Doch es rutschte aus und fiel auf den Grasboden, direkt neben eines der Pferde, das seelenruhig weiter graste, als sei nichts geschehen. Der Sturz musste wehgetan haben, denn das Kind massierte sich den linken Knöchel.

Friederike kam vorsichtig näher, wobei sie die Birken nutzte, um nicht gesehen zu werden. Sie hatte es sich angewöhnt, fremde Kinder aus sicherer Entfernung zu beobachten.

»Du kannst ruhig herkommen«, rief das Mädchen. »Ich habe dich schon längst gesehen. Du brauchst keine Angst zu haben, die Pferde beißen nicht.«

Schüchtern verließ Friederike ihre Deckung und trat neben das Mädchen. »Was machst du da? Hast du dich verletzt? Kann ich dir helfen?«

»So viele Fragen auf einmal habe ich lange nicht mehr gehört«, antwortete die Fremde. »Aber da du nun mal hier bist, kannst du mir helfen, aufzustehen. Mein Fuß tut mir weh.«

Friederike griff ihr unter den Arm und half ihr auf die Beine, doch die Seiltänzerin konnte nicht allein stehen. »Verdammt. Das fehlt mir noch. Wenn der Knöchel verrenkt ist, muss die nächste Vorstellung ausfallen. Das wird Ärger geben.«

Das Mädchen stützte sich an Friederikes Schulter. »Komm, hilf mir. Ich muss vorsichtig ein paar Gehbewegungen machen. Vielleicht ist es ja nicht so schlimm.«

Dankbar schmiegte es sich an Friederike. »Schön, dass du da bist. Allein wäre ich nicht so schnell wieder auf die Beine gekommen. – Ich heiße übrigens Donja. Und du?«

»Friederike«.

»Du bist neu in der Stadt, nicht wahr? Ich kenne dich nicht.«

»Ja, ich wohne beim Kantor und helfe beim Haushalt. Und ich mache Musik mit ihm.«

»Du kannst Musik machen? Singst du? Spielst du ein Instrument?«

»Beides. Zwar noch nicht besonders gut, aber ich gebe mir Mühe. Und es macht mir Spaß.«

»Wir könnten einen Musiker gut gebrauchen.«

»Wer ist *wir*? Und wozu braucht ihr Musik, ich meine, was macht ihr? Vom Rumhüpfen auf einem Seil kann man doch nicht leben.«

Etwas verärgert löste sich Donja von Friederike. Sie wollte ein paar selbstständige Schritte machen, doch schnell merkte sie, dass der verstauchte Fuß das nicht zuließ, ohne Schmerzen zu bereiten. Sie hielt sich wieder an Friederikes Schulter fest.

Stolz entgegnete sie: »Das ist keine Rumhüpferei. Wir sind eine Schaustellerfamilie. Ich mache den Seiltanz, mein Vater ist Messerwerfer, meine Mutter Kunstreiterin, und mein Bruder kann jonglieren.«

»Tretet ihr in einem Theater auf? Zu Haus habe ich auch ein Theater. Eigentlich ist es ein Krippenspiel, aber als Theater gefällt es mir besser. Ich führe dann das auf, wovon ich so in meinem Kopf träume.«

»Nein, nicht in einem Theaterhaus. Wir haben auch unser eigenes Theater, aber es ist natürlich viel größer als dein Krippenspiel, und wir können es mit uns herumtragen, wenn wir durch die Lande ziehen.« Sie zeigte auf einen der Planwagen. »Unser Theaterzelt ist da drauf. Man kann es zusammenrollen. Wenn wir in eine neue Stadt kommen, wird es schnell wieder auseinandergefaltet und über hundert Zuschauer passen dann rein.«

Donja hatte zwar etwas übertrieben, fügte aber selbstbewusst hinzu: »Die Leute sind immer wieder von unseren Kunststücken begeistert. Auch mir macht es Spaß, Theater zu spielen.«

»Warum bleibt ihr denn nicht an einem Ort? Ist das nicht anstrengend, immer rumzureisen?«

Friederikes neue Freundin machte ein verdrießliches Gesicht. »Ach, weißt du, das ist nicht so einfach zu erklären. Unsere Kunststücke sind ziemlich kompliziert. Wir können nicht wochenlang immer das gleiche Repertoire vorführen, da würden sich die Zuschauer bald langweilen. Also arbeiten wir für ein Jahr ein Programm aus und ziehen damit durch die Lande. Das ist sowohl für uns als auch für die Leute viel abwechslungsreicher.«

»Das verstehe ich. Ich mag auch nicht immer das gleiche üben. Früher, bei meinen Eltern in Trondheim musste ich immer die gleichen Tonleitern pauken. Jetzt aber, bei meinem Pflegevater, kann ich nach Herzenslust musizieren, was ich will.«

»Du hast deine Eltern verloren?«

Jetzt war es an Friederike, ein betrübtes Gesicht zu machen. »Ja. Sie sind im Himmel. Auch mein Bruder. Das ist eine lange Geschichte, und ich habe keine Lust, sie zu erzählen.«

Sie ging zum aufgespannten Seil und versuchte, mit beiden Füßen darauf im Gleichgewicht zu bleiben. Verzweifelt ruderte sie mit den Armen herum, aber schon nach wenigen Sekunden schwankte ihr Körper so hin und her, dass sie wieder auf den Boden springen musste.

»Das ist ja gar nicht so einfach, wie es aussieht. Wie machst du das, auf dem Seil sogar noch zu tanzen?«

Donja lächelte und gab Friederike einen leichten Schups. »Üben, üben, üben! Genau das, was du ja wohl in der Musik nicht gern machst. Aber es gehört natürlich auch eine bestimmte Technik dazu. Pass auf, ich zeige dir einen Trick.«

Sie hob eine lange Balancierstange auf, die neben dem Seil lag, griff sie mit beiden Händen mittig und stellte sich vorsichtig auf das Seil. Die Schmerzen in ihrem linken Knöchel schienen vergessen zu sein. »Diese Stange hilft mir, die Balance zu halten. Damit geht es sogar besser, als mit dem Schirm, den ich vorhin hatte. Ich muss ihn nur richtig hin und her bewegen, dann kann ich besser mein Gleichgewicht halten. Warum, das kann ich dir nicht erklären. Da musst du meinen Vater fragen, der weiß so was.«

Elegant lief sie das Seil auf und ab. Dann blieb sie in der Mitte stehen und streckte einen Fuß zur Seite, »Das ist ganz einfach. Du musst dich auf dein

Gefühl verlassen. Du darfst nur nicht nach unten auf den Boden schauen.«

Sie sprang leichtfüßig vom Seil herab und reichte Friederike die Stange. »Zieh deine Schuhe aus und probier es selbst mal. Ich helfe dir.«

Friederike nahm die Stange in beide Hände, und setzte ihre Füße auf das Seil, wobei Donja sie zunächst stützte. »Nicht nach unten schauen!«, kommandierte sie. »Und ganz locker und gerade stehen. Spann deine Bauchmuskeln ein wenig an und überlasse dich ganz dem Spiel der Stange.«

Nach kurzer Zeit spürte Friederike, dass sie das Gleichgewicht halten konnte, indem sie die Stange ganz leicht auf und ab wippte. Das Seil hörte schnell auf zu schwanken. Donja ließ jetzt ihre neue Freundin los und trat vor sie. »Komm, schau mir in die Augen und folge mir. Ganz langsam Fuß vor Fuß setzen.«

Vorsichtig bewegte sich Donja rückwärts. Friederike folgte ihr, als stände sie unter Hypnose. Sie schaffte es, mehrere Meter auf dem Seil zurückzulegen.

Doch dann spürte sie, wie sich in ihrem Kopf langsam ein stechender Druck ausbreitete, der bald in einen unbezwingbaren Schwindel ausuferte. Sie verlor die Nerven, schleuderte die Stange von sich und warf sich auf den Boden. Ihr Kiefer bibberte, als würde sie frieren und ihre Pupillen wanderten unruhig hin und her.

Donja bückte sich und umschloss sie mit beiden Armen. »Was ist los? Ist dir schlecht?«

Friederike schien die Anwesenheit der anderen für einen Moment nicht wahrzunehmen. Sie antwortete nicht, ihre Lippen zitterten nur schwach. Ihr Gesicht war aschfahl geworden.

Donja half ihr wieder auf die Beine, führte sie vorsichtig zu einer Bank, wo sie sich niederließen. Sie rieb kräftig Friederikes Wangen und versuchte einen scherzhaften Ton.

»Mensch, mach keine Sachen. Als zukünftige Seiltänzerin darfst du nicht so weiche Knie haben. Dann bist du drei Meter höher, und wehe, dir wird schwindlig.«

Langsam kam Friederike wieder zu sich. »Was ist passiert? Ich kann mich plötzlich an nichts mehr erinnern. Mir ist, als hätte ich kurz das Bewusstsein verloren.«

»Du bist vom Seil gefallen, aber Gott sei Dank hast du dich nicht verletzt. Mir scheint, als ob du Probleme mit deinem Gleichgewichtsorgan hast.« Donja berührte Friederikes Ohren. »Das liegt hier hinten, hat mir mein Vater mal erklärt. Vielleicht machst du zu viel Musik.«

In diesem Moment trat ein schlaksiger junger Mann aus einem der Zelte und rief quer über den Platz: »Donja, was sitzt da herum? Entweder du übst auf dem Seil oder du kommst rein und hilfst Mutter bei der Arbeit!« Dann verschwand er mit einer drohenden Handbewegung.

Donja stand auf und stellte sich vor ihre neue Freundin. »Das war mein Bruder. Meine Familie will nicht, dass ich mit fremden Kindern spiele. Du musst jetzt gehen. Weißt du was? Ich erzähle meinem Vater, dass du Musik machen kannst. Er hat so ein komisches Instrument, das wie eine Tischorgel aussieht, aber er weiß nicht, wie man es spielt. Vielleicht kannst du es ihm ja mal erklären. Dann könnten wir nämlich unsere Darbietungen mit Musik bereichern. Zu meinem Seiltanz jedenfalls würde das gut passen.«

»Gut, ich will versuchen, genau in einer Woche zur gleichen Zeit wieder vorbeizukommen, wenn es deinem Vater recht ist. Erwarte mich dann hier beim Seil.«

*

Die darauffolgende Woche im Haus ihres Pflegevaters erschien Friederike wie eine Ewigkeit. Die tägliche Hausarbeit war schnell erledigt, denn es gab in dem Witwerhaushalt nicht viel zu tun. Jasper war oft unterwegs und speiste bei Bekannten. Besucher kamen nur selten ins Haus, sodass Friederikes Einkaufszettel recht dürftig und eintönig aussahen.

Allerdings nahm sich Jasper regelmäßig Zeit, um seine Pflegetochter im Musikunterricht zu unterweisen. Friederike hatte ihre Fähigkeiten im Klavierspiel dank ihrer überdurchschnittlichen Auffassungsgabe rasch ausgebaut. Bald war sie soweit, dass sie ihm fast das Wasser reichen konnte.

Am liebsten waren ihr die Stunden sonntagmorgens vor dem Gottesdienst in der Domkirche. Jasper hatte es ihr erlaubt, auf der Orgel zu spielen, bevor die Kirchgänger erschienen.

Sie stand an diesen Tagen besonders früh auf, holte sich die Kirchenschlüssel und eilte in das nahegelegene Gotteshaus. Hier traktierte sie die Orgel nach Herzenslust, bis sich die Anwohner über den frühmorgendlichen Lärm der vollen Registerklänge beschwerten. Danach durfte sie nur noch die besonders leisen Register anwählen.

Eines Abends beim gemeinsamen Abendbrot erzählte sie Jasper von ihrer Begegnung mit Donja und von der Möglichkeit, den Schaustellern in musikalischer Hinsicht zu helfen.

Jasper hörte geduldig zu, doch als Friederike ihren Bericht beendet hatte, schob er seinen Teller bedächtig zur Seite und lehnte sich mit beiden Ellbogen auf den Tisch.

Friederike schaute ihn erwartungsvoll an.

Nach einer Weile meinte er: »Nun ja. Ich zweifle nicht, dass du den Leuten helfen kannst. Doch. – Ehrlich gesagt, billige ich den Umgang mit ihnen nicht. Diese Zigeuner, ich meine, diese Schausteller sind nicht unsere Welt. Wir, das heißt, die ehrbaren Bürger unserer Stadt, sehen es nicht gern, dass sich dieses fahrende Volk am Stadtrand niederlässt. Die kennen weder feste Häuser, noch schicken sie ihre Kinder in die Schule. Sie haben weder Bürgerrechte wie das Erbrecht, noch führen sie eine Familienchronik. Und zum Gottesdienst kommen sie auch nicht.«

Jasper räusperte sich und füllte sein Glas mit Rotwein. Er genehmigte sich einen kräftigen Schluck und wischte sich anschließend die Lippen mit dem Handrücken ab, bevor er fortfuhr.

»Nicht, dass ich etwas gegen diese Menschen habe. Schließlich bin ich als Christ zur Nächstenliebe verpflichtet. Aber ehrlich gesagt, bei diesem gottlosen Volk hört der Spaß auf. Wer weiß, was die so alles auf dem Kerbholz haben. Die Nachbarn dort sagen, dass sie ihren Unrat einfach auf die Straße werfen und dass sie nachts in die Gärten schleichen, um Gemüse zu klauen.«

»Aber dennoch schaust du ihnen auf dem Jahrmarkt zu«, warf Friederike beschwichtigend ein.

»Das ist was anderes. Das ist der Reiz des Nicht-Alltäglichen, des Geheimnisvollen, den wir Bürger nun mal brauchen, um uns unserer Ehrbarkeit bewusst zu werden. Aber deswegen muss man sich mit diesem Volk nicht gleich verbrüdern.«

»Du übertreibst. Ich will ja nicht in ihre Familie aufgenommen werden. Ich möchte nur ein wenig Musik für sie machen.«

»Ach was, Zigeunermusik! Das hat mit dem, was du kannst und was ich dir noch beibringe, nicht das Geringste zu tun.«

Jasper legte Messer und Gabel neben seinen Teller, faltete seine Serviette und ordnete alles so akkurat an, wie es vor Beginn des Essens gelegen hatte.

Dann fuhr er mit einer Stimme fort, die keinen Widerspruch duldete.

»Und eins solltest du dir hinter die Ohren schreiben: Vergiss nicht, dass du adliger Herkunft bist und eines Tages standesgemäß heiraten wirst. Schon allein deswegen solltest du dich nicht mit denen ein-

lassen. Schluss mit der Diskussion, und halte dich in
Zukunft von diesen Leuten fern!«

*

Doch Friederike hörte nicht auf ihren Pflegevater.
Sie schlich sich heimlich aus dem Haus. Jasper war
ohnehin zu sehr mit den Proben zur nächsten Got-
tesdienstkantate beschäftigt, als dass er die Abwesenheit seiner Pflegetochter bemerkte. Zur vereinbar-
ten Zeit stand sie wieder auf der Weide am Stadtrand, nahe der Bucht.

Donja erwartete sie beim Hochseil. »Fein, dass
du gekommen bist. Mein Vater würde sich freuen,
wenn du die Tischorgel endlich mal zum Leben erwecken könntest. Er erwartet dich.«

Das Zelt, das der Familie Montana als Zuhause
diente, sah von außen nicht besonders einladend
aus, doch als Friederike eintrat, staunte sie über die
gemütliche Wärme, die hier herrschte. Sperrige Möbel gab es nicht, weil man sie nicht mitschleppen
konnte, wenn man durch die Lande zog. Dafür lagen
überall Teppiche, Kissen und mit Tüchern bedeckte
Strohballen herum, die als Tische und Betten dien-
ten.

Alles machte einen sauberen und ordentlichen
Eindruck. Es war nicht besonders hell im Raum, da
das Zelt keine Fenster hatte. Die Luft roch angenehm
nach frischem Stroh und nach Kaminholz. In einer
Ecke knisterte das Feuer in einem kleinen Küchen-
ofen.

72

Auf dem mittleren Strohballentisch lag etwas, das auf den ersten Blick wie ein riesiges Buch aussah. Nur die Tatsache, dass an der Seite eine Klaviatur angebracht war, verriet, dass es sich um ein Musikinstrument handelte.

Die Montanas saßen um diesen Tisch herum. Abel, der Hausherr, machte auf Friederike den Eindruck eines verschlossenen Eigenbrötlers. Unter seinen buschigen Augenbrauen stachen seine grauen Augen hervor, die funkelten, als wollten sie dem Kaminfeuer Konkurrenz machen. Mit seinem, zu einem Pferdeschwanz zusammengebundenen, pechschwarzen Haar und seinem schlecht rasierten, knochigen und breiten Gesicht sah er wirklich wie ein Zigeuner aus, fand Friederike.

Aurelia, die Frau an seiner Seite, war nicht gerade das, was sich Friederike unter einer Schaustellerin vorstellte. Statt des erwarteten stämmigen Hausdrachens oder einer vollbusigen Marktschreierin bot sie das Bild einer zerbrechlichen Porzellanfigur. Zierlich saß sie auf ihrem Strohballen und strich sich beständig ihre dunkelbraunen Locken aus dem Gesicht. Friederike bewunderte ihre grazilen Hände, die eher an eine adlige Hofdame als an eine Kunstreiterin erinnerten.

Sebastian und seine jüngere Schwester Donja ähnelten mehr ihrer Mutter als ihrem Vater. Beide hatten ovale, fein geschnittene Gesichter. Nur die violett schwarze Haarfarbe und die funkelnden Augen erinnerten an den Vater.

»Das soll eine Tischorgel sein?«, fragte Friederike und deutete auf das buchähnliche Instrument.

Abel stand auf und strich mit den Fingern über das Instrument. »Ich weiß nicht, ob das der richtige Name ist. Als ich es in Kopenhagen gekauft hatte, sagte man mir, es sei ein *Regal*, genauer gesagt, ein *Bibelregal*. Der Händler konnte sich den merkwürdigen Namen nicht genau erklären. Er meinte, er würde sich entweder aus dem französischen Wort *rigole* ableiten, was soviel wie *Kehle* bedeutet. Das würde passen, weil es nur mit sogenannten Zungenpfeifen bestückt ist. Oder aber der Name käme daher, dass man früher einmal einem Kaiser so ein Instrument widmete, also ein *regalis*, ein *königliches* Geschenk.«

»Die zweite Erklärung finde ich schöner«, meinte Friederike. »Königlich wie die Musik insgesamt ist.«

Aurelia missfiel Friederikes etwas vorlaute Art und fragte sie mit lauerndem Blick: »Verstehst du denn so viel von Musik, dass du sie als königlich bezeichnen darfst? Dann zeig doch mal, was du mit dem Ding anstellen kannst.«

Friederike studierte das Instrument von allen Seiten. Schnell hatte sie herausgefunden, dass das, was wie die beiden Seiten einer aufgeschlagenen Bibel aussah, ein Blasebalg war. Etwas Ähnliches kannte sie von der Orgel in der Domkirche. Dort musste der sogenannte Kalkant durch das Treten des Blasebalgs dafür sorgen, dass die von dem Organisten am Spieltisch angesteuerten Orgelpfeifen genug Luft bekamen, um die Töne zu erzeugen.

Nachdem Friederike das Prinzip verstanden hatte, forderte sie Donja auf, die beiden Bälge gleichmäßig und gegensinnig auf und ab zu bewegen. Der

Luftstrom ließ das Instrument vibrieren, als freute es sich, endlich zum Leben erweckt zu werden.

Nun glitten Friederikes Finger über die Klaviatur. Sie intonierte eine Orgeltoccata von dem Lübecker Marienorganisten Dieterich Buxtehude. Die Montanas zuckten zusammen. Ein lauter obertonreicher, schnarrender Klang füllte das Zelt. Von draußen hörte man das Wiehern der Pferde, die durch die ungewöhnlichen Geräusche aufgeschreckt wurden.

»Klingt auffallend, aber auch ein wenig gewöhnungsbedürftig«, rief Abel gegen den Lärm an. »Aber es gefällt mir. Das passt gut zu dem Nervenkitzel unserer Darbietungen.«

»Leider kann ich bei diesem Instrument nicht das Register wechseln«, entgegnete Friederike, ohne mit ihrem Spiel auszusetzen. »Bei der Kirchenorgel geht das. Da kann man zwischen leisen und lauten, zwischen weichen und harten, zwischen näselnden und offenen Klängen unterscheiden.«

Das kleine Tischinstrument war mit einer Musik, die eigentlich für eine große Kirchenorgel komponiert wurde, völlig überfordert. Friederike unterbrach ihr Spiel. »Vielleicht ist es besser, die Klaviatur nicht mit allen Fingern zu traktieren. Ich versuche mal eine zweistimmige Zigeunerweise.«

Die in Moll gehaltene Melodie verschmolz perfekt mit dem Instrument und mit seiner Umgebung, dem schlichten Zelt, dem genauen Gegenteil von Friederikes steinernem Zuhause beim Kantor der Domkirche. Und sie verband das junge Mädchen adliger Herkunft mit den Montanas, den umherreisenden, vogelfreien Schaustellern.

»Hätte nie gedacht, dass so eine aus der Stadt wie du so viel Seele haben kann«, meinte Sebastian anerkennend und schaute Friederike direkt in die Augen. Es waren seine ersten Worte an diesem Nachmittag. »Hättest du nicht Lust, mit uns zusammen aufzutreten? Wir werden in ein paar Wochen zu einem Gastspiel durch das dänische Königreich ziehen.«

Donja war es nicht entgangen, dass Sebastian Friederike die ganze Zeit über heimlich aus den Augenwinkeln heraus gemustert hatte. Sie kannte ihren Bruder gut genug, um zu ahnen, dass das fremde Mädchen ihm alles andere als gleichgültig war.

Kapitel 3 – Fahrendes Volk

Flensburg 1720

»Toll, schaut mal da unten, da sind Pferde. Und ein Zelt ist auch aufgebaut!«, rief der kleine Junge seinen Eltern zu, als er aus dem ersten Stock des Bürgerhauses auf den Platz hinunterblickte. »Da möchte ich gern hin!«

Durch den Niedergang der Hanse hatte sich Flensburg von der Dominanz Lübecks lösen können und war zu einem wichtigen Handelszentrum im Ostseeraum emporgestiegen. Der Dreißigjährige Krieg hatte der Stadt zwar schwere Wunden zugefügt, doch Dank des einsetzenden Rumhandels begann sie erneut aufzublühen.

Die Montanas bekamen die Erlaubnis, ihre Zelte an der Stirnseite des Marktplatzes aufzubauen, weil sie mehr Platz beanspruchten, als die Buden der anderen Schausteller. Außerdem gab es hier eine kleine Koppel, wo sie ihre Pferde vorführen konnten. Gegen ein paar Münzen durften Kinder für fünf Minuten auf ihnen im Kreis reiten, was sich als äußerst beliebte Attraktion herausstellte.

Der Junge bettelte so lange, bis sein Wunsch erfüllt wurde, obwohl die Eltern eine gewisse Abneigung gegen Schausteller hegten. »Na gut, aber nur, wenn du nachher ordentlich dein Zimmer aufräumst. Und nur zum Schauen. In so ein Zelt gehen wir nicht rein, schließlich sind wir ehrenhafte Bürger. Wenn uns dort die Nachbarn sehen. Nicht auszudenken, dieser Skandal!«

Doch, nachdem der Junge begeistert ein paar Runden ritt, und das Mädchen, das die Leine führte, nicht wie eine Zigeunerin aussah, wagten sich die Eltern trotz aller Bedenken ins Zelt.

Dort saß man auf schmalen Bänken um eine Bretterbühne herum. Der große Kreis, der das Zirkusrondell abgrenzte, und der kleinere der Bühne berührten sich an der hinteren Stelle, an der die Artisten das Zelt betraten. Nur ein schmaler Pfad blieb dazwischen, damit die Pferde im Kreis galoppieren konnten. Es roch nach Sägespänen, frischem Stroh und verbranntem Öl. Eine Reihe von Funzeln tauchte die kegelförmige Zeltdachplane in ein geheimnisvoll flackerndes Licht. Es schien, als würden dort die Luftgeister Fastnacht feiern.

Als erster war Sebastian mit seinen Jonglierkünsten dran. Er hatte sich als Clown verkleidet, tapste scheinbar unbeholfen über die Bühne, stolperte über eine große Seemannskiste und fiel zu den Zuschauern hinunter. Dort rappelte er sich auf und schlängelte sich durch die Reihen, wobei er sich hin und wieder kleine Gegenstände, eine Mütze, eine Puderdose oder eine Täschchen ausborgte. Er baute sie zu einer Pyramide zusammen, die auf seinem Kopf bedenklich hin und her schwankte.

Dergestalt erklomm er die Bühne, ohne dass ein Gegenstand herunterfiel. Das war einen ersten, anerkennenden Beifall wert. Dann legte er die Pyramide auf der Kiste ab und begann, die Gegenstände von oben herab greifend nach und nach in die Luft zu werfen, um mit ihnen zu jonglieren. Bald bildeten sie einen verwirrend schnellen Kreislauf.

Kein Teil fiel auf den Boden. Wieder war ihm Beifall sicher. Lächelnd warf er die Gegenstände nach und nach ins Publikum zurück, so genau, dass die jeweiligen Besitzer es leicht hatten, sie aufzufangen.

Als nichts mehr übrig war, setzte er sich scheinbar atemlos schnaubend auf die Kiste und fragte seine begeisterten Zuschauer: »Na, alles wieder zurück? Wir sind zwar fahrendes Volk, aber schließlich keine Diebe.«

Eine Dame aus der ersten Reihe keifte: »Mein Handtäschchen! Wo ist mein Handtäschchen? Geben Sie mir auf der Stelle mein Handtäschchen zurück, sonst rufe ich den Marktbüttel!«

Sebastian setzte eine betrübte Clownsmiene auf, die an Scheinheiligkeit nicht zu überbieten war. »Welches Handtäschchen? Ich kann mich nicht an Ihr Handtäschchen erinnern.«

Er lüftete seine Clownsjacke und schüttelte seine weiten Ärmel aus. »Hier ist weit und breit kein Handtäschchen. Tut mir leid, verehrtes Fräulein.« Dann stand er auf und hob die Seemannskiste an einer Ecke an. »Auch hier nichts. Kein Handtäschchen weit und breit.«

Die Dame hörte mit dem Zetern nicht auf, bis der Artist sie mit einer energischen Handbewegung zum Schweigen brachte. »Ach so, Sie suchen ihr Handtäschchen? Das ist was anderes. Das haben wir gleich.«

Er stellte sich mit den Zehenspitzen so hart an den Bühnenrand, dass es für einen Moment schien, er würde erneut fallen. Dann schattete er seine Augen mit der rechten Hand ab und spähte wie ein

Seemann, der ein fernes Ufer sucht, durch die Reihen der Zuschauer. Endlich fand er das passende Opfer, den Jungen aus dem Bürgerhaus am Rand des Marktplatzes.

»Du da, junger Mann, komm doch mal zu mir herauf. Du musst mir bei der Suche helfen.«

»Nein, du gehst nicht zu diesen Leuten!«, zischte der Vater. Doch der Junge riss sich von seinen Eltern los. Endlich kam sein großer Auftritt, endlich konnte er sich ihnen gegenüber behaupten.

Sebastian half ihm, den Bühnenrand zu erklimmen. »Fein, dass du mir helfen willst. Gibt doch noch tapfere Männer, die das Rampenlicht nicht scheuen! Komm, setzt dich zu mir auf die Kiste.«

Er legte seinen Arm um den Jungen und seufzte. »Also, das mit dem Handtäschchen ist mir ja wirklich sehr peinlich. Hast du eine Ahnung, wo es sein könnte?«

Der Junge bekam vor Aufregung keinen Ton heraus. Er schüttelte nur den Kopf.

Da strich Sebastian mit der anderen Hand über dessen Gesicht, und im Nu zauberte er das Handtäschchen aus der Nase hervor. »Na also, dachte ich mir doch, dass du ein Höllenkerl bist.« Dann zog er den Jungen am Ohr und brachte ein aufgeregt flatterndes Huhn zum Vorschein, welches gackernd nach hinten davonlief.

»Sieh mal einer an, was du so alles im Gesicht trägst«, scherzte Sebastian. »Du gefällst mir. Weißt du was? Du darfst bei mir auch mal am Ohr ziehen.« Zur Krönung fiel dem Jungen ein Hühnerei in die Hand. Die Leute lachten hell auf.

Der Junge hielt es verdutzt in die Höhe, doch der Clown beruhigte ihn: »Du darfst es behalten. Ist hart gekocht. Da wird sich deine Mutter freuen, wenn du den Speiseplan für heute Abend bereicherst.«

Unter brandendem Applaus half er dem Jungen von der Bühne, verbeugte sich und verschwand, wieder über die Seemannskiste stolpernd, nach hinten durch den Bühnenvorhang.

Friederike beobachtete Sebastians Vorstellung vom vorderen Eingang aus, wo sie Aurelia an der Kasse beim Abreißen der Eintrittskarten geholfen hatte. Sie musste lächeln. Nicht über seine Scherze, sondern darüber, dass sie ihn trotz seiner Verkleidung sofort wiedererkannt hatte. Während die meisten Menschen beim Gehen normalerweise Füße und Arme gegensinnig bewegen, ruderte Sebastian mit seinen Gliedmaßen parallel hin und her, sodass er aussah wie ein Boot, dessen betrunkener Steuermann den Kurs nicht halten konnte.

Das Publikum meinte, es gehöre zu seinem Clownsauftritt, doch Friederike wusste, dass er sich immer so bewegte. Ihr gefiel die etwas ungelenke Art des jungen Mannes. Und für sie war es auch kein Widerspruch, dass der ansonsten ernste und wortkarge Bursche jetzt in seiner Rolle als jonglierender Clown unaufhörlich schwätzte und Witze riss.

Im Grunde genommen war Friederike nicht in der Lage, zwischen Spiel und Wirklichkeit zu unterscheiden, besser gesagt, sie versuchte es erst gar nicht. Für sie waren das die zwei natürlichen Seiten des Lebens, die sie nicht auseinanderhalten konnte, zwei Zustände, zwischen denen sie schon von Kindheit an hin und her pendelte, ohne sich über die Unterschiede klar zu werden.

Während Sebastian dort oben auf der Bühne unbeholfen herumtapste und zugleich die Zuschauer mit seinen raffinierten Kunststücken verzauberte, verspürte sie ein zügelloses Verlangen, ihn fest in ihre Arme zu schließen, seinen Atem, seine Körperwärme zu spüren, seinen Geruch nach Zirkusstroh tief in sich aufzunehmen.

*

Aurelia schloss den Zeltvorhang, der die Eingangstür bildete, schnappte sich die Kasse und führte Friederike außen ums Zelt herum zum rückwärtigen Bühneneingang.

»Jetzt sind wir beide dran. Mach die Pferde fertig, ich muss mich noch rasch umziehen.«

Der zweite Akt begann. Friederike trieb die beiden Tiere auf die unmittelbar am Bühnenrand mit Sägespänen markierte Laufbahn und ließ sie von der Mitte der Bühne aus an der Leine im Kreis galoppieren. Das Publikum applaudierte ihr freundlich zu. Friederike genoss es, im Rampenlicht zu stehen, dort, wo eben Sebastian agiert hatte.

Es war der erste Bühnenauftritt in ihrem Leben. Noch ahnte sie nicht, dass viele folgen würden, bevor der letzte große Auftritt ihrem Dasein ein Ende bereiten würde.

Aurelia erschien Salto drehend auf der Bühne. Sie war wie eine jugendliche Balletttänzerin gekleidet, und niemand erriet ihr wirkliches Alter. Geschickt verließ sie die Bühne mit einem hohen Sprung und kam mit beiden Beinen auf einem der Pferde zu stehen, die zur richtigen Zeit an der richtigen Stelle vorbeigaloppierten.

Eine beachtliche akrobatische Leistung. Die Zuschauer klatschten begeistert. Aurelia griff den bereitliegenden Zügel des Tieres und vollführte auf seinem Rücken elegante Tanzbewegungen.

Friederike musste sich konzentrieren, denn von ihrer Leinenführung hing es ab, dass sich die Pferde gleichmäßig bewegten. Als nächstes musste sie dafür sorgen, dass sie genau nebeneinander liefen. Aurelia setzte einen Fuß auf den Rücken des zweiten Pferdes, erhaschte auch dessen Zügel und ritt eine Runde mit gespreizten Beinen, als wäre sie mit den Tieren verwachsen.

Dann nahm Aurelia die beiden Zügel in die eine Hand und warf mit der anderen Kusshändchen ins Publikum, das sie förmlich zum Beifall anstachelte.

Friederike verinnerlichte den Applaus, als gälte er auch ihr. Und das war durchaus berechtigt, denn ohne ihre zuverlässige Arbeit wäre Aurelia sicherlich gestürzt.

Doch die Konzentration bereitete ihr große Mühe. Plötzlich spürte sie heftige Kopfschmerzen in der linken Gehirnhälfte. In ihren Ohren klingelte ein schriller Ton, der in Wirklichkeit nicht existierte.

Ihre Arme begannen zu zittern, und zwischen den Augen flimmerte ein Farbkreisel, der sich so schnell drehte, dass er sie fast wahnsinnig machte. Sie war versucht, die Leine eines der Pferde loszulassen, um sich mit der Hand über das Gesicht zu wischen. Doch sie wagte es nicht, denn das wäre das Ende der Vorstellung gewesen.

Gott sei Dank gab Aurelia ihr im letzten Moment das verabredete Zeichen, mit dem der Auftritt beendet werden sollte. Die Artistin setzte sich wieder auf eines der Pferde und führte das andere am Zaum hinter sich her.

Friederike durfte jetzt die Leinen loslassen. Der aufbrausende Beifall machte sie noch benommener, als sie ohnehin schon war. Vor ihren Augen drehte sich alles.

Wie eine Betrunkene torkelte sie zum Bühnenausgang. Dort wurde sie von Sebastian empfangen. Er hatte sofort bemerkt, dass irgendetwas mit ihr nicht stimmte.

Er führte sie rasch hinter die Bühne und nahm sie behutsam in den Arm.

»Was ist passiert? Fühlst du dich nicht wohl?«

Friederike lehnte ihren Kopf an seine Schulter und begann zu weinen. Sie brauchte eine geraume Zeit, um sich wieder so weit zu fassen, dass sie sprechen konnte.

»Entschuldige bitte, aber es überkam mich einfach. In meinem Kopf spukt es wie in einem Zauberkasten. Ich kann mich nicht dagegen wehren. All die starrenden Menschen. Plötzlich hatte ich große Schwierigkeiten, die Pferdeleinen zu halten.«

»Schon gut, beruhige dich. Das kenne ich, das haben wir Artisten des Öfteren, gerade bei einer Premiere. Wichtig ist nur, dass du es mir anvertraust, statt es in dich hineinzufressen. Und wir müssen das mit meinem Vater besprechen, denn die Sicherheit des Artisten steht bei uns immer im Vordergrund.«

*

Auf der Bühne ging es mit Abels Auftritt weiter, ohne dass die beiden benötigt wurden. Er ging an den vorderen Bühnenrand, nahm ein Kartenspiel zur Hand und zeigte ein paar verblüffende Kartentricks.

Dann zog er eine der Karten, zeigte sie in die Runde und rief einem Zuschauer in der ersten Reihe zu: »Fangen Sie mal, wenn Sie können!«

Die Karte trudelte ins Publikum. Der Mann hatte Mühe, sie aufzufangen, weil sie eine unvorhersehbare Bahn beschrieb. Er musste aufspringen und seinen Nachbarn anrempeln, ehe er sie zu fassen bekam.

»Für den Anfang nicht schlecht!«, meinte Abel. »Kontrollieren Sie bitte, ob die Karte irgendwie ungewöhnlich oder gezinkt ist.« Der Mann drehte und wendete die Karte, dann schüttelte er den Kopf.

»Eine ganz normale Spielkarte, ohne Wenn und Aber.«

Abel trat in die Mitte der Manege zurück. »So, und nun versuchen Sie, mir die Karte zurückzuwerfen.«

Der Mann holte in hohem Bogen aus, aber die Karte flatterte unkontrolliert zur Seite. Abel musste sie sich von jemand anderem zurückgeben lassen. Dann stellte er sich an den hinteren Rand der Bühne kurz vor den Artisteneingang, wo Friederike und Sebastian Arm in Arm standen und neugierig den Auftritt beobachteten.

Abel musste schmunzeln, als er sie sah. Also hat es doch gefunkt mit den beiden! Ist ein nettes Mädchen, wär nicht schlecht für meinen Sebastian. Doch er sagte nichts. Jetzt musste er sich auf seine nächste Nummer konzentrieren.

»Nun passen Sie genau auf, verehrte Gäste! Da drüben, am Zelteingang steht meine Tochter Donja mit einem Hut in der Hand. – Nein, keine Sorge, sie will damit jetzt nicht durch die Reihen gehen und um Trinkgeld betteln. – Halt den Hut so hoch wie du kannst, mit der Öffnung nach vorn. Aber nicht bewegen!«

Als sei es das natürlichste der Welt, flog die Karte blitzschnell quer über den Raum, ohne zu trudeln, und landete genau im Hut. Die Zuschauer waren verblüfft. Auch Friederike. Sie fragte Sebastian flüsternd: »Wie hat er das denn gemacht? War das ein Zufall oder ist ein Trick dabei?«

»Weder noch. Es ist die Technik, die man beherrschen muss. Die hat wenig mit Kraft zu tun, sondern eher mit der richtigen Bewegung aus dem Handgelenk heraus. Man muss dafür sorgen, dass die Karte sehr schnell rotiert, denn das stabilisiert ihre Flugbahn. Die Ecken wirken dann wie die Zähne einer Säge. Deswegen sollte Donja sie mit dem Hut auffangen. Die drehende Karte hätte ihr die Hand zerschnitten.«

Friederike war beeindruckt, nicht nur von Abels Meisterschaft, sondern auch von Sebastians Wissen. »Kannst du das auch?«

»Ja, wenigstens ein wenig. Wenn man den richtigen Punkt trifft, kann man damit sogar einen Menschen töten.«

Donja war inzwischen zur Bühne gelaufen und half ihrer Mutter, einen Tisch aufzubauen, auf dem brennende Kerzen standen, sowie eine Säule, auf der ein Apfel lag. Dahinter errichteten sie eine mannshohe Holzwand.

Abel stellte sich in ein paar Metern Entfernung davor auf und fragte das Publikum: »Was meint ihr, kann man die Kerzen aus diesem Abstand auslöschen?«

Wird man wohl können, meinten viele, denn sonst hätte der Artist nicht nachgefragt. Einer nickte selbstsicher. Abel bat ihn auf die Bühne. Der Bursche pustete so stark, dass ihm beinah schwindelig wurde, aber die Flamme der ersten Kerze zuckte nur müde auf.

»Na, ist wohl nichts mit deiner Puste?«, flachste Abel. »Musst mehr Bauchmuskeln ansetzen, dann wird's vielleicht noch was. Lass mich mal ran. Mal sehn, ob ich's schaffe.«

Doch auch er konnte es nicht besser. »Hm, schade. Heute bin ich etwas schwach auf der Lunge. Aber ich habe mir vorgenommen, die Flammen auszulöschen. Hat jemand eine Idee, wie ich das aus dieser Entfernung bewerkstelligen kann?«

Jemand rief: »Spucken!«

»Nee, das ist mir zu unsauber«, lehnte Abel den Vorschlag ab. »Ich glaube, ich hätte da eine elegantere Lösung.«

Er griff wieder zu seinem Kartenspiel und hielt eine der Karten so in der Hand, dass die Stirnseite zwischen Zeige- und Mittelfinger klemmte. Dann machte er aus dem Handgelenk heraus probeweise ein paar Schüttelbewegungen, ohne den Arm oder den Körper zu bewegen. Die Oberfläche der Karte zeigte parallel zum Boden. Plötzlich warf er sie in Richtung der ersten Kerze. Die Karte rotierte dabei so schnell, dass man die Bewegung kaum verfolgen konnte.

Auf einer geradlinigen Bahn schoss die Karte genau durch die Flamme, die durch den Luftwirbel sofort erlosch. Die Karte flog ungehindert weiter und blieb mit einer Ecke in dem weichen Holz der Stelltafel stecken.

Einige aus dem Publikum sprangen auf und vergaßen vor Schreck zu applaudieren.

Unfassbar! Das war Hexerei. Oder zumindest steckte ein Trick dahinter.

Abel nahm allen Spekulationen den Wind aus den Segeln: »Wer es nicht glaubt, kann gern auf die Bühne kommen und sich davon überzeugen, dass weder die Kerzen, noch die Karte, noch die Holzwand manipuliert wurden.«

Niemand wagte sich vor. »Und nun schaut genau hin, denn jetzt geht es Schlag auf Schlag!«

Er ordnete ein paar Karten so in seiner linken Hand, dass er sie rasch einzeln mit der rechten greifen konnte. Und wie ein Kugelregen schossen die Karten aus seinem Handgelenk hervor. Jede einzelne traf eine der Kerzen, und in kaum einer Sekunde waren alle vollständig ausgeblasen.

Erneuter Beifall. »Danke für Ihr Vertrauen«, rief Abel. »Und nun komme ich zum nahrhaften Teil der Vorführung.«

Wieder nahm er Karten in die Hand. Eine Spielkarte nach der anderen warf er so auf den Apfel, dass sie in der Mitte stecken blieben. Bei der letzten Karte zerteilte sich der Apfel und fiel, sauber in zwei Hälften geteilt, auf den Tisch.

Das Publikum toste vor Begeisterung. Abel nahm die beiden Apfelhälften und reichte sie dem Jungen, der vorhin von Sebastian das Ei bekommen hatte: »Hier, kannst du behalten. Noch was für den Speiseplan heute Abend!«

Der Artist verschwand für einen kurzen Augenblick hinter dem rückwärtigen Bühnenvorhang. Friederike und Sebastian standen immer noch fest aneinandergeschmiegt zusammen.

»Jetzt bitte keine Liebesgeschichten! Komm, Sebastian, hilf deiner Mutter bei der Vorbereitung meiner letzten Nummer.«

Sebastian und Aurelia stürmten auf die Bühne und räumten den Tisch und die restlichen Gegenstände fort. Dann rückten sie die Stellwand in die Mitte des hinteren Bühnenteils, und Aurelia lehnte sich in gerader Haltung gegen das Holz.

Unter Beifall kam Abel wieder hervor, wandte sich an sein Publikum und öffnete seine weite Jacke. Eine Batterie von Messern kam zum Vorschein, die in seinem Hosengürtel steckte. Er machte ein paar Witze über Küchenmesser und Hausfrauen.

Plötzlich, ehe die Leute begriffen, was vor sich ging, drehte er sich um und schleuderte die Messer in rascher Folge auf die Holzscheibe. Im Nu war Aurelia von den im Holz steckenden Messern umrahmt.

Ein Aufschrei ging durch die Menge.

Aurelia verließ ihre Position, trat mit zierlichen Schritten nach vorn, drehte eine Pirouette, um zu beweisen, dass sie unverletzt war. Dann zog sie den Vorhang zu und verschwand dahinter.

Wieder brandete Applaus auf. Das Publikum war begeistert. Sogar der Vater des Jungen, der stolz das Ei und die beiden Apfelhälften in der Hand hielt. Die Vorurteile gegen das fahrende Volk schienen zumindest für den heutigen Abend vergessen zu sein.

*

Während der Umbauphase setzte sich Friederike mit der Tischorgel, dem sogenannten Bibelregal auf den Bühnenrand und begann, eine volkstümliche Weise zu intonieren.

Der schnarrende Klang ließ die Leute aufhorchen. Solche Klänge waren sie nicht gewohnt. Es handelte sich um eine Melodie, die Aurelia ihr beigebracht hatte, ein Lied, das auf eine feste Tradition beim fahrenden Volk zurückblicken konnte.

Nach einem kurzen Vorspiel sang Friederike mit einem ernsten, fast bescheidenen Ton. Sie vermied jede dramatische Betonung, jeden scheinheiligen Seufzer, jede überflüssige Verzierung.

Was wolln wir aber heben an?
Ein neues Lied zu singen.
Wir singen von einem schwarzen Mönch
und seiner Nähterinnen.

Und da er zu der Nähterin kam,
gar schön ward er empfangen,
umfing ihn mit schneeweißem Arm.
So lagen sie beisammen.

Die Zuhörer wurden durch Friederikes Vortrag in eine andere Welt versetzt. Vergessen war der Alltag, vergessen war der Nervenkitzel der bisherigen Vorführungen. Selbst der Bürger aus dem benachbarten Haus mit dem Blick auf den Marktplatz, der Bürger, der seinen Sohn daran hindern wollte, ins Zelt der Zigeuner zu gehen, selbst dieser schaute zu Friederike mit versöhnlichem Blick auf, auch wenn er den tieferen Sinn des Liedes überhaupt nicht verstand.

»Das ist wahre Kunst«, raunte er seiner Frau zu. »Diese Jugendfrische, diese Grazie des Gesangs. So ehrlich und wahrhaftig. Fast zum Verlieben, diese Stimme.«

Seine etwas verhärmt wirkende Ehefrau rückte pikiert zur Seite. Nicht die Musik, die Kleine hat es dir angetan, du alter Lüstling, dachte sie und nahm sich vor, in Zukunft nie wieder in ein Zigeunerzelt zu gehen. Und dann dieser anzügliche Text. *So lagen sie beisammen.* - Ist lange her, dass du das bei mir versucht hast.

»Wir lieben diese Musik«, hatte Aurelia ihr erklärt, als sie Friederike das Lied beibrachte. »Vor allem den Text, das Motiv von dem aus der Kutte gesprungenen Mönch. Es erinnert an unser eigenes Schicksal. Wir Fahrenden sind vogelfrei. Wir scheren uns den Teufel um Zwang und Vorschrift. Wir brauchen keine bürgerliche Sesshaftigkeit, um glücklich zu leben. Und wir sind nur uns gegenüber treu, uns und denen, die wir lieben. - Wer weiß, vielleicht wird das auch einmal dein Schicksal sein: Die Bestimmung, seiner Kutte zu entspringen, seine Fesseln abzustreifen.«

Friederike hatte sich eine Technik angeeignet, das Bibelregal ohne fremde Hilfe zu spielen, also ohne jemanden, der den Blasebalg betätigte. Mit der rechten Hand spielte sie die Töne auf der Klaviatur, mit der linken bewegte sie die Fächer des Blasebalgs und sorgte so für die nötige Luftzufuhr. Diese Technik ging allerdings zulasten der Klangfülle, was Friederike jedoch entgegenkam, da so ihre Stimme in den Vordergrund trat.

Sebastian beobachtete ihren Vortrag von der Bühnenseite aus. Sie macht das nicht schlecht, fand er. Ihr ebenmäßiges Profil und die mit einer Spange sorgfältig nach hinten gebundenen Haare würden sich wunderbar als Vorlage für einen der schattenrissartigen Scherenschnitte eignen, die gerade in Frankreich aufkommen.

Ob sie wohl weiß, wovon sie singt, überlegte er. *Sie umfing ihn mit schneeweißem Arm. So lagen sie beisammen.* Ob sie schon erfahren hat, was Liebe ist? Eigentlich wäre sie jetzt in dem richtigen Alter.

Er beschloss, sie zu unterstützen. Während eines Zwischenspiels kam er auf die Bühne und setzte sich so neben sie, dass er ihr die Betätigung des Blasebalgs abnehmen konnte. Friederike war zwar zunächst etwas überrascht, ließ sich jedoch nicht aus dem Konzept bringen. Im Gegenteil, jetzt konnte sie ihren Gesang mit dem Spiel beider Hände begleiten. Sie dankte ihm mit einem unauffälligen Lächeln.

*

Nach dem Applaus trat Aurelia wieder auf die Bühne.

»Und nun, verehrtes Publikum, kommen wir zum Höhepunkt unserer heutigen Vorstellung: Donjas Tanz auf dem Hochseil. Ganz ohne Netz und doppelten Boden! Also, wer schwache Nerven hat, sollte jetzt besser die Augen schließen.«

Friederike begann, auf dem Bibelregal die mitreißende Melodie eines Säbeltanzes anzustimmen. Ein paar Kinder, die es geschafft hatten, sich bis an den Bühnenrand vorzukämpfen, und die sich an der vordersten Holzlatte festhielten, starrten mit offenen Mündern nach oben.

Langsam öffnete sich der Vorhang. Quer über die Bühne war in etwa drei Meter Höhe ein Seil gespannt, auf dem Donja auf Zehenspitzen wie eine Ballerina trippelte. Sie trug ein farbenfrohes, klassisches Kleidchen, ein sogenanntes Tutu, und hielt einen zierlichen Sonnenschirm in der Hand. Sie lächelte, als sei es ein Kinderspiel, auf einem dünnen Seil zu tanzen.

Die Kinder vor der Bühne tuschelten erregt. Wird sie es schaffen? Die Erwachsenen reckten die Hälse vor, schließlich wäre es aufregend, den Unfall eines Akrobaten aus nächster Nähe zu erleben.

Geschickt folgte Donja der Melodie und glitt geschmeidig von einem Ende des Seils zum anderen. Dann streckte sie ein Bein zur Seite und vollführte eine Drehung, die wie eine Pirouette aussah. Schließlich wagte sie ein paar Sprünge.

Plötzlich schien sie danebengetreten zu sein. Das Seil schwankte bedenklich, und Donja ruderte mit dem Schirm hin und her, als würde sie das Gleichgewicht verlieren. Doch sie schauspielerte nur und tat so, als hätte sie sich erschrocken.

Die Menge schrie auf. Jetzt wird sie stürzen!

Friederike spielte die Musik unbekümmert weiter. Sie wusste, dass der vermeintliche Zwischenfall eingeplant war, um die Leute bei der Stange zu halten. Rasch hatte die Seiltänzerin wieder Fuß gefasst und wagte noch kühnere Sprünge.

Das Publikum applaudierte begeistert nach jeder Drehung. Die Kleine wird's schon schaffen!

Beim Schlussakkord der Musik kam Donja nach einem besonders akrobatischen Sprung mit einem Knie auf dem Seil zur Ruhe. Sie lächelte die Zuschauer an, die sich jetzt vor Begeisterung nicht mehr halten konnten. Dann ließ sie sich geschickt vom Seil gleiten, faltete ihren Sonnenschirm zusammen, trat an den Bühnenrand und verbeugte sich.

»Bravo! Tapfer! Gut so!«, riefen die Leute. Donja drehte noch ein paar Pirouetten und verschwand hinter dem Vorhang, der sich wieder zuzog. Abel, das Oberhaupt der Montanas, trat hervor und verbeugte sich vor dem applaudierenden Publikum mit den Worten:

Und wer meint, das Stück war gut,
legt einen Taler in den Hut.

*

Das Gastspiel der Montanas auf dem Marktplatz von Flensburg wurde ein Erfolg. Die Vorstellungen waren gut besucht, einige sogar ausverkauft.

Abel war mit den Einnahmen zufrieden. »Das ist nicht zuletzt euer beider Verdienst, Donja und Friederike«, lobte er die beiden Mädchen und gab ihnen ein paar Münzen in die Hand. »Es war eine gute Idee, die Musik einzubeziehen. Hier, das Geld könnt ihr verjubeln.«

Nach der letzten Abendvorstellung, die Luft fühlte sich immer noch sommerhaft an und der lichte Himmel kam langsam zur Ruhe, nahm Sebastian die beiden jungen Frauen zur Seite. »Heute ist ein wunderbarer Abend. Wollen wir nicht zusammen durch die Stadt gehen, runter zum Hafen?«

Friederike willigte sofort ein, doch Donja verfiel auf eine Ausrede. Sie hatte längst bemerkt, dass ihr Bruder ein Auge auf Friederike geworfen hatte und wollte nicht drittes Rad am Wagen sein. »Nein, geht allein, ihr beiden. Ich bin müde und werde mich aufs Bett werfen.«

Doch Friederike fühlte sich zu befangen, um mit einem jungen Mann den Abend allein zu verbringen, zumal sie mehr als nur Sympathie ihm gegenüber hegte. »Nein, nein, liebe Donja. Du bist nicht müde, das sehe ich deinen Augen an.« Mit einem schalkhaften Lächeln fügte sie hinzu: »Besser du kommst mit. Wer weiß, was dein Bruder so alles mit mir anstellen würde.«

Sebastian wollte aufbegehren, doch Donja kniff ihn in die Seite, denn sie hatte das untrügliche Glänzen in seinen Augen mitbekommen. »Na, ich glaube, so wie ich meinen Bruder kenne, ist es besser ich komme mit. Als Anstandshündchen. Sonst wird Sebastian dich bei der ersten Gelegenheit hinter den nächstbesten Busch zerren.«

Die beiden anderen lachten erleichtert auf, denn damit war die aufgekommene Befangenheit gelöst. Donja und ihre Freundin nahmen Sebastian in die Mitte und schlenderten über den Marktplatz. Die Schausteller hatten ihre Buden bereits abgebaut und einige Händler brachten ihre übriggebliebene Ware mit Fuhrkarren nach Haus.

Am unteren Ende des Platzes stießen die drei Artisten auf ein Paar, das Bänkellieder lautstark zum Besten gab. Der Mann stand auf einer Holzbank und kratzte auf einer Geige herum, während seine Partnerin mit einem langen Stock auf eine Bildtafel zeigte, auf der die einzelnen Stationen des Liedtextes unbeholfen nachgezeichnet waren.

Dazu grölte er mit lauter Stimme einen Text, den nur die verstanden, die ihm zuvor das Textheftchen gegen bare Münze abgekauft hatten. Offenbar ging es um einen Mönch, der von einem Soldaten *auf eine erstaunliche und unerhörte Art erbärmlich um das Leben gebracht wurde.*

Friederike schüttelte den Kopf. »So geht das nicht. Das klingt barbarisch. Das hat mit Kunst nichts zu tun. Solchen Schaustellern sollte man Auftrittsverbot geben. – Die Idee ist ja ganz gut, das mit der angedeuteten Bühne und den erzählenden Bühnenbildern. Doch, ich finde, die traurige Geschichte berührt nicht, weil alles so roh und unmusikalisch ausgeführt ist. Wenn man die Herzen der Zuschauer gewinnen will, muss man schön und ausdrucksstark singen, und man muss den Text mit seiner Mimik und seiner Gestik feinfühlig und ungekünstelt widerspiegeln.«

»Du sprichst ja fast wie eine berufsmäßige Komödiantin oder wie der Prinzipal einer der Wanderbühnen, die von Stadt zu Stadt, von Hof zu Hof ziehen und abendfüllende Schauspiele aufführen.«

»Ja. Genau das wäre es, womit ich mein Leben so gern ausfüllen würde.«

Sebastian stieß ihr in die Seite und antwortete empört: »Ich dachte, du bist gern in unserer Truppe. Eine Schauspielbühne können wir dir nicht bieten.«

Friederike fasste ihn tröstend unter den Arm. »Nein, Sebastian. Ich bin bei euch zum ersten Mal in meinem Leben wirklich glücklich. Ihr habt mir die Richtung gewiesen. Aber, ihr müsst auch verstehen, dass ich auf längere Sicht meinen eigenen Weg gehen möchte. Ich bin inzwischen alt genug, um auf eigenen Beinen stehen zu können. Ich weiß, dass ich musikalisches Talent habe, und ich würde es gern in Verbindung mit Schauspielerei einsetzen. Wie eine berufsmäßige Komödiantin oder wie die Prinzipalin einer Wanderbühne, um es mit deinen eigenen Worten auszudrücken.«

Donja legte ihren Arm um Friederikes Schulter. »Du hast recht. Jeder muss seinen eigenen Weg gehen. Wir Montanas haben das auch gemacht. Ich würde es dir nicht übel nehmen, wenn du dich eines Tages von uns trennst, auch wenn es mich traurig stimmte.«

Die drei wandten sich von dem Bänkelsänger ab und gingen die schmalen Gassen hinunter zum Hafen. Auch hier war der Feierabend eingekehrt. Die Handelsschiffe, die Fleuten mit dem bauchigen Rundgatt und die moderneren flachbodigen Galioten waren längst mit neuer Fracht beladen. Sie schaukelten träge im leichten Abendwind, und ihre Decksplanken knarrten leise vor sich hin. Es roch nach Teer, Tabak und Hering. Aus den Hafenkneipen drang das Stimmengewirr der Matrosen, die sich ein letztes Mal volllaufen ließen, bevor es morgen bei ablandigem Wind aus der Förde hinaus in die weite Ostsee ging.

Die drei blieben stehen und beobachteten die friedliche Szene. Plötzlich fragte Donja: »Sag mal, Friederike, hast du wirklich deinem Pflegevater erzählt, wo du bist? Wieso hat er dir nichts mitgegeben? Du hattest weder Kleider noch Geld bei dir, als

wir von unserem Winterlager in Christianssand auf-
brachen.«

Friederike zögerte ein wenig mit der Antwort,
aber ihr war klar, dass sie ihre neue Freundin nicht
anlügen konnte. »Nun ja, ehrlich gesagt bin ich von
Zuhause abgehauen.«

»Spinnst du?«, fauchte Sebastian sie an. »Du
kannst doch nicht einfach abhauen! Dann werden sie
bestimmt hinter dir her sein. Mein Vater jedenfalls
würde die Hölle in Bewegung setzen, wenn ich mich
einfach vom Acker machen würde. Wenn das keinen
Ärger für unsere Truppe gibt. Wir Fahrenden haben
es ohnehin schwer genug, Spielerlaubnis in den
Städten zu bekommen.«

»Mach dir meinetwegen keine Sorge. Jasper,
mein Pflegevater, ist viel zu sehr mit seiner Musik
beschäftigt, als dass er mich vermisst. Außerdem ist
er nett und wird mich nicht gleich verprügeln, wenn
ich wieder nach Haus komme.«

»Du musst ihm wenigstens Bescheid geben,
dass du bei uns bist, sonst können wir uns in Christianssand nicht mehr blicken lassen«, sagte Donja mit
besorgtem Ton. »Wir brauchen den Ort als Winterlager. Gerade weil dein Pflegevater nett ist, wäre es
deine Pflicht gewesen, ihn wenigstens um Erlaubnis
zu bitten.«

»Das habe ich ja versucht, aber er hatte was dagegen.«

Donja spürte, dass es Friederike unangenehm
war, darüber zu sprechen. Aber sie bohrte weiter.
»Und warum zum Teufel? Wir haben doch nicht die
Pest.«

»Ach weißt du, ich sage es nicht gern, aber er ist der Meinung, dass es einer Adligen nicht geziemt, sich mit dem fahrenden Volk zu verbrüdern.«

Die beiden Montanas schauten Friederike mit offenem Mund an. »Einer Adligen? Willst du damit sagen, dass du eine Von-und-zu bist? Eine Blaublutprinzessin? Ich glaube, ich spinne. Und was heißt hier: Verbrüdern? Seid ihr denn was Besseres?«

»Nein, Sebastian. Ich sage ja nicht, dass ich seine Ansichten richtig finde. Musiker gehören zwar normalerweise zu den unteren Schichten, aber Jasper ist Kantor der Hauptkirche und somit Musikdirektor von Christianssand. Seine Stimme zählt im Bürgerrat. Ihr aber seid fahrendes Volk. Ihr habt weder einen festen Wohnsitz, noch gehört ihr einer Zunft an. Die Bürgerrechte sind euch verwehrt, das ist euer Schicksal, das weder Jasper noch ich beeinflussen können.«

Die beiden Geschwister schwiegen, weil sie nichts zu erwidern wussten. Friederike fasste ihre Freundin unter den Arm und zog sie mit sich. »Ich selbst finde das nicht gut, denn es gefällt mir, was ihr auf der Bühne leistet. Da steckt mehr Kraft und Übung, mehr Phantasie und Talent dahinter, als es ein Dutzend Bürger jemals schaffen würde.«

Friederike zeigte mit einer fahrigen Handbewegung auf die stolzen Handelshäuser, die den Hafen säumten. »Sie bejubeln euch, wenn ihr auf der Bühne steht, aber nach der Vorstellung seid ihr nach wie vor nicht mehr und nicht weniger als fahrendes Volk. Man müsste es diesen Bürgern beibringen, welchen Wert eure Kunst hat. Man müsste sie lehren, euren

Berufsstand zu achten. Ich wünschte mir, ich könnte mein Leben diesem Ziel widmen.«

»Ach, das sind doch nur Seiltänze in deinem Kopf«, wiegelt Donja ab. »Schausteller, die einen festen Platz in der Gesellschaft haben, wird es nie geben. Allenfalls am königlichen Hoftheater in Kopenhagen.«

*

Die drei setzten ihren Spaziergang entlang der menschenleeren Uferlinie schweigend fort. Als sie etwa auf der Höhe der Duburg waren, einer inzwischen aufgegebenen Festung, die kurz vor ihrem Abriss stand, kamen ihnen zwei lärmende und offensichtlich angetrunkene Jugendliche entgegen. Auf dem schmalen Streifen zwischen dem Burghügel und der Wasserlinie gab es keine Ausweichmöglichkeit. Also versuchten Sebastian und die beiden Mädchen, so dezent wie möglich an den Entgegenkommenden vorbei zu schlendern.

Doch es nutzte nichts. Einer der beiden Jugendlichen rempelte Friederike an: »Na, schöne Braut, was treibst du dich hier abends mit Zigeunern rum? Du gehörst in mein Bett. Ich kenn ein paar Spiele, die dir gefallen werden.«

Sebastian entgegnete nichts, weil er eine Provokation vermeiden wollte. Er versuchte, einen Bogen um die beiden zu machen. Doch der zweite Kerl baute sich vor ihm auf. »Du dreckiger Jude. Treibst es gleich mit zwei Weibern? Hau ab. Die Frauen gehören uns, die Blonde da für meinen Kumpel und die Schwarze nehm ich mir.«

Jetzt musste Sebastian reagieren. Er versuchte, so ruhig wie möglich den beiden Einhalt zu gebieten. »Bitte, lasst meine Schwester und meine Freundin in Ruhe. Wir sind weder Zigeuner noch Juden, und wir wollen keinen Streit mit euch.«

Doch ehe er weiterreden konnte, knallte der Kerl ihm mit der flachen Hand ins Gesicht. »Widersprich mir nicht, Jude. Ich mach dich platt, wenn du nicht sofort das Weite suchst.«

Er versuchte, Donja zu umarmen. Sein Atem stank nach Fusel. »Komm her, Puppe, ich besorg es dir.«

Nun war der Moment gekommen, wo Sebastian eingreifen musste. Mit einem gezielten Faustschlag beförderte er den Kerl zu Boden, wo er benommen liegen blieb und aus der Nase blutete.

Das ging seinem Kumpan gegen die Ehre. »Du Schwein, das sollst du büßen!« Er zückte ein Messer und wollte sich auf Sebastian werfen. Doch er hatte nicht damit gerechnet, dass dieser im Umgang mit Messern geübter war als er. Geschickt wich Sebastian dem Stich aus, packte den Angreifer am Handgelenk und drehte das Messer zu Seite. Dabei stolperte Sebastian über ihn und riss ihn mit zu Boden.

Der Kerl fiel so unglücklich, dass sich das Messer in seinen Oberkörper bohrte.

Donja, die sich an Friederike geklammert hatte, stand mit aufgerissenen Augen wie gelähmt daneben und wagte nicht sich zu bewegen.

Friederike sah Blut über Sebastians Hand tropfen. Plötzlich begann ihr Herz zu rasen. Ihr Kopf glühte. Vor ihren Augen verschwammen die Konturen in einem rötlichen Nebel.

»Die Sintflut kommt! Rettet euch, sonst wird uns die Wasserwand verschlingen«, schrie sie und riss sich von Donja los. Dann raste sie wie besinnungslos den flachen Hügel zur Duburg hoch, wo sie im Dunkeln der Büsche verschwand.

*

Die Sonne stand schon fast im Zenit, als Friederike aus ihrer Betäubung aufwachte. Sie war in eine der katakombenartigen Gruben gefallen, die zu dem Teil der Burg gehörten, der bereits seit geraumer Zeit verfallen war. Zum Glück wärmte die Sonne, die schräg über den Grubenrand auf sie herabschien, und wenigstens war die Grube trocken.

An ihren Armen und Beinen hatte sie sich Schürfwunden zugezogen, von denen eine am Knie träge blutete. Sie riss ein Stück Stoff vom Ärmel ihres Hemdes ab und band ihn provisorisch um die Wunde.

Dann tastete sie in ihre Rocktasche und vergewisserte sich, dass die drei Murmeln aus Trondheim noch da waren.

Sie drehte die Kugeln in der Hand hin und her. Ihr Körper entspannte sich.

Nach und nach wurde sie sich ihrer Lage bewusst, doch ihr fehlte die Kraft, sich zu erinnern was geschehen war. Die heftigen Kopfschmerzen hatten zwar nachgelassen, doch in ihrem Kopf herrschte ein lähmender Druck von Leere. Ihr schien, als hätte sich ihre Vergangenheit in Luft aufgelöst. Nur die Murmeln banden sie im Unterbewusstsein an eine fast vergessene Identität.

Ihr fehlte jegliches Zeitgefühl. Sie rührte sich nicht und blieb abgestumpft in der Kuhle liegen. Wieder brach Nacht über sie herein. Vor Erschöpfung fiel sie in einen Halbschlaf, in dem gespenstige Traumfetzen durch ihren Kopf jagten, Alpträume von brennenden Häusern und bluttreibenden Messerstichen. Dann träumte sie, sie wäre auf eine rotierende Holzscheibe gefesselt und ein riesengroßer Messerwerfer schleuderte Feuerpfeile auf sie, ohne sie zu verletzen.

Der Hunger weckte sie am nächsten Morgen. Es regnete, und sie verspürte das Bedürfnis, sich aus ihrer unangenehmen Lage zu befreien. Irgendwie gelang es ihr, sich aufzurappeln und den Burghügel hinunter zu stolpern. Der frische Wind, der vom Wasser herüberwehte, tat ihr gut. Ein paar Matrosen, die ihr entgegenkamen und annahmen, sie sei eine gestrandete Bordsteinschwalbe, konnten sich anzügliche Sprüche nicht verkneifen, aber sie belästigten sie nicht weiter.

Friederike bemerkte das und beschloss, sich zusammenzureißen. Sie ging ans Ufer und wusch sich mit dem kalten Wasser das Gesicht. Langsam tauchte die Vergangenheit wieder in ihrem Bewusstsein auf. Die Silhouette der Stadt erinnerte sie an einen Marktplatz, den sie kannte und den sie ansteuern wollte.

Sie ordnete ihr Haar und die Kleidung so gut es ging und schritt auf die Kirchturmspitze zu. Bald erreichte sie den Marktplatz. Immer noch standen ein paar Buden dort. Der Bänkelsänger am unteren Ende des Platzes bereitete seinen Stand gerade auf den letzten Auftritt vor. Der Mann schielte aus den Augenwinkeln zu Friederike hinüber. Er schien zu ahnen, was vorgefallen war, aber er sagte nichts.

Nach und nach vervollständigte sich bei Friederike die Erinnerung. Der Marktplatz, Sebastian und die Montanas, das Große Zelt mit der Pferdekoppel daneben.

Ich muss mich beeilen, die Vormittagsvorstellung beginnt gleich, und Aurelia braucht mich, um die Pferde zu führen. Und für Donja muss ich Musik machen.

Doch als sie das obere Ende des Platzes erreichte, war an der Stelle, an der das Zelt gestanden hatte, gähnende Leere. Friederike irrte verwirrt hin und her. Weder Zelt, noch Pferde. Und keine Spur von den Montanas.

Plötzlich stand ein Junge vor ihr. »Du bist doch die Sängerin von den Zigeunern, oder?«

Friederike erkannte ihn. Das war der Junge, dem Sebastian mit seinen Zauberkünsten ein Huhn aus den Ohren gezogen hatte. »Ja, die bin ich. Aber was ist los? Wo sind meine Freunde? Wo sind die Zelte, die Pferde?«

»Die Zigeuner haben gestern in aller Frühe ihre Zelte abgebaut und sind Hals über Kopf mit ihrem Wagen aus der Stadt Richtung Süden gefahren.«

Friederike war sprachlos. Sie haben mich hier allein gelassen, haben nicht auf mich gewartet? »Was ist denn vorgefallen, dass sie so eilig den Platz verlassen mussten?«

»Das weiß ich nicht«, antwortete der Junge. Er zog einen sperrigen Gegenstand aus seiner Jacke und reichte ihn der jungen Frau. »Ich soll dir aber was geben, falls du wieder auftauchst. Ansonsten hätte ich es behalten dürfen. Ich finde es sehr schön, aber ich weiß nicht, wie man das Ding betätigt.«

Er drückte Friederike das Bibelregal in die Hand. »Der Clown hat es mir gegeben, und er hat gesagt, er wollte es dir schenken, weil er nicht so musikalisch ist wie du und damit nicht umgehen kann. Aber du kannst das doch spielen. Du musst aber für mich was singen, dafür, dass ich es dir wiedergegeben habe. Das Lied von dem *Mönch und der Nähterin*. Der Clown hat mir auch die Noten dazu gegeben.«

Friederike musste unwillkürlich lächeln, obwohl ihr dazu nicht zumute war. »Das ist lieb von dir, dass du mir Instrument und Noten aushändigst. Aber ich darf hier auf dem Marktplatz nicht einfach so singen. Dazu braucht man eine Genehmigung.«

Sie nahm das Musikinstrument und drückte es eng an ihre Brust. Es fühlte sich warm an und es verströmte den Geruch einer Erinnerung, der ihr jetzt wohltat. Sebastian. Warum bloß bist du fortgegangen, ohne ein Wort zu sagen?

Ihr fiel der Bänkelsänger ein. »Weißt du was? Komm, wir beide gehen rüber zu dem Mann mit der Bank und der Stelltafel. Der darf singen. Vielleicht singt er für uns das Lied.«

Der Mann schaute Friederike mürrisch an: »Singen soll ich, und dazu noch ein Lied, das nicht auf meinem Programm steht?«

Seiner Gefährtin gefiel das junge Ding mit dem komischen Musikinstrument in der Hand überhaupt nicht. Instinktiv witterte sie Konkurrenz. »Du bist doch die, die bei den Zigeunern aufgetreten ist. Warum haben die ihre Zelte eigentlich so überstürzt abgebaut? Da stimmt doch was nicht. Verschwinde, sonst hol ich den Marktbüttel. Der wird mit dir ein anderes Lied singen, dass dir Hören und Sehen vergeht!«

Doch der Junge gab nicht nach: »Ich will aber das Lied von dem *Mönch und der Nähterin* hören. Meinem Vater gehört das große Haus dort drüben. Er hat gute Beziehungen zur Obrigkeit. Er braucht nur den kleinen Finger zu heben, und schon seid ihr euren Schaustellerplatz los.«

Er zog einen Beutel aus der Tasche, in dem ein paar Münzen klingelten. »Und außerdem sollt ihr das ja auch nicht umsonst machen«.

Der pragmatisch veranlagte Bänkelsänger lenkte ein, obwohl er innerlich über die verzogenen Bürgersöhnchen von heute klagte. »Na gut. Singen will ich, aber ich kann das Lied nicht auf der Geige begleiten. Das habe ich nicht geübt.«

»Wenn du nichts dagegen hast, begleite ich dich auf meiner Handorgel«, fiel ihm Friederike ins Wort.

Ehe er antworten konnte, stimmte sie die Melodie an, während der Junge dem Sänger die Noten in die Hand drückte. Die Alte verschwand leise vor sich hin brummend zwischen den Marktbuden.

Es dauerte nicht lang, bis der mit unbeholfener Stimme singende Alte und Friederike mit den ungewöhnlichen Klängen, die sie dem Bibelregal entlockte, die Aufmerksamkeit des ganzen Marktes auf sich zogen. Sie mussten das Lied immer wieder neu anstimmen. Gelegentlich fiel Friederike in den Gesang ein, und es entwickelte sich ein kontrastreicher Wechselgesang zwischen der rauen Stimme des Alten und der geübten Intonation der Jüngeren. Um sie herum bildete sich eine dankbare Menschenmenge, denn diese Darbietung war die einzige Unterhaltung, die der späte Markttag noch zu bieten hatte. Der Bürgerjunge ging währenddessen mit dem Geigenkasten des Bänkelsängers durch die Reihen und kassierte kräftig ab.

Die ungewöhnlichsten Zufälle pflegen immer dann einzutreten, wenn man sie am wenigsten erwartet. Aus der Menge drängte sich ein vornehm gekleideter Mann nach vorn, der Friederike aufmerksam beobachtete.

In einer Pause trat er auf sie zu: »Bist du nicht die Tochter von Jasper Pentz, dem Kantor an unserer Domkirche in Christianssand?«

Friederike fiel vor Schreck der Unterarm auf die Tastatur des Bibelregals. Mit einer pfeifenden Tontraube entwich die restliche Luft aus dem Blasebalg. Mit einem Schlag hatte die Vergangenheit Friederike wieder vollends eingeholt.

Plötzlich kam ihr die Erinnerung an den schrecklichen Abend unterhalb der Duburg mit voller Wucht ins Bewusstsein zurück. Sebastian muss einen der beiden Burschen, die sich an Donja vergreifen wollten, erstochen haben. Als fahrendes Volk hatten die Monatans keinerlei Rechte. Sie müssen geahnt haben, dass sie vor der Obrigkeit mit dem Anspruch auf Notwehr nicht durchkommen würden und werden mit ihrem Zeltwagen geflüchtet sein. Mit unbekanntem Ziel, sodass es Friederike unmöglich war, ihnen zu folgen.

Sie antwortete nicht auf die Frage des Fremden, aber sie packte ihr Musikinstrument zusammen und stellte sich mit gesengten Augen vor ihn. Vielleicht war es ihr innerlich doch recht, in Jaspers Haus wieder ein bürgerliches Leben aufzunehmen.

»Ich bin ein guter Freund von Jasper und ein Mitglied seiner Gemeinde. Ich weiß, dass er dich vermisst. Und wir auch. Wir würden dich in unserem Gotteshaus gern wieder singen hören. Morgen früh geht mein Schiff zurück nach Christianssand. Wenn du willst, kannst du mich begleiten.«

*

Jasper machte Friederike keinerlei Vorwürfe, dass sie so sang- und klanglos verschwunden war. Er fragte auch nicht, woher das Musikinstrument stammte, das sie unter ihrer Jacke trug. Er musterte es neugierig.

»Zeig mal her. Das ist ein Bibelregal. Es spielt sich wie eine Kirchenorgel, nur einfacher. Komm, wir setzen uns ins Musikzimmer. Du betätigst den Blasebalg und ich zeige dir, wie man die Tastatur am besten handhabt.«

Es klang scheußlich, denn er machte den gleichen Fehler wie damals Friederike, als sie das Instrument bei den Montanas kennenlernte. »Du musst nicht mit beiden Händen und allen Fingern gleichzeitig darauf spielen«, wies sie ihn zurecht. »Das ist keine Kirchenorgel. Gib mal her, ich mache dir das vor.«

Friederike entlockte der kleinen Tischorgel Klänge, die Jasper verblüfften. Zart und filigran, dennoch füllten sie den ganzen Raum. Er begann, seine Pflegetochter mit anderen Augen zu sehen. Hübsch ist sie geworden in den wenigen Wochen, in denen sie fort war. Eine richtige Frau, auch wenn ihr Haar ungepflegt aussieht.

Ihr Gesichtsausdruck war es, der sie so reif wirken ließ. In ihren braunen Augen spiegelten sich Ernsthaftigkeit und Selbstbewusstsein wider. Ihr Blick war ruhiger geworden. Er wanderte nicht mehr so wie früher unbeständig hin und her. Die Lippen, die sie als Kind meistens zusammengepresst hatte, lagen entspannt aufeinander. Gelegentlich bewegten sie sich, wenn Friederike die Melodie kaum hörbar mitsang. Ihr Kopf wiegte sich im Takte der Musik.

Ihre Finger kamen Jasper so lang und schmal wie bei einer Erwachsenen vor. Sie erinnerten ihn an seine verstorbene Frau Catharina. Zielsicher huschten sie über die Tasten, sodass die Töne wie Perlen einer kostbaren Kette zu leuchten begannen.

Es wird Zeit, dass sie einen Mann findet, ging es dem Alten durch den Kopf.

Nachdem Friederike den Schlussakkord gespielt hatte und ihre Finger noch für einen Moment über der Tastatur ruhte, legte Jasper seine Hand auf ihren Unterarm. »Du hast mich, deinen Meister überholt. Ich meine musikalisch. Und das ist auch gut so, denn du bist alt genug, um auf eigenen Beinen zu stehen. Catharina wäre gewiss stolz auf uns beide.«

Er öffnete eine Schatulle, die auf einem Beistelltisch lag. »Hier, das ist ihre Kette. Ich schenkte sie dir, als du am ersten Tag bei uns ankamst. Sie sollte ein Talisman für dich sein. Doch du hattest sie nicht mit auf deine Reise genommen. Ich will gar nicht wissen, warum du mich ohne ein Wort zu sagen verlassen hast, auch nicht, wo du warst und was du erlebt hast. Du wirst deine Gründe gehabt haben, das genügt mir. Aber jetzt, wo du zurück bist, möchte ich dich noch einmal bitten, die Kette als Andenken an uns in Ehren zu halten.«

Friederike nahm die Kette und legte sie sich um den Hals. »Danke, Jasper, dass du so viel Verständnis für mich aufbringst. Du bist ein guter Mensch. Ich verdanke dir viel, und ich möchte dich nicht ein zweites Mal enttäuschen. Die Kette soll mich stets an dich erinnern. Sie ist so etwas wie eine Heimat für mich.«

Jasper umarmte sie herzlich. Dann ging er zum Wandschrank und holte eine Flasche von einem der Selbstgebrannten hervor, die als Spezialität von Christianssand gelten, dazu zwei Schnapsgläser. »Komm, lass uns an den Tisch im Wohnzimmer setzen. Ich habe mit dir etwas zu besprechen.«

Friederike schüttelte sich, als sie von dem Schnaps trank. Er war ihr zuwider, doch ihr gefiel, dass Jasper ihr damit zeigte, dass er sie nunmehr als Erwachsene anerkannte.

»Während du fort warst, habe ich eine wichtige Nachricht bekommen, die dein Leben verändern wird. Ich finde, du bist jetzt ein erwachsener Mensch. Du siehst gut aus, und du bist von adliger Herkunft. Es ist Zeit, die Weichen für deine Zukunft zu stellen. Hier in Christianssand würde dein musikalisches Talent brach liegen, und außerdem musst du es lernen, auf eigenen Füßen zu stehen.«

Er genehmigte sich einen weiteren Schnaps, um sich Mut zu machen, seine Pläne mit entschiedener Stimme vorzutragen.

»Ich habe am Kopenhagener Hof Erkundigungen eingezogen. Dort sucht man für die neue Königin ein Kammerfräulein mit musikalischen Fertigkeiten. Und das Interessante ist, dass man, aus welchen Gründen auch immer, an den Namen von Rantzau gewisse Erwartungen knüpft. Meine bescheidene Rolle in deinem Leben wird dann ausgespielt sein.«

Kapitel 4 – Am Königshof

Kopenhagen/Preetz 1721 – 1727

»Mesdames, ich möchte Ihnen ein neues Mitglied unseres Hofstaats vorstellen: Mademoiselle Friederike Louise von Rantzau. Sie wird als Kammerfräulein die Königin mit ihrer Musik divertieren, und ich bin mir sicher, dass sie mit ihrem Talent uns und unserem Hof alle Ehre erweisen wird.«

Während die Hofmeisterin mit Friederike den Kreis abschritt, um sie jeder Hofdame einzeln vorzustellen, begannen einige zu tuscheln. »Ein guter Name«, meinte das Tranchierfräulein der Königin. Ihre Nachbarin, die wie alle Hoffräulein auf die Kammerfräulein neidisch war, weil diese über einen fast unbeschränkten Zugang zur Königin verfügten, entgegnete: »Wie man´s nimmt. Sie soll aus einem verarmten Zweig der Rantzau-Sippe abstammen. Da muss der König schon einen triftigen Grund gehabt haben, ihrer Bestellung zuzustimmen. Wer weiß, was sich da politisch anbahnt.«

»Und sie soll Waise sein«, wusste eine Dritte zu berichten. »Ich möchte nicht wissen, wie es um ihre Erziehung steht.«

»Ein Kirchenmusiker aus der Provinz, ein Verwandter, soll sie unterrichtet und ihr die Stelle am Hof vermittelt haben.«

»Na, hoffentlich kann sie auf musikalischem Gebiet das ausgleichen, was ihr an Herkunft fehlt.«

»Ich finde, ihr Kopf sieht aus wie eine Teekanne: hohe Stirn, lange Nase, dicke Pausbacken und ein breiter Unterkiefer. Nicht gerade eine vorteilhafte Erscheinung«.

»Und ihr Knicks ist etwas linkisch.«

»Aber immerhin hat sie eine recht weibliche Figur für ihr Alter. Die wird doch gerade mal 16 sein.«

»Alles nur Schein. Die jungen Dinger von heute wissen, wie man sich die Brüste hochbindet.«

»Ihr Blick gefällt mir nicht. Ihr nervöses Augenflackern. Wie bei einer Irren.«

»Ihr übertreibt. Das ist die Aufregung. Ich erinnere mich gut, wie mir die Knie zitterten, als ich das erste Mal hier vor der versammelten Mannschaft stand.«

»Ich dachte, Eure Knie werden nur weich, wenn Ihr einen jungen Kavalier seht!«

Ein paar Damen kicherten eine Spur zu laut. Die Hofmeisterin klopfte mit ihrem Fächer ungehalten gegen die Kante des neuen Christofori-Hammerflügels, der in der Mitte des Musikzimmers stand, in dem sich die Hofdamen der vor Kurzem gekrönten Königin von Dänemark, Anna Sophie von Reventlow, versammelt hatten.

»Bitte etwas mehr Contenance, Mesdames«, übertönte die Hofmeisterin mit energischer Stimme das diffuse Stimmgewirr. Unverzüglich trat Ruhe ein, schließlich kannten die Hofdamen die Verhaltensregeln, auch wenn es nicht immer einfach war, sie zu befolgen. Besonders dann, wenn sich ein neues, ein unbekanntes Gesicht in ihren Reihen zeigte.

»Ich freue mich, dass Mademoiselle Friederike Louise bereit ist, uns ein Beispiel ihres außergewöhnlichen Talents zu geben. Wie man hört, weiß sie nicht nur das Klavier zu traktieren, sondern verfügt auch über eine vielversprechende Stimme.«

Mit einer unauffälligen Geste forderte sie den Neuankömmling auf, am Flügel Platz zu nehmen. Friederike prüfte ihn mit einem bewundernden Blick. Noch nie hatte sie auf solch einem modernen Instrument mit seiner ausgeklügelten Stoßmechanik gespielt.

Vorsichtig präludierte sie ein paar Akkordfolgen. Die Tastatur erwies sich als ungewöhnlich sensibel in Bezug auf den Anschlag. Ein Mittelding zwischen Cembalo und Clavichord, doch der Klang war viel dunkler und voller.

Geschickt ließ sie ihr Vorspiel in eine virtuose Sonate von Domenico Scarlatti übergleiten, deren Noten ihr Pflegevater Jasper besorgt hatte.

Doch Friederike war nicht ganz bei der Sache. Ihr gingen die letzten Tage durch den Kopf. Jaspers Bemühungen um ihre Anstellung am Hof, ihr beinah überstürzter Umzug nach Kopenhagen, einer aufblühenden Stadt, trotz der schweren Pest vor zehn Jahren mit über 2000 Toten.

Dann die Ankunft im Frauenzimmer der königlichen Residenz, die kurze Audienz bei der Königin, schließlich das huldvolle Kopfnicken der Majestät.

Obwohl sich Friederike nicht besonders anstrengte, wurde ihr Vorspiel ein Erfolg. Derart mächtige Klangkaskaden hatte man hier noch nie gehört.

Auf musikalischem Gebiet jedenfalls konnte es ihr keine nachmachen, dachten die meisten der Hofdamen.

Aber ob und wie sie sich in das Hofzeremoniell einfügen wird, musste sich erst noch erweisen.

*

Das Kammerfräulein Maria Cecilia führte Friederike auf ihr Zimmer, das sich beide teilen mussten. Das Kopenhagener Schloss glich mehr einer mit einem Wassergraben umgebenen mittelalterlichen Burganlage als einer modernen Königsresidenz. Zwar gab es Pläne für einen repräsentativen Neubau, doch der lange Krieg mit Schweden hatte zu viel Mittel verschlungen, als dass sie in die Tat umgesetzt werden konnten. So herrschte Raumnot, zumal die neue Königin ihren Hofstaat erheblich vergrößert hatte.

Die Räume der Hofdamen lagen in einem Seitentrakt. Ein schmaler Schacht mit einer hohen Wendeltreppe führte bis zum Obergeschoss. Sie war mit einem schmiedeeisernen Geländer versehen. Über dem Schacht baute sich eine Lichtkuppel auf, durch die merkwürdig gleißende Lichtstrahlen nach unten fielen, welche auf den Fliesen einen kleinen scharf umrissenen Lichthof bildeten.

Als Friederike in diesen Lichthof trat und nach oben blickte, wurde sie von einem heftigen Schwindelgefühl ergriffen. Die Wendeltreppe kam ihr wie die Spirale eines überdimensionalen Bohrers vor, der sich in ihr Gehirn eingraben würde.

Sie blieb stehen und hielt sich am Geländer fest. Würde sie den Weg nach oben, den Weg ans Licht wirklich schaffen? Für einen Augenblick bereute sie es, die Stelle am königlichen Hof angenommen zu haben.

Maria Cecilia bemerkte die momentane Verwirrung ihres Schützlings nicht. Sie löste Friederikes Hand vom Geländer und zerrte sie unerbittlich die Stufen hinauf.

Friederike wagte nicht nach unten zu blicken. Um sich von dem Schwindelgefühl abzulenken, fragte sie: »Wie ist sie denn, die Königin Anna?«

»Sie ist trotz ihrer fast 30 Jahre immer noch eine wirkliche Schönheit. Im Antlitz weich und im Charakter bestimmend. Nicht so eine zerbrechliche, leicht verletzbare Frau wie die kürzlich verstorbene Königin Louise. Der war die religiöse Erbauung wichtiger als das Eheleben. Kein Wunder, dass König Friedrich an seiner Anna hängt. Er hatte sie schon vor über zehn Jahren auf einem Maskenball kennengelernt. Da war er bereits mit Louise verheiratet, doch er musste sich mächtig in die 22 Jahre Jüngere verliebt haben, denn ein Jahr später entführte er sie und schloss mit ihr eine *Ehe zur linken Hand*.«

»Eine Ehe zur linken Hand? Was ist das denn?«, hakte Friederike nach, die sich im Milieu regierender Fürsten nur wenig auskannte.

»Die Ehe eines Herrschers mit einer standesgemäß nicht ebenbürtigen Frau, um unbequemen Erbschaftsansprüchen aus dem Weg zu gehen. Ein König darf diese Ehe selbst dann eingehen, wenn er bereits verheiratet ist.«

»Eine Doppelehe? Ist das denn unter Christen rechtens?«

»Ja, das ist staatlich und kirchlich anerkannt. Nur regierende Häupter dürfen das. Der Begriff rührt daher, dass die Braut von niedrigerem Stand bei der Trauung an der linken Seite des Mannes steht.«

»Dann ist Anna Sophie also so etwas wie eine legalisierte Mätresse?«

»Genau. Und daraus resultieren auch die momentanen Spannungen am Hof. Ich persönlich komme sehr gut mit ihr aus. Das ist aber leider in unserem Frauenzimmer nicht selbstverständlich. Die junge Königin hat viele Feinde am Hof. Man wirft ihr vor, sie sei intrigant, herrisch und raffsüchtig. Sie hätte den König um den Finger gewickelt. Denn nur wenige Tage nach dem Tod von Louise wurde die Ehe mit Anna unter förmlicher Gleichberechtigung bestätigt und sie zur Königin gekrönt, was zu einem tiefen Zerwürfnis innerhalb der königlichen Familie führte. Der Kronprinz, von seiner Mutter Louise religiös erzogen, verabscheut Anna abgrundtief, und die Geschwister des Königs verließen Kopenhagen aus Protest. Anna Sophies Familie wird hier unter der Hand als die Reventlow-Bande beschimpft. Dabei hat Anna doch, wie ich finde, nichts Verächtliches getan. Sie wollte nicht länger eine Mätresse sein, eine Königshure. Und sie will ihren sicherlich bald zu erwartenden Kindern ein rechtlich abgesichertes Leben ermöglichen.«

Maria Cecilia verschwieg, dass König Friedrich ihr die Aufgabe übertragen hatte, ihn über die Intrigen in den Frauenzimmern gegen seine Ehefrau zu unterrichten. Gegenüber der Neuen wollte sie zunächst etwas vorsichtig sein, auch wenn sie wusste, dass es der König war, der die Berufung Friederikes als Kammerfräulein der Königin durchgesetzt hatte. Wer weiß, welches politische Interesse der König mit dem Namen von Rantzau verknüpft, grübelte sie.

Die beiden Hofdamen hatten inzwischen ihr Zimmer im Obergeschoss erreicht. Die Truhe mit Friederikes wenigen Habseligkeiten, die sie mit aufs Schloss nehmen durfte, stand bereits neben der Tür. Gemeinsam trugen sie sie ins Zimmer.

Während Friederike ihre Sachen auspackte, erläuterte Maria Cecilia: »Viel haben wir hier nicht. Den Kleiderschrank müssen wir uns teilen. Links sind meine Sachen, rechts kannst du deine aufhängen. Wir müssen nur aufpassen, dass wir nichts durcheinanderbringen, denn das dunkle Dienstkleid mit dem weißen Kragen sieht für alle Kammerfräulein gleich aus. Uns ist nur erlaubt, sie mit ein paar bunten Bändern zu verzieren.«

»Ist mir recht«, antwortete Friederike. »Ich lege keinen Wert auf ein auffälliges Aussehen.«

»Das wird sich bald ändern, warte nur ab. So wie du aussiehst, bist du in einem Alter, in dem man anfängt, sich herauszuputzen, um den jungen Kavalieren zu gefallen.«

Und du bist zu alt, um den Männern zu gefallen, obwohl du dich so stark mit Puder und Rouge herausputzt, dachte Friederike. Doch sie enthielt sich einer frechen Antwort. Maria Cecilia sah mit ihren Mouches, den falschen Schönheitsflecken im Gesicht, in der Tat aus wie eine alternde Schauspielerin, die ein letztes Mal in der Rolle als jugendliche Liebhaberin glänzen wollte.

Und schulmeisterlich war sie obendrein. »Außerdem wird dir wenig Zeit für aufregende Liebesabenteuer bleiben. Die Frauenzimmer werden im Sommer morgens um sieben, im Winter um acht Uhr aufgeschlossen. Unsere erste Pflicht ist es, die Königin beim Gottesdienst zu begleiten. Die genaue Rangfolge, wer wann und wo geht und steht, wird dir die Obersthofmeisterin noch mitteilen.«

In selbstbewusstem Ton ergänzte sie: »Ich jedenfalls, als die Leib- und Mundwäscherin der Königin, stehe fast an ihrer Seite.« Sie blickte etwas eitel auf die Jüngere herab. »Als Kammerfräulein hast du zwar das Privileg, vor den Hoffräulein zu kommen. Ich weiß aber nicht, wie weit die Gunst der Königin reicht, um eine unerfahrene Musikunterhalterin wie dich in ihre Nähe zu lassen.«

»Man wird sehen«, erwiderte Friederike schlicht. Als sie ihr Bibelregal aus der Truhe hervorholte und es auf einen Abstelltisch legte, fragte die andere neugierig: »Was ist das denn?«

»Ein Musikinstrument. So etwas wie eine Orgel. Damit kann ich mich selbst zu meinem Gesang begleiten.«

»Na, ich weiß nicht, ob das der Königin gefallen wird. Sie hat eine Abneigung gegen das langweilige Orgelspiel, das wir täglich im Gottesdienst über uns ergehen lassen müssen. Überhaupt sind ihr die steifen religiösen Zeremonien zuwider. Sie mag lieber weltliche Musik.«

»Die kann ich ihr bieten.« Friederike nahm ein Bündel Noten aus der Truhe und legte es neben ihr Instrument. »Das hier ist eine Sammlung weltlicher

Lieder für die Frauenzimmer. Teilweise ganz neue Vertonungen. Sogar welche von Elisabeth von Braunschweig-Lüneburg, Luise Henriette von Brandenburg und Anna Sophia von Hessen-Darmstadt sind dabei.«

»Frauen von Adel, die Musik komponieren? Ich weiß nicht. Das ist doch bestimmt nur laienhafter Natur.«

»Nein, im Gegenteil«, ereiferte sich Friederike. »Das waren sehr kultivierte Frauen. Warum sollten sie schlechter als Männer komponieren? Ich habe die Noten alle durchgespielt und bin von ihnen begeistert. Mein Pflegevater hat mir die Sammlung zusammengestellt. Er ist Kirchenmusikdirektor in Christianssand und versteht sehr viel von Musik. Ich bin sicher, Königin Anna wird sie gefallen.«

»Na ja, man wird sehen«, äffte Maria Cecilia ihre neue Zimmergenossin nach.

Die ließ sich durch den spöttischen Unterton nicht beeinflussen und leerte die Truhe. Zum Schluss kam eine kleine Schachtel zum Vorschein. Auch sie gesellte sich zu dem Musikinstrument und zu den Noten. Cecilia wurde noch neugieriger. »Was haben wir denn da? Eine Schachtel, wie ich sie aus meiner Kinderzeit kenne. Bezaubernd. Ich hatte auch mal eine, da habe ich immer meine Poesieblätter versteckt. Meine Mutter sollte nicht lesen, was ich heimlich dichtete. - Mal sehen, welchen Schatz du verborgen hältst.«

Ehe Friederike einschreiten konnte, hatte Cecilia die Schachtel geöffnet. »Murmeln? Drei Glasmurmeln? Und dann noch so primitiv gegossene?«, rief sie enttäuscht und fügte in überheblichem Ton hinzu: »Das ist ja kindisch. Wie albern!«

Friederike war plötzlich wie verwandelt. Schweiß trat auf ihre Stirn. In ihrem Gesicht zeichneten sich rote Flecken ab. Ihre Lippen bebten. Die Augen begannen wild zu rollen. Die Hände zitterten, als sie Cecilia die Schachtel aus der Hand riss.

»Rühr das nicht an! Und wenn du es wagst, noch einmal so mit mir zu sprechen, vergess´ ich mich!«

Maria Cecilia schaute sie für einen Moment mit offenem Mund an, bevor sie sich auf eine Antwort besann. »Ist ja gut. Ich konnte nicht ahnen, dass Murmeln so wichtig für dich sind. – Auf jeden Fall solltest du eines lernen, wenn du hier am Hof überleben willst: Immer die Contenance wahren!«

Friederike sah ein, dass es nicht gut war, so leicht die Beherrschung zu verlieren. Beide schwiegen und ordneten ihre Sachen.

Dann setzte Cecilia ihren Vortrag über die Regeln am Hof fort. »Nach dem Gottesdienst hält die Königin Audienz. Du musst bereit stehen, falls sie eine musikalische Umrahmung wünscht. Etwa gegen 12 Uhr wird das Mittagsmahl gereicht. Wir Hofdamen müssen zwar anwesend sein, um die Königin zu unterhalten, speisen aber erst eine Stunde später an unserer eigenen Frauenzimmertafel.«

Langsam begann Friederike, Cecilias monotone Stimme zu langweilen. Sie hatte sich inzwischen für einen schön verzierten Spiegeltisch in einer Ecke des Raumes begeistert. Das Licht, das konturlos durch die schmalen Fensterflügel hineindrang, tauchte ihre

Silhouette in einen warmen Farbton. Friederike gefiel ihr Spiegelbild.

Eigentlich nicht schlecht, dachte sie. Cecilia hat recht. Wird wirklich Zeit, dass ich mich nach einem Kavalier umsehe. Er müsste so stark sein und so gut aussehen wie Sebastian. Und auch so zärtlich sein wie er. Aber von gutem Adel, kein Wanderartist.

Sie drehte eine Pirouette, sodass sich ihr Rock für einen kurzen Moment entfaltete, und lächelte zum ersten Mal, seit sie in Kopenhagen war.

»Hörst du mir überhaupt zu?«, donnerte Maria Cecilia sie an. »Wir sind hier nicht im Theater. Unsere Arbeit ist hart genug, und man muss die Instruktionen für die Frauenzimmer streng befolgen.«

»Aber ja doch, meine Liebe. Ich höre dir genau zu. Wir tafeln also nicht mit der Königin zusammen.«

»Genau. Am Nachmittag müssen wir sie in den Garten begleiten, wenn ihr nach Spazieren oder Kegeln der Sinn steht. Oder sie trifft sich mit den Ehefrauen höfischer Amtsträger und einigen erlesenen Stadtdamen. Dabei bilden wir ihre repräsentative Begleitung und haben entweder dezent höfliche Konversation zu treiben, oder uns unauffällig mit Kartenspiel, mit Handarbeiten, mit feinen Stickereien etwa, oder mit einer Buchlektüre zu beschäftigen. In der Zeit zwischen 17 Uhr und der Abendtafel ist uns die Konversation mit Kavalieren in der Antecamera erlaubt. Die Nachtruhe beginnt selten vor 22 Uhr. Dann müssen alle Hofdamen in ihren Zimmern sein, und die Frauenzimmer werden wieder verschlossen. Gespräche unter den Türen sind untersagt.«

»Ja, ja,« plapperte Friederike desinteressiert nach. »Dezente Konversation mit den Kavalieren in der Antecamera.« Dann wandte sie sich einer Schneiderpuppe zu, über der ein faltenreiches schwarzes Kleid aus Atlas hing, dessen Ränder mit silbernen Borten verziert waren. Friederike nahm einen Ärmel und hielt ihn ins Licht. Der Stoff fühlte sich kuschelweich an.

»Könnte mir gefallen. Würde mir bestimmt gut stehen. Darf ich das mal anprobieren?«

»Finger weg!«, schnauzte die Ältere. Jetzt war sie es, die die Contenance für einen Moment verlor. »Das ist mein Kleid für die hohen Festtage. So etwas darf nicht jede Hofdame tragen. Das Privileg muss man sich erst erkämpfen. Und so, wie du bei der Sache bist, wird das bei dir wohl nichts. Die Rangfolge unter den Hofdamen bestimmt sich übrigens nicht nach ihrer Herkunft, sondern nach der Dienstzeit am Hof. Ich gehör zu einer der ältesten Kammerfräulein, stehe also im Rang sehr viel höher als du.«

»Was man dir auch ansieht«, flüsterte Friederike spöttisch. Doch die andere bemerkte es nicht.

»Entschuldigung«, fuhr Friederike in lautem Ton fort. »Ich wollte dich nicht ärgern. Du siehst in dem Kleid bestimmt wunderschön aus.«

Sie versuchte, ihre Lehrmeisterin zu besänftigen. »Erzähl mir doch noch mehr über das Hofleben. Haben wir eigentlich auch Zeiten, in denen wir mal allein sein können?«

Das kam bei Maria Cecilia nicht gut an. »Das ist ja wohl die Höhe! Hat noch nicht einmal ihren Dienst angetreten und schon will sie Beurlaubungen haben.

Die gibt es nur, wenn du Verwandte in der Stadt besuchen willst. Und du musst sie von der Obersthofmeisterin genehmigen lassen.«

Sie trat ans Fenster, von dem aus man einen Zipfel des Schlossparks sehen konnte. »Außer im Gefolge der Königin dürfen wir Hofdamen uns weder in den Sälen und Galerien des Schlosses aufhalten, noch den Schlosspark betreten.«

Friederike setzte sich auf eines der beiden Betten und schaute etwas genervt nach oben. Der schlichte Betthimmel aus schwarzem Samt stimmte sie traurig. Hier schläft man, als läge man in einem Sarg.

Maria Cecilia schien ihre Gedanken zu erraten. »Wie ich dir eingangs schon sagte: Viel haben wir hier nicht. Ein Bett mit rotem Samthimmel und goldenen Fransen steht nur der Obersthofmeisterin zu. Bis dahin wirst du noch einen weiten Weg zurücklegen müssen.«

Es klopfte an der Tür, und eine Hofdame trat ein: »Die Königin bittet Friederike Louise zu sich. Sie möge für sie musizieren.«

»Das geht aber schnell mit deinem *cursus honorum*, mit deiner *carrière*,« beneidete sie Maria Cecilia. »Dein musikalisches Talent muss es der Königin angetan haben. Dann ist der rote Samthimmel ja schon ein ganzes Stück näher gerückt.«

Sie zupfte Friederikes Hemdkragen zurecht und entfernte eine Staubflocke von ihrem Rock. »Werde nur nicht zu stolz auf dein Talent! Ordentlichkeit, Bescheidenheit und Keuschheit, das sollten deine Tugenden sein. - Und schließlich noch ein Hinweis: Die

Königin möchte nicht mit *königliche Hoheit* ange-
sprochen werden. Ein schlichtes *Madame* genügt.
Der König ist für dich der *Sire*.«

*

Friederike intonierte das Präludium von Dieterich
Buxtehude, das ihr Jasper vor zehn Jahren bei ihrer
Ankunft in ihrem neuen Elternhaus Christianssand
vorgespielt hatte. Hin und wieder blickte sie während
des Vortrags heimlich zu ihrer Gastgeberin hinüber.
Das Musikstück kannte Friederike auswendig. Sie
brauchte weder auf die Noten noch auf die Tastatur
zu schauen. Manchmal erlaubte sie sich, ein paar
Improvisationen in ihr Spiel einzubauen.

Maria Cecilia hat recht, ging es ihr durch den
Kopf. Die Königin ist ohne Zweifel eine bemerkenswerte Frau. Über ihrer linken Schläfe hatte sie eine
kostbare Diamantnadel an ihrer grauweißen Perücke
befestigt, an der ein schmales Bündel seltener Fasanenfedern angebracht war. Der Schmuck wirkte, als
sei er eine Kopie des Sterns von Bethlehem.

Die leichten Falten in ihren Gesichtszügen waren
nicht zu übersehen, aber sie taten ihrer Schönheit
keinen Abbruch. Im Gegenteil, sie betonten die unaufdringliche Noblesse der Königin. Ihre aufrechte
Haltung und ihre schlichte Gestik zeugten von zu-
rückhaltender Würde, aber auch von ausgeprägtem
Selbstbewusstsein.

Unwillkürlich erinnerte sie Friederike an ihre eigene Mutter, die so unerbittlich die Ehre ihres Standes zu verteidigen versuchte, aber letztlich doch ge-

scheitert war. Diese Frau, die Herrscherin über das mächtige Königreich Dänemark, jedoch wird nicht scheitern, das spürte Friederike deutlich.

Sie gab sich in ihrem Klavierspiel alle Mühe und war mit ihrer Leistung zufrieden. Doch Königin Anna Sophie schien nur mit einem Ohr bei der Sache zu sein. Sie saß an ihrem Schreibsekretär und blätterte nervös in ihrer Korrespondenz herum.

Noch bevor Friederike die Schlusskadenz spielen konnte, wurde sie von der Regentin unterbrochen. »Ihr spielt brav, und die Musik mag bei passender Gelegenheit auch recht divertierend sein.«

Anna Sophie warf den Brief, dessen Lektüre sie gerade mehr beschäftigte als die ihr dargebotene Musik, mit einer energischen Bewegung auf den Schreibtisch.

»Im Moment ist mir nicht der Sinn nach akademischen Klängen. Ich hörte, Ihr hättet eine hübsche Stimme. Ich wäre Euch sehr verbunden, wenn Ihr mir ein Lied über das wirkliche Leben singen würdet, ein Lied über die Liebe oder über die Sehnsucht zum Beispiel.«

Friederike unterbrach ihr Spiel, doch sie behielt ihre Hände auf der Tastatur. Zärtlich strich sie mit den Fingern über die Tasten. Noch nie hatte sie so ein wohlklingendes Cembalo spielen dürfen.

»Gern, Madame. Ich kenne eine Reihe wunderbarer Lieder, die ich Euch vorspielen könnte. Zum Beispiel ein Gedicht von der vor wenigen Jahren verstorbenen Christine Dorothea Lachs aus Dresden, einer der wenigen Frauen, die es in der Poesie zu Ruhm und Ehre gebracht haben.«

»Gut. Frauen, die gehört werden, gefallen mir. Tragt es mir vor.«

»Es hat den Titel *Die schönste Zuneigung*. Mein Pflegevater Jasper von Pentz hat es in Musik gesetzt.«

Nach einem schlichten Vorspiel begann Friederike mit weicher, aber klarer Stimme.

Du fragest, was denn wohl mein freies Herz kann binden,
Weil es ein schwarzes Aug und Haar nicht fesseln kann?
Ob mich ein schöner Leib und Fuß nicht könnt entzünden,
Die sonst den Weibern leicht die Ketten legten an?
So würd ein roter Mund mir etwa wohl gefallen,
Ein angenehmer Blick und eine weiße Hand?

Während des Gesangs erhob sich die Königin von ihrem Schreibsekretär und stellte sich neben die Musikerin. Diese wollte mit dem Zwischenspiel fortfahren, doch Anna Sophie hielt die Spitze ihres Fächers auf die Tastatur.

»Wartet. Der erste Satz geht mir immer noch durch den Kopf. Er berührt mich, denn er erinnert mich an meine Jugend. Ich war 18 Jahre alt, als ich Friedrich kennenlernte. Wir verliebten uns auf der Stelle. Und er überraschte mich mit fast genau der gleichen Frage: *Was denn wohl mein freies Herz kann binden?*«

Anna Sophie hielt für einen Moment inne und hing ihren Erinnerungen nach. Sie strich sich eine

Locke, die sich aus der Diamantnadel gelöst hatte, aus der Stirn. »Helft mir, das Haar zu richten. Ich mag keine Strähnen, die sich selbstständig machen. Für mich sind sie Sinnbild einer zügellosen Freiheit, die man sich nur in einem intimen Rahmen erlauben darf.«

Friederike erhob sich vom Klavierhocker und trat ganz nahe an die Königin heran, um ihr zu helfen. Sie riecht gut. Schwül, verführerisch, sinnlich. Wer weiß, zu welchen Leidenschaften sie im intimen Rahmen fähig war.

Friederike stand jetzt so dicht neben der Regentin, dass diese ihre Halskette mit dem Medaillon der Heiligen Katharina bemerkte. »Eine wunderschöne alte Kette tragt Ihr. Bestimmt ein Familienerbstück Eurer Mutter?«

»Nein, nicht direkt. Ich habe meine Eltern schon in jungen Jahren verloren. Dies ist ein Talisman, den mir mein Pflegevater schenkte. Er soll mir Glück bringen, und er hat es auch. Denn das Glück hat mich hier an den Hof geführt.«

Die Königin nahm das Medaillon in die Hand und betrachtete das abgegriffene Relief. »Ach, was wisst Ihr vom Glück am Hof? Jetzt redet Ihr schon fast wie all die anderen Hofdamen. Ich dachte, nachdem ich Euch hab singen hören, Ihr wäret anders, aufrichtiger.«

Unvermittelt wechselte sie in einen familiären Ton, der ihren Untergebenen gegenüber eigentlich nicht angebracht war. Die höfische Etikette schien ihr für einen Moment nebensächlich zu sein.

»Wie alt bist du?«

»16 Jahre, Madame.«

»Und, hattest du schon ein galantes Abenteuer mit einem jungen Mann?«

Der vertrauliche Ton der Königin irritierte Friederike. Ihr war es unangenehm, über intime Dinge zu sprechen. Für einen kurzen Augenblick ging ihr der letzte Abend mit Sebastian bei den Flensburger Wallanlagen durch den Kopf. War das so etwas, was man ein galantes Abenteuer nennt?

»Nun ja«, wich sie einer direkten Antwort aus. »Die Aufgabe einer jungen Frau ist es, zu warten, bis der Richtige kommt. Ich fühle mich noch zu jung, um mich binden zu können.«

»Aber du singst so, als hättest du das Liebeswerben eines Mannes schon selbst erfahren. Es klingt aufrichtig, wenn du singst. Du vermittelst mit deiner Musik den Eindruck, als würdest du sie unmittelbar und ehrlich erleben. In meiner Umgebung gibt es nur wenige geradsinnige Menschen. Ich bin sicher, du gehörst dazu.«

»Danke, Madame, für dieses schöne Kompliment. Ich will mich bemühen, Eurer hohen Meinung gerecht zu werden.«

Die Königin stellte sich ans Fenster und schaute gedankenverloren auf den Schlosspark. »Beantworte mir eine weitere Frage. Ehrlich und aufrichtig. Darf eine Regentin ein freies Herz haben? Hat sie denn überhaupt eine Wahl, sich den Fesseln der Hofzeremonie zu entziehen?«

Wieder fiel Friederike die Entgegnung schwer. Sie schlug ein paar Tasten auf dem Cembalo an, bis sie sich eine Antwort ausgedacht hatte. »Ich glaube, jeder Mensch hat ein Recht auf ein freies Herz, Madame. Das Problem ist nur, dass man Mut braucht, um sich dieses Recht zu erkämpfen. Und je höher die gesellschaftliche Stellung ist, desto schwieriger ist es, diesen Mut aufzubringen. Ich bewundere Euch, Madame, dass Ihr Euch dieses Recht bei allen Staatspflichten bewahrt habt.«

Anna Sophie entgegnete nichts. Stattdessen kehrte sie zum Cembalo zurück und legte ihre Hand auf Friederikes Schulter. Trotz der vertraulichen Geste fiel sie wieder in den Ton zurück, den die Etikette vorschrieb.

»Spielt weiter. Ich möchte mehr von Euch und Eurer Musik erfahren.«

Das königliche Cembalo war ein wunderbares Instrument. Doch es hatte einen entscheidenden Nachteil. Bedingt durch die Mechanik klang jeder Ton gleichermaßen. Im Gegensatz zu einem Clavichord ließen sich weder die Lautstärke noch die Schwingung variieren.

»Gern, Madame. Doch gestattet, dass ich es mit einer bescheidenen Empfehlung verbinde. Im Audienzsaal Ihrer Majestät steht ein Christofori-Hammerflügel. Ich möchte nicht anmaßend sein, aber ich würde Madame meine Lieder lieber an diesem wunderbaren Instrument vortragen. Da kommen die Worte besser zur Geltung.«

»Das ist eine gute Idee. Der Flügel ist ein Geschenk anlässlich meiner Hochzeit. Ich hatte bisher leider noch keine Gelegenheit, ihn auszuprobieren. Ihr macht mich neugierig, wenn Ihr meint, er würde sich zur Liedbegleitung besser eignen als mein Cembalo. Gehen wir in den Audienzsaal.«

Dort angekommen, fuhr Friederike mit dem Lied fort.

Doch wisse, werter Freund, von diesen Stücken allen
Hat keines noch bisher die Freiheit mir entwunden.
Ich tadele zwar nicht die lobenswerten Gaben,
Die manchem die Natur vor andern mitgeteilt.
Doch sollt er Schönheit auch als wie Adonis haben,
Dass wie Narziss er damit zum Brunnen eilt.

So kann er denn mein Herz nicht bewegen,
Dass es sich fesseln lässt mit einem Sklavenband.
Was aber meiner Brust die Netze weiß zu legen,
Das ist ein hoher Geist und trefflicher Verstand,
Ein wohlberedter Mund, ein ungezwungenes Wesen,
Ein aufgeweckter Sinn und unverrückbare Treu.

Dies hat mein Herz sich vor jenen auserlesen.
Nun sag ob meine Wahl hierbei zu tadeln sei?

Die Frage hallte im Raum nach, bevor Anna antwortete. »Die edle Haltung, die aus Eurem Lied spricht, scheint mir ein Ideal zu sein, das für eine Bürgersfrau gelten mag, kaum aber für eine Königin. Sicher, beredte Münder gibt es hier am Hof genug, doch die meisten sind eitle, ehrgeizige Schwätzer, denen es an hohem Geist und trefflichem Verstand fehlt. Ihre Treue reicht in der Regel nur so weit, wie der König den Sold auszahlt. Die wenigen Menschen in meiner Umgebung, für die das nicht zutrifft, kann ich an einer Hand abzählen. Manche von ihnen bestechen sogar durch ihren aufgeweckten Sinn. Doch ihr Feingefühl zeigen sie in der hohen Politik, nicht in der Liebe. Und zu alledem sollen sie noch über ein ungezwungenes Wesen verfügen? Das steht in krassem Widerspruch zu den Normen und Gepflogenheiten eines Hofstaats. Allein der Ehrenkodex, die Instruktionen und die Kleiderordnungen verhindern ein natürliches und ungezwungenes Auftreten. Zwang ist ein unverzichtbarer Teil unseres Lebens. Wie soll man da sein Herz verlieren?«

»Mit Verlaub, Madame, mir scheint, Ihr übertreibt ein wenig. Ihr habt doch trotz aller Zwänge Euer Herz an einen Mann gebunden. Und König Friedrich liebt Euch auch, sonst wäret Ihr jetzt nicht Königin.«

Anna Sophie lachte kurz auf. »Ihr seid noch jung und redet wie ein naives Kind, doch Ihr singt wie eine erfahrene Frau. Wie soll das zusammenpassen? Die Liebe ist eine so unergründliche Erscheinung, dass man sie weder in Worte noch in Musik wird fassen können. Liebe muss man erleben, nicht beschreiben. Liebe geht manchmal Wege, die so widersprüchlich sein können, dass man Angst vor sich selbst bekommt. Das ist, als ob… «

Die Königin unterbrach ihren Satz mit einer fahrigen Kopfbewegung und holte tief Luft. Dann schloss sie den Klavierdeckel, um anzudeuten, dass das kleine Konzert, und damit die Konversation, beendet war. Friederike schien, als würde Anna Sophie den intimen Charakter der Unterredung bedauern, als hätte sie Angst davor, mehr von sich preiszugeben, als ihr lieb war.

Abrupt befahl die Königin: »Es war schön, Euch singen zu hören. Doch für heute reicht es. Ein anderes Mal dürft Ihr mir neue Lieder vortragen. Aber vielleicht mit einem etwas leichteren Text.«

Als sich Friederike mit einer einstudierten Geste zurückziehen wollte, ergänzte die Regentin:

»Wohlberedte Hofdamen mit trefflichem Verstand gibt es in meinem Frauenstaat genug. – Doch hütet Euch vor Maria Cecilia. Sie ist die Vertraute des Königs. Oder, um es weniger ehrenvoll auszudrücken: Sie ist seine heimliche Spionin. Es würde mir leid tun, wenn Ihr unter ihre Räder geratet. Ich bin mir nicht sicher, ob Ihr mit Eurer ungezwungenen Musik und Eurer jungen Aufrichtigkeit den Intrigen am Hof standhalten könnt.«

*

Wenige Wochen später wurde der Audienzsaal erneut Schauplatz eines kleinen Konzerts. Die Königin hatte Friederike zu sich gebeten, um sie und Maria Cecilia beim Empfang eines besonderen Gastes zu begleiten. Die anderen Hofdamen mussten vor der Tür bleiben. Mit neidischen Blicken und leisen, eifersüchtigen Sticheleien zog man sich in die Frauenzimmer zurück.

Im Haus war Ruhe eingekehrt. Draußen dämmerte es bereits. Der Schlosspark verbarg sich unter einer abendlichen Dunstschicht. In der Ferne schlug eine Kirchenglocke mit vertrautem Ton.

Geschickt hatte die Königin das Treffen so arrangiert, als würde es sich um ein persönliches

Kammerkonzert handeln. Neben dem Christofori-Flügel stand ein dezent duftendes Blumengesteck. Zwei schlanke, mannshohe Kerzenständer spendeten ein intimes Licht, das sich in den Wandspiegeln und in dem schwarzen Lack des Klaviers reflektierte.

Der Gast schien der Königin kein Unbekannter zu sein, fand Friederike. Anna Sophie begrüßte ihn mit einer Geste, die deutlich über das distanzierende Hofprotokoll hinausging. War er das, was die Königin neulich als galantes Abenteuer bezeichnet hatte? War er der Prüfstein für ein freies Herz, von dem sie gesprochen hatte?

Anna Sophie stellte ihn Friederike vor. »Graf Johann von Ahlefeld, ein Vertrauter des Königs und einer meiner glühendsten Verehrer, nicht wahr, mein lieber Graf?«

»Sie wissen, Madame, dass ich Ihnen mein Leben jederzeit anvertrauen würde, wenn Sie es befehlen«, erwiderte der Graf mit einer galanten Verbeugung.

Die Königin dankte ihm mit einem lächelnden Augenaufschlag. »Ich werde auf Euer Angebot bei passender Gelegenheit zurückkommen, mein Lieber.« Sie deutete auf ihre Begleitung. »Maria Cecilia kennt Ihr bereits. Und diese Dame hier ist Friederike von Rantzau, das jüngste Kammerfräulein in meinem Hofstaat und eine vielversprechende Musikerin.«

Der Graf grüßte Friederike mit einem leichten Kopfnicken. »Der König hat mir bereits von Eurem Talent berichtet. Ich bewundere Frauen, die den schönen Künsten zugeneigt sind. Betrachtet mich schon jetzt als Bewunderer Eurer Musik.«

Etwas verunsichert wegen der ungewohnten Situation trat Friederike einen Schritt zurück und suchte Schutz in der Rundung des Flügels. In etwas unsicherem Ton und leicht errötend antwortete sie: »Ich danke Eurem Kompliment, doch Ihr übertreibt. Wie könnt Ihr das beurteilen, ohne meine Musik vorher gehört zu haben?«

Der Regentin entging Friederikes Verlegenheit nicht. »Sie hat recht. Möge sie ein Beispiel ihrer Kunst darbieten.« Mit einem Seitenblick auf den Grafen, in dessen Augen sich ein gewisses Interesse für die junge Hofdame abzeichnete, fügte sie hinzu: »Aber bitte kein Liebeslied. Ich fürchte, der Graf könnte den Text missverstehen.«

Friederike nahm die Aufforderung dankbar an und setzte sich an den Flügel. »Gern, Madame. Wenn Ihr mögt, spiele ich Euch eine Passacaglia vor. Eigentlich wurde sie für eine Orgel komponiert, doch ich meine, dass sie gerade auch auf diesem Christofori-Flügel gut zur Geltung kommen kann. Sie stammt von einem gewissen Johann Sebastian Bach, einem talentierten Kapellmeister am Fürstenhof von Anhalt-Köthen. Ich habe davon eine Klavierfassung erstellt.«

Mit starkem Anschlag intonierte sie das Thema der Passacaglia. Der Flügel reagierte mit einem kräftigen Klang, der sofort den ganzen Raum füllte. Friederike konnte das Stück auswendig spielen, sodass sie sich nicht auf die Finger konzentrieren musste. In einem der Wandspiegel beobachtete sie während des Spiels ihre Zuhörer.

Maria Cecilia schien ihre Ohren abgeschaltet zu haben. Neugierig sprangen ihre Blicke zwischen der

Königin und dem Grafen hin und her. Friederike hatte den Eindruck, als würde sich ihre Zimmergenossin im Kopf Notizen machen, um dem König später genauen Bericht über das Verhältnis der beiden zueinander zu erstatten.

Auch die Königin war nicht ganz bei der Sache. Aus den Augenwinkeln bedachte sie den Grafen mit flüchtigen Seitenblicken. Unruhig spielte sie mit ihrem Ehering, als wäre er eine lästige Fessel. Ob sie sich wohl an das Lied erinnerte, das ihr Friederike neulich vorgetragen hatte? *Was denn wohl mein freies Herz kann binden?*

Graf Johann von Ahlefeld hingegen war vom ersten Ton an hingerissen. Er hatte noch nie ein derartiges Instrument, geschweige denn eine so sensible Musikerin gehört. Ohne an die Etikette zu denken, vergaß er sich in der Musik, saß mit geöffnetem Mund da und starrte Friederike mit lebhaften Augen an.

Diese spürte sofort die Welle der Zuneigung, die von dem Grafen ausging. Sie sonnte sich in seiner Bewunderung und versuchte, die Musik so effektvoll wie möglich zu gestalten. Unbewusst fühlte sie sich zu dem etwa zehn Jahre älteren Mann hingezogen.

Die grau melierte Perücke verrutschte für einen Moment, als der Graf entgegen aller Höflichkeitsregeln seine Knie übereinanderschlug, sich nach vorn beugte und seinen Kopf mit dem angewinkelten Arm stützte. Schwarz glänzende Haarlocken kamen zum Vorschein. Sie erinnerten Friederike an Sebastian.

Auch die Königin bemerkte das Interesse des Grafen an der Musik. Oder war es mehr, war es ein

Interesse an der Musikerin? Ein lange nicht genossenes Gefühl der Eifersucht stieg in ihr auf. War es wirklich ein guter Schachzug von König Friedrich, die beiden zusammenzubringen?

Nach dem zweiten Satz der Passacaglia stand die Königin auf und wedelte mit dem Fächer. Das war für Friederike ein Zeichen, das Konzert abzubrechen. Schade, dachte sie, jetzt kommen erst die wirklich interessanten Variationen. Dem Grafen hätten sie bestimmt gefallen.

»Kommen wir zum eigentlichen Anlass unseres Treffens«, unterbrach Anna Sophie die feierliche Stimmung. Auch die andern erhoben sich und gruppierten sich um die Königin. »Von den künstlerischen Fähigkeiten Friederike Louises haben wir uns ja jetzt überzeugen können. Nun gilt es, ihre gesellschaftlichen Stärken auf die Probe zu stellen. Wie ich gehört habe, hat der König Sie, mein lieber Graf, mit einer besonders heiklen Aufgabe betreut.«

»Ja, Madame, und es ist mir eine besondere Ehre, dass Ihr dieses heutige Treffen vermittelt habt.« Er wandte sich mit einer leichten Verbeugung an Friederike. »Schade, liebes Fräulein von Rantzau, dass ich Eure ausdrucksstarke Musik nicht noch länger genießen darf. Aber sicherlich bietet sich bald im Rahmen unserer gemeinsamen Mission eine weitere Gelegenheit.«

Friederike blickte den Grafen irritiert an. Was lief hier ab? Sollte sie in einen Komplott verwickelt werden? Etwas Geheimes musste es sein, sonst hätte die Königin nicht eine so vertrauliche Audienz arrangiert.

Der Graf spürte Friederikes Unsicherheit und versuchte, die Angelegenheit so schonend wie möglich zu erklären. »Ich bin kein Freund von langen, diplomatischen Vorreden. Ich möchte offen und ehrlich gleich auf den Kern der Sache zu sprechen kommen. Ihr stammt aus einem angesehenen und uralten Adelsgeschlecht, das in unseren Landen sehr verzweigt ist, und dessen Hauptlinie heute unter dem Reichsgrafen Christian Detlev in der Freien Reichsgrafschaft Rantzau im Süden unseres Reiches residiert. Wie Ihr wisst, haben die militärischen Auseinandersetzungen Dänemarks mit seinem östlichen Nachbarn Schweden unserem Land viel Mühe und Leid gekostet. Daher ist es der Wunsch König Friedrichs, die Beziehungen zu unseren südlichen Nachbarn zu stabilisieren. Und dafür braucht er Eure Hilfe.«

Friederike fürchtete, dass sie in die hohe Politik hineingezogen werden sollte. Das war nun wirklich nicht ihre Stärke. Daher unterbrach sie den Grafen: »Ich gebe zu bedenken, dass ich nur sehr weitläufig mit dem Reichsgrafen verwandt bin. Ich kenne ihn nicht einmal persönlich. Ich wüsste nicht, wie ich da helfen könnte. Ich bin nur ein einfaches Kammerfräulein im Dienste Ihrer Majestät.«

Graf Johann warf der Königin einen kurzen Seitenblick zu. Diese nickte unauffällig. »Eure Bescheidenheit ehrt Euch, aber als Musikerin seid Ihr eine ideale Botschafterin der Versöhnung. Die Verhältnisse in der Reichsgrafschaft sind zurzeit alles andere als beruhigend. Nachdem der Reichsgraf während einer Reise nach Berlin unter fadenscheinigen Gründen inhaftiert wurde, hatte sein Bruder Wilhelm Adolf die Regentschaft übernommen. Doch nun ist Christian Detlev kürzlich auf Vermittlung des Kaisers freigelassen worden und auf sein Schloss Rantzau in Barmstedt zurückgekehrt. Es steht zu befürchten, dass in der Grafschaft die alte aggressive Politik wieder Einzug hält.«

Erneut versuchte Friederike, sich aus der Affäre zu ziehen. »Ich bin Musikerin, jung und unerfahren, und ich fürchte, auf dem Parkett der hohen Politik keine besonders gute Figur abzugeben.«

Zweifachen Widerspruch konnte die Königin nicht dulden. Freundlich, aber entschieden, schaltete sie sich in das Gespräch ein. »Meine liebe Friederike Louise, ich schätze Euch sehr als Musikerin. Euer Liedvortrag neulich hat mir gezeigt, dass Ihr trotz Eurer Jugend sehr wohl in der Lage seid, die Herzen der Menschen zu erreichen. Eure Aufgabe ist es, das des Reichsgrafen zu gewinnen. Für die hohe Politik ist der Graf von Ahlefeld zuständig. Er wird Euch bei der Reise nach Barmstedt begleiten.«

Anna Sophie klappte ihren Fächer zusammen. Damit war die Diskussion beendet. Friederike hatte sich zu fügen. Mit einem etwas unbeholfenen Hofknicks gab sie der Königin schweigend ihre Fügsamkeit zu verstehen.

Diese wandte sich an Ahlefeld: »Mein lieber Graf, alles weitere werdet Ihr mit Friederike in Ruhe besprechen. Geht mit ihr vorsichtig um. Sie ist ein Muster an Keuschheut und Treue. Und an Naivität. Lasst Euch von ihr keine Liebeslieder vorsingen.«

Abschließend richtete sie das Wort an Maria Cecilia. »Der König wünscht, dass Friederike Louise alle Freiheiten zugebilligt werden, die eine derart delikate Mission erfordern. Ab sofort ist ihr jederzeit Ausgang in die Stadt zu gewähren. Bitte informiert diesbezüglich die Obersthofmeisterin.«

*

Der Palast des Grafen von Ahlefeld lag etwas abgelegen vom Kopenhagener Schloss, umgeben von einer naturwüchsigen Parkanlage. Er ähnelte eher der Villa eines gutgestellten Stadtbürgers als einem Adelssitz. Die Fassade schlicht gestaltet, das Interieur ohne Prunk und kostspieligem Glanz, das Dienstpersonal auf das Notwendigste reduziert.

Friederike fiel sofort die umfangreiche Bibliothek auf, die beide Längsseiten des Salons belegte. Mit den Namen auf den Buchrücken konnte sie nichts anfangen: John Locke, René Descartes, Gottfried Wilhelm Leibniz, Isaac Newton, Thomas Hobbes.

»Sammelt Ihr Bücher, so, wie andere sich Jagdwaffen an die Wände hängen oder chinesisches Porzellan in die Vitrinen stellen?«

»Nein, meine liebe Friederike, ich sammle sie nicht, ich stell sie hier nicht zur Schau. Ich lese sie. Ich interessiere mich für die Gedanken anderer Menschen, vor allem, wenn es um Philosophie und Naturwissenschaften geht. Ich möchte meinen Horizont erweitern, denn ich bin der Überzeugung, dass in der Zukunft nicht der Glaube, sondern das Wissen die Welt beherrschen wird.«

»Und welche Rolle billigt Ihr dabei den Künsten zu, allen voran der Musik?«

»Ehrlich gesagt, habe ich die Musik bislang als eitlen Zeitvertreib, als etwas höchst Nebensächliches betrachtet. Allenfalls schien sie mir zur Ausschmückung von Festen am Hof oder zur Begleitung des Gottesdienstes in der Kirche zu taugen. Dass man aber auch der Musik zuhören, ich meine, sich mit ihr geistig auseinandersetzen kann, das habe ich erst neulich gelernt, als Ihr auf dem neuartigen Klavier im Audienzsaal der Königin spieltet.«

»Habt Ihr denn ein Musikinstrument im Haus?«

»Im Speisezimmer steht ein Cembalo. Meine Frau konnte darauf ganz leidlich spielen. Aber seit ihrem Tod vor zwei Jahren steht es unbenutzt da. Ich fürchte, es wird Euren Ansprüchen nicht genügen.«

»Zeigt es mir. Ich will sehen, was sich da machen lässt.«

In der Tat machte es keinen besonders guten Eindruck, jedenfalls, was die Stimmung und die Mechanik der Tastatur betraf. Friederike ließ sich ein paar Werkzeuge und einen Stimmschlüssel geben, und nach wenigen Handgriffen war es wieder einigermaßen bespielbar. Allerdings wurde Friederike klar, dass sie dem Instrument keine virtuosen Sonaten zumuten konnte.

»Für ein Konzert ist das Cembalo im momentanen Zustand noch nicht geeignet, aber mit etwas Aufwand wäre mehr aus dem Instrument herauszuholen. Ihr solltet einen Fachmann konsultieren. Für eine Gesangsbegleitung jedenfalls reicht es. Da ich der Königin versprochen habe, keine Liebeslieder zu singen, möchte ich Euch stattdessen eine Arie aus einer Oper vortragen, die vor über 100 Jahren komponiert wurde. Es handelt sich um das Klagelied aus der Oper *L'Arianna* von dem italienischen Komponisten Claudio Monteverdi.«

Lasst mich sterben!
Wer, glaubt ihr, kann mich trösten
Bei so einem harten Schicksal,
Bei so großem Leiden?
Lasst mich sterben!

Friederike sang mit leiser, ungekünstelter Stimme. Doch dann brach sie ihr Spiel unvermittelt ab.

»Ach was, ein Lied über Trauer und Einsamkeit ist nicht die richtige Musik für den heutigen Tag. Ich kann es ruhigen Gewissens nicht singen, denn es passt nicht zu meiner Stimmung. Im Grunde genommen bin ich glücklich, dem Gefängnis des Hofes für ein paar Stunden entronnen und hier bei Euch zu sein.«

Der Graf hatte sich Friederike gegenüber in einen Sessel gesetzt und war völlig in die ungewöhnliche Musik versunken gewesen. Deren plötzliches Ende riss ihn aus seinen Träumen.

»Natürlich freut es mich, dass es Euch bei mir gefällt. Aber muss man denn das Musikhören von der jeweiligen Stimmung abhängig machen? Dann dürfte man so ein herrliches Lied nur noch in der Todesstunde zu Gehör bringen. Musik hat immer etwas Tröstendes, etwas Zeitloses in sich, auch wenn sie so voller Melancholie ist, wie dieses Klagelied. Allein schon den Wunsch zu sterben auszusprechen heißt, die Hoffnung auf das Leben nicht aufzugeben. Gern würde ich die ganze Arie hören.«

Friederike fühlte sich diesen Gedankengängen nicht gewachsen. Sie antwortete ausweichend: »Ein andermal, wenn das Cembalo gerichtet ist. Jetzt, denke ich, wäre es an der Zeit, unsere Reise nach Barmstedt vorzubereiten. Die Obersthofmeisterin hat mir nur zwei Stunden Abwesenheit vom Schloss zugestanden.«

»Natürlich, Ihr habt recht. Allerdings werde ich beim König vorsprechen, dass Ihr in Zukunft von allen Beschränkungen befreit seid. Die Sache ist es wert.«

»Gut. Ich würde mich darüber freuen. Doch ich kann immer noch nicht verstehen, warum ausgerechnet ich, eine arme Verwandte des Reichsgrafen zu Rantzau, eine derart wichtige Rolle spielen soll.«

»Meine Liebe, zerbrecht Euch darüber bitte nicht den Kopf. Die Wege der hohen Politik sind oft genauso verschlungen wie die des Herrn. Auch ich bin nicht in alle Hintergründe dieser Aktion eingeweiht. Es geht dem König darum, das Verhältnis zu seinem Nachbarn zu stabilisieren, und da scheint Ihr mit Eurer Musik für ihn die richtige Person zu sein. Nehmt es als besondere Ehre, aber hinterfragt es nicht.«

»Was soll ich tun? Musizieren allein wird ja wohl nicht genügen.«

»Allerdings. Und mit Eurer Frage kommen wir zu den Details. Ich werde stets in Eurem Schatten sein. Eure Aufgabe ist es, mir genauestens Bericht zu erstatten: Wann der Reichsgraf sich wo aufhalten will, wer ihn begleitet, was seine Absichten sind und in welcher Stimmung er sich befindet. Meine Aufgabe wird es sein, daraus die politischen Konsequenzen zu ziehen und dem König eine Strategie für die Lösung seines Problems vorzuschlagen.«

Graf von Ahlefeld ließ sich eine Karte der Reichsgrafschaft Rantzau bringen und erklärte Friederike alle Einzelheiten. Auch breitete er einen Stammbaum des Adelsgeschlechts aus und klärte sie über ihre Verwandtschaftsverhältnisse auf.

Als Friederike meinte, genug zu wissen, wechselte sie unvermittelt das Thema. »Ich habe alles verstanden. Doch erlaubt mir eine Frage: Eure Gemahlin ist vor zwei Jahren verstorben?«

Der Graf schien diese Frage erwartet zu haben, denn er antwortete in ruhigem Ton: »Ja. Im Wochenbett. Es war eine schwierige Geburt. Auch unser Kind hat nicht überlebt.«

Bedächtig faltete er die Papiere zusammen, bevor er fortfuhr. »Es war für mich eine schwere Zeit. Manchmal war ich entschlossen, den beiden geliebten Menschen zu folgen. Doch zum Glück hat mich die Arbeit im Dienste des Königs ablenken können. Euer Klagelied vorhin hat mich wieder mit voller Wucht in diese Zeit zurückversetzt.«

Friederike fasste den Grafen unter den Arm und führte ihn ans Fenster, von wo aus man einen schönen Blick auf den Park hatte. »Es tut mir Leid, dass ich das falsche Lied zum falschen Augenblick angestimmt habe.«

»Nein, nein. Ihr solltet Euch deswegen keine Sorgen machen. Im Gegenteil. Ich glaube, dass Ihr

mir mit Eurer Musik helfen könnt, diese traurige Zeit
zu überwinden.«

*

Das Vertrauen von Christian Detlev zu Rantzau
zu gewinnen, war einfacher, als es sich Friederike
vorgestellt hatte. Der Reichsgraf war anfangs zwar
nicht sonderlich begeistert, Besuch von einer entfernt
Verwandten zu bekommen. Doch den Grafen von
Ahlefeld, der sie begleitete, konnte er nicht so ohne
weiteres abwimmeln, weil er als Botschafter des dänischen Königs auftrat. Mit dem wollte er sich nicht
schon wieder überwerfen, nachdem die früheren
Streitigkeiten endlich überwunden zu sein schienen.
Außerdem brauchte er eine gewisse außenpolitische
Ruhe, denn er hatte genug Widersacher in den eigenen Reihen.

Christian Detlev galt als ein unberechenbarer
und herrschsüchtiger Regent, dem, trotz seiner
Adelspflicht, die Linie fortzupflanzen, eine Vorliebe
zum gleichen Geschlecht nachgesagt wurde. Das
jedenfalls war der Grund, warum er in Berlin inhaftiert
worden war.

Es konnte also nicht an dem Liebreiz der jungen
Friederike Louise von Rantzau liegen, dass er so
rasch der Tochter eines verarmten Seitenzweigs seines Geschlechts vertraute. Es war vielmehr deren
Musik.

Sein Schloss war lange nicht so prachtvoll wie
das in Kopenhagen, und sein Hofstaat bestand nur
aus wenigen Dienern. Einen Christofori-Flügel gab es

147

natürlich auch nicht. Christian Detlev war ein passionierter Jäger, die Beschäftigung mit den schönen Künsten war ihm ziemlich fremd.

Er führte Friederike in seinen Salon, in dem ein passables Cembalo stand, welches aber offenbar nur selten bespielt und gestimmt wurde. Drei etwas auffällig geschminkte, ältliche Kammerdiener begleiteten ihn. »Meine Berater in künstlerischen Dingen«, stellte er sie vor.

»Ihr geltet als das musikalische Gewissen unserer Familie. Es wäre mir eine Ehre, wenn Ihr mir ein Beispiel Eurer Kunst geben würdet.«

Friederike begann mit einer Fuge. Doch die schien den Reichsgrafen zu langweilen, denn er interessierte sich mehr für seine drei Berater, die ihm kokette Blicke zuwarfen.

»Das klingt recht kunstvoll, was Ihr da spielt. Jedoch, habt Ihr auch etwas Unterhaltsames im Programm, vielleicht ein gefälliges Lied?«, unterbrach er sie mit einer abwinkenden Geste.

Fieberhaft überlegte Friederike, wie sie seine Aufmerksamkeit erregen konnte. Lieder für das Frauenzimmer konnte sie in diesem Rahmen nicht anstimmen. Also besann sie sich auf das Repertoire, das sie während ihres Aufenthalts beim fahrenden Volk in Flensburg kennengelernt hatte. Allerdings veränderte sie den Text ein wenig angesichts der momentanen Situation.

»Natürlich. Wenn Ihr möchtet, singe ich Euch ein weniger akademisches Lied, ein Lied wie aus dem Leben gegriffen. Ich bin sicher, es wird Euch gefallen.« Mit einem Seitenblick auf die drei *Berater* begann sie mit ironischem Ton:

Gar hoch auf jenem Berge
Da steht ein Rautensträuchelein
Gewunden aus der Erden.

Und da entschlief ich drunter,
Mir träumt ein wunderlicher Traum
Wohl zu derselben Stunde.

Es träumt mir also süße,
Wie dass ein wunderschöner Knab
Wohl stand bei meinen Füßen.

Und da ich nun erwachet,
Da stand ein alter grauer Bursch
Vor meinem Bett und lachet.

So wollt ich, dass es wäre,
Und dass man sieben alte Bursch
Um einen jungen gäbe.

So wollt ich auch den meinen
Hergeben um ein Bratewurst
Und um ein Seidlein Weine.

Der derbe Text gefiel dem Reichsgrafen. Er lachte polternd und scheuchte seine Berater auf. »Also, meine lieben Freunde. Ihr habt´s gehört. Verschwindet, ich tausch euch ein gegen eine herzhafte Bratwurst und einen Becher süffigen Wein.«

Die drei warfen Friederike hasserfüllte Blicke zu, dann verdrückten sie sich. Wenig später brachte ein Diener Wurst und Wein. Auch für Friederike, die für ihn nun einen Gassenhauer nach dem anderen singen musste.

Währenddessen suchte der Graf von Ahlefeld Kontakte zu den Gegnern des Reichsgrafen. Den geheimen Anlass der Reise hatte er Friederike verschwiegen. Er sollte die Schwachstellen der Reichsgrafschaft Rantzau ausfindig machen und nach einer Möglichkeit suchen, sie langfristig von der politischen Karte verschwinden zu lassen.

Natürlich mit dem Ziel, das Gebiet dem Königreich Dänemark einzuverleiben. Ohne militärische Mittel.

*

Wenige Tage später lud der Reichsgraf zu einer Schnepfenjagd ein. Nebelschwaden streiften an diesem Morgen durch den Barmstedter Wald. Die Sicht war für eine Jagd denkbar ungünstig. Kaum konnte man die Baumgipfel erkennen, und so manche Nebelwolke erinnerte an leibhaftige Gespensterwesen. Im dichten Unterholz waren Mensch und Natur nur schwer zu unterscheiden. Jeder Baumstumpf hätte genauso gut ein Jäger, jeder auf dem sumpfigen Boden dahinwatschelnder Schnepfenvogel ein schnüffelnder Jagdhund sein können. Der Nebel verschmolz die Naturlaute und die Rufe der Jagdgesellschaft zu einer unentwirrbaren Sinfonie.

Wer war Jäger, wer war Beute?

Friederike hielt sich ganz dicht beim Reichsgrafen und seinem Begleiter, den sie nicht kannte. Noch nie hatte sie an einer Jagd teilgenommen. Ein dumpfes Angstgefühl beschlich sie. Der Nebel erinnerte sie an ihre frühe Kindheit, als sie sich im Korb unter einer Wolldecke verkroch, um sich vor den Belästigungen der Schüler ihrer Mutter zu schützen.

Irgendwo in der Ferne verhallte das Echo eines Hornsignals. Friederike drehte den Kopf zur Seite, um den Klang zu orten. Stürzte sie über eine Wurzel oder wurde sie von hinten zur Seite gestoßen? Später konnte sie sich daran nicht mehr erinnern. Sie stolperte und verlor das Gleichgewicht. Bevor sie mit dem Kopf gegen einen Felsstein knallte und das Bewusstsein verlor, nahm sie einen Schuss wahr, der aus nächster Entfernung abgeschossen wurde.

Ihre letzte Empfindung war, tödlich getroffen zu sein. So banal also ist der Tod? Jetzt trete ich meine letzte Reise an. So wie mein Bruder Frederick. Wie sagte damals Vater? *Es ist eine wunderschöne Reise. Sie führt uns in ein fernes Land, wo es kein Leid und keinen Hass gibt. Man kommt zu einem Ort, an dem man geborgen ist.*

Als Friederike wieder aufwachte, lag sie in ihrem Gästebett im Schloss zu Rantzau. Der Graf von Ahlefeld saß auf der Bettkante und träumte aus dem Fenster schauend vor sich hin. Er bemerkte nicht, dass Friederike wieder ins Diesseits zurückkehrte. In ihrem Kopf dröhnte immer noch der Schuss nach.

Sie ängstigte sich noch immer. Instinktiv wollte sie sich unter der Bettdecke verkriechen. Doch die ließ sich nicht bewegen, weil der Graf darauf saß.

Erst jetzt nahm sie seine Anwesenheit wahr. Der vertraute Anblick beruhigte sie. Er trug weder die obligate Perücke, noch war er rasiert. Seine Rockjacke und das Seidenhemd darunter standen offen, sodass seine behaarte Brust zu sehen war. Kein besonders standesgemäßes Verhalten, fand Friederike. Doch in seiner Natürlichkeit gefiel er ihr. Wiederum erinnerte er sie an den Zigeunerjungen Sebastian.

»Schön, dass du da bist.«

Johann schreckte aus seinen Träumen auf. Verlegen versuchte er, sein Äußeres notdürftig zu arrangieren, doch es gelang ihm nicht. »Entschuldige, dass ich mich so hab gehen lassen. Aber ich wache hier schon einen ganzen Tag. Ich wollte dich nicht allein lassen nach dem schweren Unfall.«

Friederike stutzte. »Wieso schwerer Unfall? Ich habe mir beim Sturz doch nur die Knöchel verrenkt. Das ist halb so schlimm wie es aussieht.«

»Nein«, versuchte der Graf sie vorsichtig auf die neue Sachlage vorzubereiten. »Ich meine nicht deinen Sturz, sondern den Jagdunfall des Reichsgrafen.«

Wieder hallte der Schuss in ihrem Gedächtnis nach. »Also stimmt es, dass ich, bevor ich fiel, unmittelbar neben mir hörte, wie ein Gewehrschuss abgefeuert wurde. Ist er tot?«

»Ja. Aber bitte beruhige dich.« Er zögerte, bevor er weitersprach. »Alles sieht nach einem tragischen

Missgeschick aus. Im Nebel muss einer der Jäger sein Ziel verfehlt haben.«

Friederike merkte sofort, dass er ihr nicht die volle Wahrheit sagte. »Das beunruhigt mich, denn dann hätte der Schuss genauso gut mich treffen können. Ich stand unmittelbar neben dem Reichsgrafen.«

Ahlefeld sackte in sich zusammen, als fühlte er sich nicht wohl in seiner Haut. Er wich ihrem fragenden Blick aus. »Nein, dir wäre nichts passiert. Du hast ja mich als deinen Schutzengel.«

Er sagte es in einem Ton, der eher wie ein Geständnis klang als wie Trost. Minutenlang herrschte Schweigen im Raum. Als er ihr wieder in die Augen schaute, erahnte sie die ganze Wahrheit.

»Dann bin ich also nichts als ein Werkzeug in deiner Hand, ein Lockvogel für deine hochfliegenden politischen Ambitionen?«

Der Graf atmete tief durch und fuhr sich resigniert mit der Hand über die Stirn. Lange Zeit überlegte er eine passende Antwort. Er fand keine, doch er hielt ihrem Blick stand, bis das eisige Schweigen in eine vertraute, gemeinsame Verschwiegenheit umschlug.

Friederike war die erste, die sie zur Sprache brachte. »Es ist gut. Du musst dich nicht vor mir rechtfertigen. Du wirst deine Gründe gehabt haben. Doch ich fürchte, ich muss noch viel über die Kunst der hohen Politik lernen. Die Angelegenheit soll ein Geheimnis unter uns bleiben.«

Wochen später, Friederike und der Graf waren längst wieder nach Kopenhagen zurückgekehrt, wurde ein Leutnant namens Detlev Prätorius des Mordes an dem Reichsgrafen für schuldig befunden und hingerichtet. Man verhaftete zwar auch Wilhelm Adolf, den Bruder des Getöteten, als Anstifter und kerkerte ihn ein, doch bis heute blieb der wirkliche Tathergang ungeklärt.

Kurz darauf wurden die Grafschaft und die zugehörigen Güter vom dänischen König konfisziert.

*

An einem Fastnachtsdienstag lud der König als Höhepunkt und Abschluss des Karnevals zu einer sogenannten *Wirtschaft* ein, einem festlichen Verkleidungsbankett, das er vor einigen Jahren bei seinem Besuch am kurfürstlichen Hof in Dresden kennengelernt hatte. Seitdem ließ er es immer wieder inszenieren, mal im Stil eines Bauernmilieus, mal als Nationenspiel, als Winzerfest oder als Pastorale.

Die Mitglieder des Hofstaats kostümierten sich dann in Nationaltrachten oder als Bauern, Winzer oder Schäfer. Das Herrscherpaar spielte die Rolle der Wirtsleute, und das Schloss wurde in ein fiktives Gasthaus umgewandelt. Dieses Jahr stand das Thema Bürgerberufe auf dem Spielplan.

Ein aufwendig ausgemaltes Wirtschaftsschild hing über dem Eingang zum Gastmahl. Es zeigte in der Mitte das als Wirtsleute verkleidete Königspaar, das die verschiedenen Handwerker zum Eintritt auffordert. Ein Kranz von Berufsattributen umrahmte die Szene: das Fangnetz des Fischers, der Hammer des Kupferschmieds, die Palette des Malers, das Fass

154

des Küfers, der Bogen des Geigenbauers und viele andere mehr.

Im Speisesaal reflektierten die Spiegelwände das Kerzenlicht von den Kronleuchtern, die an langen Ketten von der Decke herabhingen. Bunte Girlanden schmückten die Tür- und Fenstereinfassungen. Eine u-förmige Tischanordnung beherrschte den Raum. Sie war mit prachtvollem Tafelgeschirr und silbernem Besteck, sowie exotischen Früchten und erlesenen Naschereien gedeckt. An jeweils zwei Stuhlpaaren markierte eine echte Requisite, welches Handwerkerehepaar hier Platz zu nehmen hatte.

An der Stirnseite ruhte auf einem goldenen Kästchen ein Kürschnermesser, das Wahrzeichen der Königsrolle. Als erste durften linker Hand der Goldschmied und rechten Hand der Apotheker an den Längsseiten sitzen, ersterer durch einen sechseckigen Pokal gekennzeichnet, in dem drei goldene Ringe lagen. Mörser und Stößel wiesen auf den Pulvermischer hin. Die beiden Berufe symbolisierten Kunst und Wissenschaft. König Friedrich gab sich in letzter Zeit gern als ihr Förderer, zumal er auf militärischem Gebiet im Kampf gegen Schweden um die Vorherrschaft über die Ostseeregion einige Schlappen einstecken musste.

Danach folgten die Köche, Bildhauer, Tanzmeister, Schuster, Uhrmacher, Glaser, Müller, Bürstenbinder, Federschmücker und viele andere. Die Zuordnung der Höflinge zu den Berufen und die Paarzusammenstellung waren vorher durch Los festgelegt worden. Dementsprechend hatte man sich zu verkleiden.

Die äußere Erscheinung der Handwerker wurde nicht einfach imitiert, sondern mit spielerischer Übertreibung in Szene gesetzt. König Friedrich beispielsweise erschien als Kürschner, doch die Pracht seiner Kleidung hob sich deutlich von der eines wirklichen Pelzmachers ab. Die hohe, zylindrische Bärenfellmütze auf seinem Kopf erinnerte an die Uniform seiner Leibgarde. Die Hutkrempe, die Weste, der Umhang, die Hose und sogar die Stiefel bestanden einheitlich aus dem weißen Winterfell des Hermelins, das mit dem Feh, den kleinen schwarzen Schwanzspitzen des russischen Eichhörnchens, verbrämt war. Das war nicht nur eine deutliche Anspielung an das Zunftwappen der Kürschner, denn der König hatte seine Rolle mit Bedacht gewählt. Das weiße Hermelinfell galt schon immer als Symbol der Reinheit und Makellosigkeit und war Kennzeichen fürstlicher und richterlicher Gewalt. Selbst in der gespielten Handwerkerrolle zeigte sich die Autorität des Königs, denn das Kostüm sollte an seinen Krönungsornat erinnern. Unter der Weste leuchtete ein aus Goldbrokat gefertigtes Hemd mit einer Reihe von Perlmuttknöpfen hervor.

Das Kostüm der Königin Anna Sophie ähnelte mit dem weißen Hermelinpelz und dem eingewobenen Feh dem des Königs. Sie trug einen kuppelförmigen Reifrock und ein miederähnliches Oberteil aus Goldbrokat, das ihre schlanke Taille betonte. Eine Perlenbrosche, die im Widerschein der Kerzen funkelte, schmückte ihre Brust. Sie hatte zwar auf ihre mit Diamanten besetzte Halskette, die sie gewöhnlich zu feierlichen Anlässen trug, verzichtet. Das hätte selbst einer in Szene gesetzten Kürschnerin nicht geziemt. Allerdings steckte das sie charakterisierende Büschel Fasanenfedern heute nicht in der Perücke, sondern in der niedlichen Pelzkappe, die ihr Haar zusammenhielt. Der Mund war so kräftig rot geschminkt, dass er wie eine Koralle aussah.

Maria Cecilia, die Leib- und Mundwäscherin der Königin, trat in der Maske einer Geigenmacherin an der Seite des Grafen von Flemming auf, einem in die Jahre gekommenen, verlebten Geheimen Registrator. Voller Neid blickte sie auf ihre Zimmergenossin Friederike von Rantzau, die zusammen mit dem Grafen von Ahlefeld ein Fischerpaar spielte. Friederikes Kleid war mit Mailänder Spitzen verziert, die an ein Fangnetz erinnerten. Auf den Stoff gemalte Fische und Muscheln verstärkten den Eindruck. Der Graf hatte ähnliche Attribute an seinem Rock. Das Zunftwappen der Fischer, eine Muschel mit gekreuzten Fischen, zierte seine Kopfbedeckung.

Wieso saßen die beiden so viel näher am König als sie, Maria Cecilia, die aufgrund ihrer langen Hofzugehörigkeit einen höheren Rang beanspruchen durfte? Das war wohl kaum dem Zufall des Loses zu verdanken, als vielmehr dem Einfluss des Grafen beim König, wo die beiden doch so erfolgreich Reichspolitik betreiben. Und dann saßen sie auch noch enger zusammen, als es die Contenance erlaubte. Sie war sich sicher, dass sie sich zu einem amourösen Paar entwickelt hatten.

Nachdem der Gastgeber seine Eröffnungsrede gehalten hatte, wurde der erste Gang serviert. Die schlichte Küche eines Handwerkers andeutend gab es Saiblingsfilet mit Spargel im Krebsschaum. Dazu wurde ein leichter Rheinwein gereicht.

Danach ergriff der König erneut das Wort. »Es ist unter Handwerkern üblich, den kulinarischen Genuss mit ein paar kräftigen Liedzeilen zu würzen, die ein offenes Wort nicht scheuen. Zum Glück weilt unter uns eine Fischersfrau, die nicht nur geschickt ihre Netze auszulegen weiß, sondern außerdem über eine bemerkenswerte Stimme verfügt. Es wäre uns eine Ehre, wenn sie uns mit ihrer Poesie ein wenig divertiere.«

Friederike war auf ihre musikalische Einlage vorbereitet. Sie verhüllte ihr Gesicht mit einer venezianischen Maske, um damit eine gewisse Narrenfreiheit einzufordern. Sie ließ sich ihr Bibelregal bringen und stimmte die erste Strophe an.

> *Hier stehet das Wirtshaus zum fröhlichen Mann.*
> *Ihr lustigen Gäste, kommt hurtig heran.*
> *So wird man den Wirt und die Wirtin verbinden,*
> *und jegliches Handwerk die Herberg hier finden.*
> *Ihr tanzet, ihr herbergt, ihr zehret hier frei,*
> *doch mit der Bedingung: Seid fröhlich dabei!*

Höflicher Applaus ermunterte sie weiterzumachen. Sie begab sich an die Stirnseite der Tafel, verbeugte sich vor dem Herrscherpaar und sprach in ihrer nächsten Strophe die Königin direkt an.

Königin Anna Sophie lächelte Friederike säuerlich zu. Ihre Rolle verpflichtete sie, gute Miene zum bösen Spiel zu machen.

Sah man es ihr trotz der eingeschnürten Taille schon an, dass sie schwanger war? Dieses Kammerfräulein war eigentlich noch zu jung, um eine derartige Neuigkeit in alle Welt hinauszuposaunen. Aber immerhin, Friederike genoss Narrenfreiheit, da musste selbst eine Königin mitspielen, ob sie wollte oder nicht.

Die Sängerin bemerkte die leichte Verärgerung der Königin nicht. Schnell hatte sie ein neues Opfer gefunden, die Geigenmacherin Maria Cecilia nebst ihrem Geheimen Registrator.

Die Zuhörer amüsierten sich prächtig über die galanten Anspielungen und applaudierten gefällig. Jeder wusste, dass es Maria Cecilia darauf abgesehen hatte, ihr jungfräuliches Dasein dem Geheimen Registrator zu opfern, der allerdings bislang wenig Interesse an dem etwas in die Jahre gekommenen Kammerfräulein zeigte. Maria Cecilia schwieg mit zusammengepressten Lippen. Sie wusste, dass sie keine Spielverderberin sein durfte, zumal die venezianische Maske Friederike vor Anfeindungen schützte.

Die nächste Station ihres Liedes war ihr eigener Begleiter, der Graf von Ahlefeld.

Er nimmt die Zeit in Acht, kennt so den Staats-
Kompass,
dass er, indem er schifft, an keine Klippen rühret,
weil Einsicht und Verstand bei ihm das Ruder
führet.
Doch krebst er auch zum Scherz und fischest
auch zur Lust
Korallen auf dem Mund und Perlen auf der Brust,
wann sich Gelegenheit zu solchem Fange zeiget.
Ich glaube, dass er´s nicht der Fischerin ver-
schweiget.
Sie aber, obgleich sie an Schönheit ungemein,
Lässt keinen fremden Fisch in ihren Halter ein.

Diese Strophe rief stürmischen Applaus hervor. Die Kammerjungfrauen der Königin verstanden die Anspielung auf deren Koketterien mit dem Grafen, die ihnen nicht verborgen geblieben waren. Jetzt verzog der König seinen Mund. Musste diese Närrin öffentlich herausposaunen, dass seine Frau ihm Hörner aufsetzte?

Graf von Ahlefeld nahm die Anspielungen gelassen hin. Er meinte, zwischen den Zeilen ein erotisches Einverständnis herauszuhören. War Friederike bereit, mehr als nur seine politische Marionette zu sein?

Die Sängerin nahm noch ein paar andere Gäste aufs Korn. Dann setzte sie ihre Gesichtsmaske ab und ließ das Bibelregal wieder forttragen. Ihre Narrenrolle war nun ausgespielt. Der Weingenuss glättete schnell wieder die Wogen, die ihre Texte ausgelöst hatten. Jedenfalls versprach es, ein unterhaltsamer Abend zu werden.

Als nächster Gang kam karamellierter Rehrücken auf leichtem Selleriepüree und Pilzen in Wacholderjus auf den Tisch. Jetzt machte ein starker Rotwein die Runde. Als Nachtisch war Schokoladen-Nusssoufflé mit Vanilleeis vorgesehen. Unvermittelt geisterte Musik durch den Raum, ohne dass ein Orchester zu sehen war.

Friederike, die wieder an des Grafen Seite Platz genommen hatte, horchte auf. »Wo kommt denn diese wunderbare Telemann-Musik her? Ich sehe nirgends einen Musiker.«

Der Graf rückte näher an sie heran. Das Lächeln in ihrem Gesicht beglückte ihn. »Ach, das ist ein Trick, den der König auf Schloss Rosenborg kennengelernt hat. Friedrichs Urgroßvater Christian IV. war seinerzeit auf die Idee gekommen, die Musiker in den Keller zu verfrachten und den Klang ihrer Musik über verborgene Schallöffnungen nach oben in den Festsaal zu leiten. Er verblüffte damit seine Gäste.«

»Wie barbarisch, die Musiker in einen Keller zu zwängen«, empörte sich Friederike. »Derart eingesperrt, würde ich keinen einzigen Ton herausbringen. Ich würde wahnsinnig werden. Ein Musiker ist doch keine Ratte!«

»Ich kann deine Empörung nachvollziehen, meine liebe Friederike. Aber wir alle, ob ich als Diplomat oder du als Sängerin, wir sind nur Puppen in der Hand des Herrschers. Wir haben zu dienen, nicht zu hinterfragen. Nur ist es heute nicht mehr ganz so krass wie vor hundert Jahren. König Friedrich hat das zwar kopiert, allerdings sitzen die Musiker nicht in einem Keller, sondern in dem Audienzzimmer im unteren Stockwerk.«

Er gönnte sich einen kräftigen Schluck Rotwein und tupfte die Lippen mit einem Seidentuch ab. »Der Klangeffekt ist allerdings der gleiche. Außerdem hat diese Installation auch einen praktischen Vorteil. So kann der König heimlich belauschen, was da unten besprochen wird.«

Friederike warf ungehalten ihr Besteck auf den Teller. »Aber das ist Bespitzelung! Hat es der König nötig, allen nachzuspionieren? Ich glaube, an das Hofleben mit all seinen Verhaltensregeln und Intrigen werde ich mich auf längere Sicht nicht gewöhnen können.«

»Du jammerst auf hohem Niveau! Gerade du mit deinem musikalischen Talent genießt Privilegien, von denen andere nur träumen. Willst du das denn aufgeben? Und außerdem, willst du den Umgang mit mir abbrechen? Ich könnte ohne den Hof gar nicht existieren. Hier zu leben, ist meine Berufung, meine Zukunft.«

Friederike umschloss seine Hand und drückte sie. »Nein, im Gegenteil. Gerade deine Anwesenheit gibt mir den nötigen Halt, um in dieser Welt der Heuchelei zu überleben. Und natürlich auch die Möglichkeit, meine Musik ausüben zu können. Außerdem gefallen mir Feste wie diese. Endlich hat man die Gelegenheit, das steife Hofzeremoniell aufzubrechen und die Rangunterschiede umzukrempeln. Es ist ein herrliches Spiel der Narrenfreiheit, dem sich selbst der König unterwerfen muss.«

»Ich fürchte, ich muss deine Euphorie ein wenig dämpfen. Im Grunde genommen sind diese Verkleidungsdivertissements nichts anderes als ein verkleidetes Hofzeremoniell. Das hat trotz aller Maskierungen wenig mit Narrenfreiheit zu tun.«

»Das verstehe ich nicht. Warum erniedrigt sich der König dann freiwillig zu einem Wirt, also zu einem Untertan?«

»Das Leben am Hof ähnelt einem Schachspiel. Jeder spielt eine vorgegebene Rolle und darf sich nur nach den festgelegten Spielregeln bewegen. Der Unterschied ist, dass es immer nur einen Gewinner gibt, den Regenten. Das Königspaar spielt zwar die Rolle der einfachen Wirtsleute, doch trotzdem erkennt man seinen Herrschaftsrang an der erlesenen Qualität der Stoffe seiner Verkleidung. Uns Gästen, durchweg adlige Hofangehörige, ziemt es nicht, einen vergleichbaren Luxus zur Schau zu stellen. Schon feinste Unterschiede sind an den Rang gebunden, und ihre Nichtbeachtung kann über Gunst oder Ungunst entscheiden. Die obersten Adeligen wie Minister, Generäle oder Räte dürfen laut Kleiderordnung beispielsweise Gold- und Silbertressen verwenden, müssen sich aber in der Kleiderpracht deutlich vom Regenten absetzen. Goldene Knöpfe werden zwar auch den unteren Rängen zugestanden, nicht jedoch mit Goldbrokat durchsetzte Knoflocheinfassungen. Auch widerspricht es der Wohlanständigkeit, sich in den Farben des Königs zu zeigen oder gar eines seiner früheren Kostüme zu kopieren. Unhöfische Umgangsformen, die einer rangniedrigeren Rolle gegebenenfalls von Natur aus zustehen

könnten, sind unerwünscht. Beispielsweise dürfte
eine Bauernrolle nicht entsprechend dem am Hof
gängigen Klischee von bäuerlicher Grobschlächtig-
keit ausgeführt werden. Das hätte fatale Folgen, zumal der Darsteller wegen der fehlenden Gesichtsmaske jederzeit wiederzuerkennen ist.«

Friederike musterte ihren Tischpartner und antwortete mit einem spöttischen Unterton: »Dann gehörst du also genauso wenig zur Oberschicht wie ich.
Du hast keine goldenen Knopflöcher.«

»So ist es. Ich darf zwar für den König im hohen
diplomatischen Dienst tätig sein, aber dennoch bin
ich nicht sein Ratgeber. Dazu wäre mein Adelsstand
zu niedrig.«

»Dann haben wir ja etwas gemeinsam. Ich darf
zwar die Königin mit meiner Musik unterhalten, aber
ich entstamme einem unteren Zweig derer von Rantzau. Das lassen mich die anderen Hofdamen oft genug spüren. Es ist, als hafte mir meine Herkunft wie
ein Makel an. Als Kind hatte ich wenigstens eine Decke, unter der ich mich verkriechen konnte, wenn
mich die Jungens in der Schule meiner Mutter aus-
lachten. Aber hier habe ich nichts, allenfalls meine
Musik, die mich beschützt.«

»Nein, du hast auch mich. Ich würde es nicht zu-
lassen, dass man dich wegen deiner Herkunft erniedrigt. Für mich ist der gesellschaftliche Rang nebensächlich. Was zählt, ist die Persönlichkeit, die dahin-
tersteckt. Und in dieser Beziehung stehst du für mich
höher als selbst die Königin.«

Bevor Friederike antworten konnte, hob der König die Tafel auf und lud zum Tanz auf der Schloss-

terrasse. Die Musiker standen jetzt auf einem Podium und stimmten ein Menuett an. Der erste Tanz gebührte dem Königspaar, doch bald eroberten sich die Gäste die Tanzfläche.

Friederike und der Graf von Ahlefeld schlossen sich ihnen an und tanzten auf einer spiralförmigen Bahn immer weiter in die Parkanlagen hinaus.

Niemand beachtete sie, niemand hielt sie auf. Langsam verebbte die Musik zu undeutlichen Klangfetzen. Die beiden begannen, sich nach einer eigenen Musik zu drehen, die sich nur in ihren Köpfen abspielte.

Unten, nahe dem Ufer zum Sund, legten sie sich in den warmen Sand der Dünen und umarmten sich, weit weg vom Hofball. Verschwunden war die Intrige, verweht die Contenance.

Als der Graf Friederikes entblößten Hals streichelte, glitt ihre Kette mit dem Medaillon durch seine Finger.

»Ein schöner Talisman. Sicherlich eine Heilige, die deine Tugend bewacht. Ist er der Schlüssel zu deiner Liebe?«

»Die Heilige Katharina, eine geweihte Jungfrau. Sie steht für meine Standhaftigkeit. Ich vertraue dir. Du bist der erste, der meine Kette öffnen darf. Hilf mir, die Welt um mich herum zu vergessen. Das Einzige, was jetzt noch zählt, sind wir beide.«

Der Graf nahm ihr das Halsband ab und legte es über einen Stein. Dann drehte er das Relief um: »Damit Katharina nicht sieht, was wir hier machen.«

Für den Rest der Nacht versank die Zeit hinterm Horizont. Nur das leise Plätschern der Wellen begleitete die Gunst eines scheinbar ewigen Augenblicks.

*

Friederikes Zimmergenossin Maria Cecilia war die erste, die es entdeckte. Sofort lief sie zur Königin, um es ihr zu melden.

»Madame, es ist ein Skandal: Friederike Louise ist schwanger. Sicherlich bereits im fünften Monat.«

Königin Anna Sophie warf den Strickrahmen, an dem sie gerade arbeitete, verärgert auf den Tisch. Auch ihre Hofdamen unterbrachen das Stricken.

»In der Tat, das ist ein Skandal. So einen Fehltritt dulde ich in meinem Hofstaat nicht. Keuschheit und Sittsamkeit sind die wichtigsten Tugenden unseres Hauses. Als Hausmutter trage ich persönlich die Verantwortung dafür, dass sie eingehalten werden. So ein liederliches Verhalten zerstört nicht nur die Ehre der Friederike Louise, sondern ist auch ein Angriff auf meine Autorität.«

Die anderen Hofdamen begannen zu tuscheln. Endlich war es mit Friederikes Sonderstatus als Musiktalent vorbei. Wieso hatte die sich eingebildet, etwas Besseres zu sein? Gar die Lieblingsdame der Königin!

Auch Maria Cecilia zeigte unverhohlen ihre Schadenfreude, schließlich hatte Friederike sie in den vergangenen sechs Jahren in der Gunst der Königin weit überrundet, sie, der aufgrund ihrer längeren Zugehörigkeit zum Hofstaat eigentlich der höhere

Rang zustand. Endlich war die Gelegenheit gekommen, sich als Fürsprecherin des gesamten Hofstaats aufzuspielen.

»Madame spricht uns aus der Seele. Erlaubt mir, dass ich Euch, auch im Namen der anderen Damen, mein aufrichtiges Bedauern über das sittenlose Verhalten dieser unwürdigen Frauensperson ausspreche.«

»Weiß man denn, wer der Erzeuger des Kindes ist?«

»Madame, ich möchte nur ungern den Falschen verdächtigen. Aber so wie die Sachlage ist, kann es sich nur um den Grafen von Ahlefeld handeln. Kein anderer Kavalier hatte ungehinderten Zutritt zu dieser Person.«

Bei der Nennung dieses Namens verschlechterte sich die Stimmung der Regentin deutlich. Gerade er war es, den sie für eine heimliche Liebschaft auserkoren hatte.

Scheinheilig donnerte sie Maria Cecilia an: »Kavalier? Wie könnt Ihr einen Menschen als Kavalier bezeichnen, der sich aus niedrigen Instinkten mit einer meiner Hofdamen einlässt? Diese Affäre beginnt, mich anzuwidern, und ich will nicht, dass sie an die Öffentlichkeit gelangt. Ich wünsche diese Friederike Louise von Rantzau nie wieder vor Gesicht zu bekommen. Weist die Obersthofmeisterin an, dass jene Frauensperson bis Monatsende mit sofortiger Wirkung weder ihren Flur verlassen, noch jedweden Besuch empfangen darf. Danach ist sie in ein Kloster einzuweisen, das weit genug entfernt ist, um ihr jegliche Kontakte mit dem Hof zu erschweren. Dort kann sie in Ruhe ihr uneheliches Kind zur Welt bringen. Was danach geschieht, mag sie selbst bestimmen. Und wie mit dem Grafen von Ahlefeld zu verfahren ist, soll der König entscheiden.«

*

Der Graf von Ahlefeld wunderte sich, dass er zum Obersthofmeister bestellt wurde. Zwar nahm dieser das ranghöchste Amt im Zeremoniell ein, doch er war nicht der König, mit dem der Graf eigentlich bislang immer direkt verkehrte. Ahlefeld kannte die Feinheiten der Hofordnung zu genau, um nicht zu wissen, dass diese Audienz einen unangenehmen Anlass hatte.

In der Tat empfing ihn der Obersthofmeister recht kühl und darüber hinaus unter vier Augen, was auf eine höchst sensible Unterredung schließen ließ.

»Graf von Ahlefeld, ich möchte ohne Umschweife zur Sache kommen. Meine Zeit ist knapp bemessen. Bitte setzen Sie sich.«

Der Obersthofmeister bot seinem Gast nicht einmal ein Getränk an. In steifer Haltung nahm er in einem Sessel Platz und musterte den Grafen mit strenger Miene, bevor er seine entscheidende Frage wie aus einer Pistole schoss.

»Sind Sie der Erzeuger des Kindes der Friederike Louise von Rantzau, ja oder nein?«

Ahlefeld verschlug es die Sprache. Er sackte in seinem Sessel zusammen. Alles, nur das hatte er nicht erwartet. Wieso wusste der Obersthofmeister von seiner intimen Beziehung zu Friederike? Was ging diesen Hofbeamten sein Privatleben an? Weiß der König davon? Doch dann besann er sich auf das Wesentliche: Friederike ist schwanger, und ich werde Vater eines unehelichen Kindes.

Es hatte kein Zweck, der Frage auszuweichen. Friederike zu verleugnen, erschien ihm zutiefst unehrenhaft. »Ja, es ist richtig, dass ich mit ihr in nicht ehelicher Weise verkehrt habe. Dass sie allerdings ein Kind erwartet, erfahre ich soeben aus Ihrem Mund.«

»Gut. Ihr Geständnis verkürzt unsere Unterredung. Sie werden sich vorstellen können, dass der König über den Vorfall sehr ungehalten ist. Er hatte Ihren Kontakt mit der Rantzau aus rein politischen Gründen angeordnet, und er war davon ausgegangen, dass Sie Ehrenmann genug sind, um Ihre persönlichen Instinkte demgegenüber zurückzustellen. Ich nehme an, Sie wissen, was das bedeutet.«

Der Graf gab sich einen Ruck und richtete sich wieder auf. Mit selbstbeherrschter Stimme antwortete er. »Ich fürchte, Sie vergessen, dass ich der Graf von Ahlefeld bin. Ich benötige Ihre Ermahnungen nicht. Ich weiß selbst, was ich zu tun habe.«

Der Obersthofmeister erhob sich, ein Zeichen, dass er die Unterredung für beendet betrachtete. Auch der Graf stand auf und begab sich Richtung Tür, ohne den vorgeschriebenen Gruß zu leisten. Kurz bevor er die Tür hinter sich schließen konnte, rief ihm der Obersthofmeister nach:

»Und nehmen Sie bitte davon Kenntnis, dass der König erstens Ihr absolutes Stillschweigen fordert und Ihnen zweitens jeglichen weiteren Kontakt zu der Rantzau untersagt.«

Johann von Ahlefeld erwiderte nichts. Ja, absolutes Stillschweigen, das kann der König haben.

Als er wieder zurück in seinem Palast war, begab er sich unmittelbar zu seinem Waffenschrank.

Er nahm eine Pistole aus dem Regal und trat vor das Cembalo. Er schlug wahllos ein paar Tasten an.

Ich habe es immer noch nicht richten lassen. Friederike wird erzürnt sein, weil sie so ihre Lieder nicht singen kann.

Dann schloss er den Deckel der Tastatur und ging ans Fenster.

Dieser wunderbar naturwüchsige Park mit seinen alten Kastanienbäumen und der Familiengruft im Hintergrund.

Wer wird ihn weiterhin pflegen?

Er war allein im Haus.

Niemand hörte den Schuss, der seinen Schädel zertrümmerte.

*

Friederike lag auf ihrem Bett und wälzte sich hin und her. Maria Cecilia hatte die Tür ohne ein Wort zu sagen hinter sich zugeschlossen. Was war vorgefallen? Wieso wurde sie vom Hofleben ausgeschlossen? Wieso hatte sie Stubenarrest und durfte nicht frei durch den Hinterausgang des Schlosses gehen, um sich mit Johann in seinem Palast zu treffen?

Dass sie ein Kind erwartete, wusste sie schon seit längerem, und sie ahnte auch, dass es am Hof

171

zu Komplikationen führen würde. Doch sie hoffte, dass Johann, immerhin ein wichtiger Vertrauter des Königs, sie ehelichen und dem gemeinsamen Kind ein standesgemäßes Leben ermöglichen würde.

Am späten Abend kam Maria Cecilia zurück. Ihr mürrischer Blick versprach nichts Gutes.

»Was um Gottes Willen ist passiert?«, wollte Friederike wissen.

Ihre Zimmernachbarin schwieg und begann, ihre Sachen in einen Koffer zu packen. Friederike irritierte das. »Willst du ausziehen? Und was ist mit mir?«

Maria Cecilia nahm ihr Sonntagskleid aus dem Schrank und legte es sorgfältig in dem Koffer zusammen. »Was los ist? Das müsstet Ihr doch besser wissen als ich. Wer hat denn mit der Wohlanständigkeit einer Hofdame gebrochen? Ihr oder ich? Die Obersthofmeisterin hat mir ein anderes Zimmer angewiesen. Dafür bekommt Ihr die Gesellschaft einer Betschwester. Bei der seid Ihr besser aufgehoben.«

Der plötzliche Übergang vom vertrauten Du zum höfischen Ihr steigerte Friederikes Unbehagen. Sie fühlte einen pulsierenden Schmerz in ihrem Kopf aufkommen, der begann, ihr Denken zu vernebeln. »Du sprichst in Rätseln. Ich will endlich wissen, warum man mich so behandelt.«

»Wer seine Sittsamkeit so über Bord wirft, dass er gleich schwanger wird, darf sich über die Folgen nicht beschweren.«

Friederike fuhr auf und schlug mit dem Kopf heftig gegen das Holzgestell. Ihre Kopfschmerzen breiteten sich wie ein Strohfeuer aus. Sie trommelte mit den Fäusten auf das Kissen. »Was geht dich das an?

Zügle deine Zunge! Du bist nur die Leib- und Mundwäscherin der Königin. Ich aber werde den Grafen
von Ahlefeld heiraten.«

Maria Cecilia nahm Friederikes Überheblichkeit
mit Gelassenheit hin und konterte ungerührt: »Wohl
kaum, denn der Graf hat sich vor wenigen Stunden
eine Kugel durch den Kopf gejagt.«

Einen Augenblick herrschte eisiges Schweigen
im Raum. Friederike lag wie versteinert da. Nur ihre
Pupillen zuckten wie Kugelblitze unbeherrscht hin
und her. Dann schrie sie urplötzlich auf. Mit unartiku-
liertem Kreischen rollte sie sich aus dem Bett und fiel
samt Bettdecke zu Boden. Völlig außer Sinnen
strampelte sie sich frei und ging mit geballten Fäusten auf Maria Cecilia los. Diese konnte ihren Angriff
abwehren und warf sie auf ihr eigenes Bett. Schreiend packte Friederike den Koffer und schleuderte ihn
mit voller Wucht in eine Ecke, sodass sich der Inhalt
über den Boden verstreute. Dann stürzte sie sich auf
die Kleiderpuppe und zerriss Marias darüber hän-
gendes Festkleid mit brutaler Gewalt in mehrere Tei-
le.

Das alles geschah in Windeseile. Ehe Maria eingreifen konnte, schnappte sich Friederike eine Sche-
re, die neben der Puppe auf einem Nähtischchen lag,
und bedrohte Maria: »Du Hexe! Das wirst du mir büßen! Ich werde dich erstechen. Dich und deine
Obersthofmeisterin. Euch alle, den ganzen Hofstaat,
und die Königin auch! Ihr verdammten Heuchler habt
meinen Johann auf dem Gewissen.«

Maria gelang es, Friederikes bewaffnete Hand
abzufangen, doch ihre Gegnerin erwies sich in ihrer

blinden Wut als die Stärkere. Zum Glück waren ein paar Hofdamen durch das Geschrei aufmerksam geworden und stürzten in das Zimmer. Mit vereinten Kräften gelang es ihnen, die Tobsüchtige zu bändigen und sie auf dem Bett solange festzuhalten, bis die Obersthofmeisterin erschien.

»Welch ein Benehmen, ich werde Euch lehren, die Contenance zu wahren!« Mit einem kräftigen Ruck riss sie Friederike die Kette so heftig vom Hals, dass es eine feine Blutwunde hinterließ. Dann warf sie das Halsband samt Medaillon aus dem Fenster. »Die Königin will von dir und deiner Familie nichts mehr wissen.«

Friederikes Wutausbruch schlug in einen leisen Weinkrampf um. Dann begann sie dumpf vor sich hinzulallen. Es war, als hätte der Verlust der Kette jegliche Willenskraft gebrochen. Eine der Hofdamen holte ein Riechfläschchen und hielt es Friederike unter die Nase. Die entkräftete Frau sank sofort in einen erlösenden tiefen Schlaf.

*

Als sie wieder aufwachte, saß eine Betschwester an ihrer Seite. Zwei kräftige Krankenschwestern bewachten die Tür. Der Raum war inzwischen bis auf Friederikes persönliche Sachen leer geräumt worden.

Sie brauchte eine Zeit, ehe sie sich wieder zurechtfand und sich ihrer Situation in vollem Umfang bewusst wurde.

Johann ist tot.

Stumpfsinnig starrte sie solange an die Zimmerdecke, bis sie meinte, dort Schattengestalten zu erkennen. Sich selbst, den Grafen von Ahlefeld und ihr gemeinsames Kind. Plötzlich tauchte die Wirklichkeit in ihrem Bewusstsein wieder auf. Meine Karriere als Kammerfräulein der Königin ist ausgeträumt. Für mein Ungeborenes gibt es keine Zukunft. Die Musik in mir ist verstummt. Mir verbleibt nur noch der Weg, Johann zu folgen, egal was mit dem Kind passiert. Dessen Dasein ist ohnehin Schuld an allem.

Die Betschwester blickte Friederike forschend an, als wollte sie deren Gedanken erraten. »Ich bedaure Euch von ganzem Herzen und möchte nicht in Eurer Haut stecken. Ich fürchte, Ihr habt Euch Euer Leben am Hof anders vorgestellt.«

»Allerdings. Dass ein Leben an einem Königshof kein Paradies, sondern die Hölle ist, habe ich bitter erfahren müssen. Und der Teufel hat für mich auch ein Gesicht, einen Namen. Es ist die Königin Anna Sophie. Erst hat sie mich mit ihrer vorgetäuschten Liebe zur Musik umschmeichelt. Doch als ich ihr mit meiner Schwangerschaft die Hoffnung auf ein Liebesabenteuer mit dem Grafen von Ahlefeld raubte, ließ sie uns beide fallen wie wurmstichiges Obst.«

»Ihr seid von Sinnen! So spricht man nicht von der Königin. Ich verstehe Eure Verzweiflung, doch ich muss Euch ernsthaft ermahnen, die Contenance zu wahren. Ihr, nicht die Königin, habt mit der höfischen Etikette gebrochen, als Ihr Eure Keuschheit zugunsten einer flüchtigen Leidenschaft verloren habt.«

»Ich fürchte, liebe Schwester, Ihr versteht von der Liebe genauso wenig wie von der Leidenschaft. Wenn zwei Menschen zusammenfinden und sich leidenschaftlich lieben, wie lächerlich sind dann die Hofinstruktionen! Der König hat seine Mätresse, die Königin ihren Galan. Niemanden stört das. Doch wenn eine einfache Hofdame die Liebe über die Etikette setzt, dann wird sie unbarmherzig gerichtet.«

»Warum seid Ihr dann in den Hofdienst eingetreten? Hat man Euch nicht über den Ehrenkodex unterrichtet?«

»Doch, aber heute muss ich feststellen, dass ich der Kluft zwischen Anspruch und Realität nicht gewachsen bin. Das war ich eigentlich noch nie, auch in meiner Musik nicht. Ich liebe die Improvisation, die ungebundene Fantasie, das freie Spiel mit den Regeln. Ich fürchte, ich werde es nie lernen, mein Leben den gesellschaftlichen Normen unterzuordnen.«

»Ich verstehe nicht viel von Musik, aber ist es nicht so, dass jegliche Improvisation gerade nur deswegen möglich ist, weil es ein Grundgerüst an Regeln gibt? Alles andere wäre doch ein heilloses Durcheinander. Ähnlich ist es in unserem Erdendasein. Zum Beispiel als Mitglied in einem Hofstaat. Auch da würde ein Chaos entstehen, wenn jeder das tut, was ihm gefällt oder was er gerade für richtig hält. Das Zusammenleben der Menschen braucht bei aller Individualität des Einzelnen auch einen Ordnungsfaktor. Das sind im Hofstaat die Instruktionen, und im Lande ist es der Regent, dem in der Musik der Dirigent entspricht. Er garantiert das reibungslose Zusammenspiel und den guten Ton.«

»Aber er ist auch das Zentrum aller Intrigen, zumal der politischen. War es nicht König Friedrich, der den Grafen von Ahlefeld als Werkzeug benutzt hat, um die Freie Reichsgrafschaft Rantzau von der Landkarte zu tilgen und sich einzuverleiben? Und ich in meiner Naivität habe auch noch geholfen, meinen eigenen Verwandten zu ermorden.«

»Wieder verfallt Ihr Euren Hirngespinsten. Der Reichsgraf wurde meines Wissens durch einen gewissen Detlev Prätorius ermordet, der für seine Tat gebührend bestraft wurde. Das sind die Tatsachen. Ich kann Euren irren Gedankenspielen nicht folgen und führe sie auf Euren momentan schlechten Gesundheitszustand zurück.«

»Ich bin weder irre noch krank. Aber ich gebe Euch insofern recht, als dass unser Dasein nur ein Spiel ist, in der Politik ebenso wie in der Liebe. Jeder von uns steht auf der großen Bühne, die man das Leben nennt, und spielt seine Rolle. Der eine gut, der andere schlecht. Ich habe meine Rolle bisher eher schlecht als gut gespielt. Doch als der Graf von Ahlefeld in mein Leben trat, meinte ich, in einer zukunftsträchtigen Nebenrolle aufzutreten. Doch ich wurde einfach vom Bühnenrand hinuntergestoßen, nur weil ich den Hauptrollen in die Quere kam.«

»Niemand will Euch Eure Zukunft verwehren. Eure Stärke ist die Musik, ist der Gesang. Vielleicht auch das Schauspiel. Aber von der politischen Bühne solltet Ihr Euch fernhalten. Es ist Zeit, den Vorhang für einen neuen Akt zu öffnen. Die Königin gewährt Euch die Möglichkeit, Euer Kind in aller Ruhe im Kloster zu Preetz zur Welt zu bringen. Ich bin beauftragt worden, Euch dorthin zu begleiten. Was danach kommt, welche Rolle Ihr dann spielen werdet, das bleibt einzig und allein Euch selbst überlassen.«

*

Seit der lutherischen Reformation war das Kloster Preetz im Besitz der Schleswig-Holsteinischen Ritterschaft, die es zu einem Damenstift umwandelte. Man verstand sich im Umgang mit *gefallenen* Frauen. Friederike war nicht die erste Adlige, die hier ein uneheliches Kind zur Welt brachte.

Eigentlich hätte sie den Umzug in ihr neues Zuhause als Fortschritt empfinden müssen, denn hier wurde ihr, im Gegensatz zu ihrem Aufenthalt im Kopenhagener Schloss, ein Einzelzimmer zugeteilt, auch wenn es sehr karg eingerichtet war. Friederike schien das nicht wahrzunehmen. Ihr Gemütszustand verschlechterte sich von Tag zu Tag. Teilnahmslos hockte sie stundenlang auf dem einzigen Stuhl, der vor dem Fenster stand. Doch statt sich an dem Anblick des gepflegten Gartens zu erfreuen, starrte sie unablässig auf die gegenüberliegende, kahle Wand. Friederike wirkte wie versteinert. Nur ihre Pupillen flackerten unruhig hin und her, als würden sich dramatische Szenen auf dem rohen Putz abspielen.

Die Betschwester war nicht in der Lage, mit ihr ein zusammenhängendes Gespräch zu führen. Friederike ließ sich mechanisch zu den Mahlzeiten in den Speisesaal führen, doch sie verweigerte nahezu jegliche Nahrungsaufnahme. Als es eines Tages Pilze auf Spinat gab, erbrach sie sich, sodass sie den an-

178

deren Bewohnern zur Last wurde. Man schob sie zum Essen in eine abgelegene Nische ab, wo ihre Anwesenheit nicht weiter störte.

Dieser Zustand dauerte mehrere Wochen, obwohl die Betschwester alles Mögliche versuchte, um Friederike in das alltägliche Klosterleben einzubeziehen. Eines Tages fielen ihr die drei Murmeln auf, die sich unter Friederikes Habseligkeiten befanden. Sollte sie nicht mal versuchen, die angehende Mutter zum Murmelspiel zu animieren? Doch mit einer erwachsenen Frau Murmeln spielen, war das nicht kindisch?

Kaum hatte sie die kalten Kugeln in Friederikes Hand gelegt, umschloss diese sie mit beiden Händen. Langsam begann Friederike, sie im Hohlraum ihrer Hände hin und her zu bewegen. Ein leises, gläsernes Klackern war zu hören. Die Betschwester bemerkte, wie sich Friederikes Augen von der Wand lösten und sich schlossen.

Ein zaghaftes Lächeln huschte über das Gesicht der Kranken. Dann begannen ihre Lippen zu beben. Plötzlich stieß sie ein schrilles Lachen aus.

»Ich kann in unsere Zukunft schauen. Du musst wissen, dass ich eine Wahrsagerin bin!« Friederike sprang auf, sodass sie den Stuhl umstieß, auf dem sie wochenlang gehockt hatte. Die Murmeln verbarg sie in ihrer Rocktasche. »Komm, lass uns in den Garten gehen. Ich weise dir deine Zukunft.«

Daraus wurde nicht viel. Anfangs plapperte sie allerlei zusammenhangslose Fantastereien. Die Betschwester konnte Friederikes ungewöhnliches Verhalten nicht einordnen. Sie versuchte, die Kranke abzulenken und ließ sie einen Korb Veilchen für die Kräuterküche sammeln.

Der Duft der Veilchen tat Friederike gut. Sie atmete ihn tief ein. Dann begann sie unaufhörlich Fragen zu stellen. Wo sind wir hier? Was ist das für ein Baum? Warum ist der Himmel blau? Wer sind die Frauen dort hinten auf der Terrasse? Wie geht es der Königin? Woher kommen die Orgelklänge?

Friederike redete wie ein Wasserfall und achtete kaum auf die Antworten ihrer Begleiterin. Diese störte sich nicht daran. Sie war froh, dass ihr Schützling endlich ihre Apathie überwand. »Wir haben in der Klosterkirche eine Orgel. Komm mit mir, ich zeig sie dir. Vielleicht erlaubt dir die Priorin, darauf zu spielen. Man sagt, du seist eine gute Musikerin.«

Durch die Spaziergänge im Park und das Spiel an der Orgel erholte sich Friederike einigermaßen. Nach wenigen Tagen begann sie wieder, regelmäßig Nahrung zu sich zu nehmen. Doch an eine Vorbereitung auf die Geburt dachte sie nicht, zumindest wollte sie darüber nicht sprechen.

Die Priorin erkannte ihr musikalisches Talent und ließ sie die Gottesdienste auf der Orgel begleiten. Das verschaffte Friederike eine allgemeine Anerkennung, die ihr half, zu einem stabilen Gemütszustand zurückzukehren.

Eines Tages kam eine Wanderbühne nach Preetz und trat im Kloster auf. Der Herzog Carl Friedrich von Schleswig-Holstein-Gottorf, ein Liebhaber der Theaterspiels, hatte das Gastspiel vermittelt, und in Preetz erinnerte man sich noch gut an das fünfwöchige Gastspiel der Truppe um die Prinzipalin Eleonora Constantia Uhlich. Sie durfte unter Beifall der Priorin, des Probstes und der Mehrheit der Konventualinnen sogar an den kirchlichen Feiertagen auftreten.

Die diesjährige Truppe entpuppte sich allerdings als mittelmäßige Komödiantengruppe. Statt erhabener Dichtkunst standen Harlekinaden auf dem Programm, bei denen tollpatschige Trottel in billigen römischen Kostümattrappen auftraten, Ochsenblut aus Schweinsblasen spritzte und eine Sonne aus Pappmaschee an einer Stange über die Bühne getragen wurde.

Die Zuhörer schienen nicht besonders begeistert zu sein, und Friederike sehnte sich an ihre Zeit bei den Montanas, der Schaustellerfamilie in Flensburg zurück. Die verstanden wenigstens ihr Handwerk und boten akrobatische Höchstleistungen. Dieser Truppe jedoch fehlten Stil und Kunstfertigkeit. Nach der Premiere sprach Friederike den Prinzipal Johann Brookmann daraufhin an. »Was Ihr uns da bietet, wird allenfalls ein bürgerliches Publikum ergötzen. Dies ist jedoch ein Kloster für adlige Damen, die eigentlich ein erbauliches Drama oder eine Shakespeare-Komödie erwartet haben. Wenn Ihr wenigsten etwas Musik im Programm hättet.«

»Musik? Davon verstehen wir nichts. Das können wir nicht. Sollen wir uns das aus den Rippen schneiden?«

»Ein paar Lieder, die das Niveau Eurer Darbietung enorm erhöhen würde.«

»Lieder? Wir können weder singen noch die Gitarre schlagen.«

»Ich aber. Wenn Ihr nichts dagegen habt, könnte ich das eine oder andere Zwischenspiel beisteuern.«

»Ich kann mir keine Musikerin leisten. Unser Verdienst ist schon schmal genug.«

»Ich will ja auch keinen Lohn. Ich will einfach nur ein wenig Freude am Singen haben. Ihr werdet sehen, das gefällt den Leuten. Überlasst das nur mir.«

Mürrisch willigte der Prinzipal ein und änderte sein Programm. Friederikes Beitrag verwandelte die ermüdenden Auftritte der Wanderbühne in einen Erfolg, obwohl sie nichts weiter machte, als die amüsanten Lieder zu singen, die sie noch von früher kannte. Das Lied von dem *Traum unter dem Rautensträuchelein*, mit dem sie seinerzeit das Vertrauen des Reichsgrafen zu Rantzau gewonnen hatte, oder das *Lied von dem schwarzen Mönch*, das sie bei den Montanas in Flensburg vorgetragen hatte.

Die Kassen des Prinzipals füllten sich aufgrund der musikalischen Zwischenspiele. Johann Brookmanns rundes Gesicht strahlte vor Freude. »Eigentlich gehört Euer Talent nicht in ein Kloster. Wenn Ihr Euch mal verändern wollt, ich würde Euch sofort in meine Truppe aufnehmen. Natürlich in der obersten Gehaltsklasse.«

*

Friederikes Schwangerschaft ging ihrem Ende entgegen. Nach dem Abzug der Komödianten verfiel sie erneut in eine tiefe Gleichgültigkeit. Sie döste den ganzen Tag auf ihrem Bett herum und suchte Trost im Alkohol, den sie sich auf dunklen Wegen ins Kloster beschaffen ließ. Es war ein billiger, giftiger Fusel, mit dem sie ihr Gewissen ertränkte. Die Schmerzen der Wehen betäubte sie mit wirkungsvollen Kräuterzubereitungen.

Die Geburt ließ sie passiv über sich ergehen. Um das Wohl des Kindes kümmerte sich die Betschwester mehr als die Mutter.

Nach vier Wochen verstarb es.

Kapitel 5 – Seecki

Lübeck 1726

»Zum Abendbrot um sechs Uhr bist da wieder im Heim, sonst fliegst du raus!«

»Versteht sich, Schwesterherz, und danach besuch ich dich im Bett«, erwiderte Haucke Seecki in frechem Ton, denn er wusste, dass er den schwulen Kalfaktor mit seiner Anspielung auf die Palme bringen konnte.

»Lümmel, gleich kriegst du eins hinter die Ohren!«

Haucke beachtete ihn nicht weiter. Er überquerte die Kreuzung der Weber- mit der St. Annenstraße. Die Ironie des Zufalls wollte es, dass in dem Haus, vor dem Haucke jetzt stand, der Reformpädagoge August Hermann Francke 1663 geboren wurde, doch seine Lehren einer menschenwürdigen Erziehung fanden erst sehr viel später Eingang in das Lübecker Sozialleben. Francke, der durch seine fortschrittlichen Stiftungen in Halle berühmt wurde, verstarb dort genau ein Jahr nach den hier beschriebenen Ereignissen.

Von dort aus hatte Haucke einen guten Blick auf das Gelände mit dem hohen Haupthaus, an dessen langgezogener Außenwand ein Sandsteinrelief angebracht war. Das von einem standesgemäß bekleideten Jungen und einem Mädchen umrahmte Waisenkreuz wies auf die Funktion des Hauses hin.

Zwei Mädchen in ihrer typischen roten Anstaltskleidung lehnten aus einem der Fenster und tuschelten über Haucke, doch sie wurden bald von einem Lehrer zurückgetrieben. Auf dem Hof tobten ein paar Zöglinge im Schatten der Lindenbäume. Der Kalfaktor schloss das Tor hinter sich zu und versuchte, Ruhe in die wilde Schar zu bekommen.

Nun war Haucke sich selbst überlassen. In Gedanken ließ er sein bisheriges Leben im Eiltempo Revue passieren. Er gehörte zu einem der wenigen Waisenkinder, die das Glück hatten, in den ehemaligen Michaeliskonvent gesteckt zu werden, statt, wie viele andere, verwildert auf den Straßen herumlungern zu müssen. Sein Vater, ein Seemann, war bereits kurz vor Hauckes Geburt bei einem Sturm im Skagerrak ums Leben gekommen. Seine Mutter starb an den Folgen der schweren Geburt. Ein Onkel, ein mittelloser Fassträger unten am Hafen, kümmerte sich mehr schlecht als recht um ihn, bis der Junge mit acht Jahren in das Waisenhaus aufgenommen werden durfte, denn laut Statut mussten *die Kinder von unbescholtenen Eltern in dieser Stadt oder im Gebiete derselben geboren sein, sie mussten körperlich wohlgestaltet, d.h. ohne besondere Deformitäten, gesund und wenigstens acht Jahre alt sein.*

Der Arbeitstag begann im Sommer um fünf Uhr, im Winter eine Stunde später. Nach dem Morgengesang, einer Andacht und dem Frühstück mit Roggenbrot und Butter ging es in den Unterricht. Neben Religionsunterricht, Rechnen und Schönschrift standen bei den älteren Schülern auch Gedächtnisübungen auf dem Stundenplan. Letztere gefielen Haucke gut, da er hier ein gewisses Talent entdeckte. Doch er zeigte seine Überlegenheit nicht, weil er Angst hatte, von den anderen als Streber beschimpft zu werden.

Das Mittagsessen wurde um 11 Uhr gereicht: dicke Grütze mit Milch und Butterbrot, abwechselnd Gemüse, Kohl, Erbsen, Wurzeln, weiße Bohnen, dazu kleingeschnittene Kaldaunen wie Leber und andere Innereien, manchmal Kartoffeln und sonntags sogar Kalbfleisch oder Pökelfleisch.

Der Nachmittagsunterricht dauerte von 1 bis 5 Uhr. Nach dem Abendessen um 6 beschloss ein Gebet den Arbeitstag, das mit den Worten begann:

Allmächtiger, gütiger Gott, der Du auch Gefallen findest an dem Gebete der Unmündigen, erhöre jetzt das Gebet der Waisen. Segne alle Menschen, vorzüglich unsere Herren Vorsteher und die Wohltäter dieses Hauses mit himmlischen und irdischen Gütern.

Um 9 Uhr ging es ins Bett. Während die Jüngeren sich zu zweit oder dritt ein Bett im Schlafhaus teilen mussten, hatten die Älteren ihre eigenen Betten im Stockwerk über dem Speisesaal, der gleichzeitig als Schulraum diente. Haucke hatte sich ein Bett gleich neben dem Fenster erobert, das die Möglichkeit bot, nachts aus der Anstalt über die Dächer abzuhauen, ohne dass es der Kalfaktor bemerkte. Ab und zu traf er sich heimlich mit Gleichaltrigen vom Gymnasium, um zweifelhaften Frauenspersonen den Hof zu machen.

Doch das war riskant. Wer gegen die Disziplin oder gegen die Hausordnung verstieß, bekam den Rohrstock zu spüren. Wenigstens waren Kerker,

Halseisen und Fußblock kurz vor Hauckes Einweisung in die Anstalt abgeschafft worden.

Die strenge Erziehung war alles andere als ein Kinderspiel, aber sie ermöglichte eine solide Grundbildung. Gottesfurcht, Demut, Gehorsam und Fleiß gehörten zu den Erziehungszielen der Anstalt. Haucke erwies sich in dieser Hinsicht als ein nicht besonders eifriger Schüler. Die meisten Zöglinge wurden im Allgemeinen mit 16 Jahren ins Berufsleben verabschiedet, doch Haucke zählte inzwischen mit 17 Jahren zu den Ältesten. Nicht dass er zu begriffsstutzig war, er war einfach zu faul, oder besser gesagt, er versuchte, seine Entlassung so weit wie möglich hinauszuzögern, weil er Angst vor einem Leben in Selbstverantwortung hatte.

So lernte er von Anfang an, sich zu verstellen, sich einerseits nach oben hin zu ducken, andererseits sich durch Großtuerei und Ellbogenrempelei gegenüber den Mitschülern durchzusetzen. Mit der Zeit entwickelte er einen Hang zur Hochstapelei, und sein jugendlich-verträumter Blick und sein fastmännlicher Backenbart führten dazu, dass er von den Mädchen der Anstalt umschwärmt wurde.

Mittwochs, so wie heute, war ein besonderer Tag. Die Zöglinge hatten nachmittags frei und durften Besuch empfangen oder sogar in dessen Begleitung die Anstalt verlassen. Anfangs wartete Hauckes Onkel unten am Tor, nahm den Jungen zum Schein in Empfang und überließ ihn dann sich selbst. Doch bald merkte er, dass der Kalfaktor keine Lust hatte, bei den Ältesten die Einhaltung der Regel zu überprüfen.

So genoss Haucke praktisch freien Ausgang. Nur zum Abendessen musste er zurück sein, sonst gab es Ärger. Er hatte gerade neulich einen Tadel bekommen, weil er eine halbe Stunde zu spät kam. Wenn sich das wiederholte, wäre es schnell aus mit dem gesicherten Leben im Waisenhaus, zumal er das vorgeschriebene Alter überschritten hatte.

Schon war er um die Ecke in die St. Annenstraße gebogen und trat schräg gegenüber in die Aegidienkirche ein. Eine alte Bettlerin saß in dem kleinen Vorraum zwischen der Außenpforte und der Zwischentür zum Kirchenschiff. Sie hielt einen abgegriffenen Korb in der Hand. Haucke kramte zwei Pfennige aus der Hosentasche und warf sie in den Korb. »Gott sei mit dir«, murmelte die Alte, doch er kümmerte sich nicht weiter um sie.

In der Kirche war niemand. Er ging geradewegs auf eine abseits gelegene Seitenkapelle zu und zog einen hinter einem Sockel versteckten Beutel hervor. Flüchtig blickte er zur Seite, um sich zu vergewissern, dass ihn niemand beobachtete. Mit wenigen Handgriffen tauschte er seine Anstaltskleidung, die schwarze Hose aus grobem Tuch und die blaue Jacke mit dem roten Kreuz auf der Schulter, gegen die Kluft eines Stadtschreibers. Er hatte sie beim Würfelspiel einem heruntergekommenen Schreiberling abgeknöpft, und nun diente sie ihm als Ausgehuniform, damit er in der Stadt nicht gleich als Waisenhäusler abgestempelt wurde.

Kleider machen Leute, wie er wusste.

Seine Anstaltskleidung verstaute er in dem Beutel und versteckte diesen wieder hinter dem Sockel.

Am Ausgang warf er der Bettlerin wieder einen Pfennig in den Korb. Diese bemerkte zwar sein verändertes Aussehen, schwieg aber. Sie kannte das. Es war nicht das erste Mal, und sie erkaufte sich ihr Schweigen für ein paar Almosenpfennige.

*

Haucke eilte die Aegidienstraße hinauf zum Klingenberg. Am Markttag gab es hier immer wieder ein paar Pfennige zu verdienen. Als Insasse des Waisenhauses konnte er das Geld gut gebrauchen, zumal er einen Lebensstil pflegte, der über den eines Zöglings deutlich hinausging.

Zunächst kassierte er etwas Kleingeld von einem Kunstschreiner, dem er beim Aufbau seines Standes half. Truhen, Stühle, Regale und allerlei Kleinteile wie Holzspielzeug mussten von einem Pritschenwagen herabgeholt, entstaubt und in der Bude aufgebaut werden. Haucke stellte sich geschickt an und zeigte ein Gespür für eine ansprechende Präsentation. Die kleinen Holzkreisel, die er auf einem Tisch auslegte, gefielen ihm gut, allen voran die Farbscheibenkreisel und die Peitschkreisel.

Einen der zierlichen Umkehrkreisel ließ er heimlich in seiner Hosentasche verschwinden. Wenn man sie mit einem kräftigen Schnipp in Schwung brachte, stellten sie sich wie ein Stehaufmännchen auf den Kopf und drehten sich weiter. Haucke beeindruckte das. Er fühlte sich mit dem unscheinbaren Holzspielzeug verbunden, weil es seine eigene Wesensart widerspiegelte. Der Meister wird den einen Kreisel unter all den vielen anderen nicht vermissen.

Von den bunten Fingerkreiseln ließ er ständig ein paar sich um die Wette drehen. Das erregte Aufmerksamkeit bei den Passanten, besonders bei den Kindern, und so machte der Schreiner bald ein gutes Geschäft. Zum Dank drückte er Haucke einen Schilling, das waren 12 Pfennig, in die Hand.

Das genügte Haucke fürs Erste. Während er sich, mit den Händen in den Hosentaschen an eine Hauswand gelehnt, eine Pause gönnte und selbstzufrieden auf seine Drehkreisel schaute, hörte er von oben eine resolute Stimme.

»Ihr da unten, Schreibergeselle! Wollt Ihr euch ein paar Schillinge verdienen? So wie Ihr ausschaut, könnt Ihr doch wohl hoffentlich Schönschrift, oder?«

Haucke drehte den Kopf schräg nach oben und entdeckte das Gesicht einer jungen Dienstmagd. »Aber sicher, meine Verehrte! Keiner in ganz Lübeck kann es besser als ich.« Er lächelte sie offen an. »Und ich kann noch viel mehr, wenn du willst«, fügte er in einem anzüglichen Ton hinzu.

»Gut, dann geht in die Diele und wartet dort auf mich.«

Das Backsteinhaus mit dem Renaissance-Treppengiebel und den hoch aufragenden Lukengeschossen machte einen stattlichen Eindruck. Hier gab es bestimmt mehr als einen Schilling zu verdienen.

Er fragte den Schreiner, ob er wüsste, wer dort wohnte. »Jou, das ist das Haus vom Senator und Bierbrauer Schlichtenkamp. Der Alte ist im letzten

Jahr verstorben. Jetzt wohnt nur seine Witwe dort und lässt den Betrieb von ihrem Braumeister weiterführen. Aber wenn du mich fragst, mehr schlecht als recht. Bei mir hat die Witwe noch eine Rechnung offen für einen begehbaren Kleiderschrank. Ich fürchte, die Alte wird es mit dem Betrieb nicht mehr lange machen und ihn abgeben müssen. Aber das Haus gilt immer noch als eins der ersten in der Stadt.«

*

Entschlossen öffnete Haucke die schwere Holztür. Auf den Bodenfliesen der länglichen Diele, die zwei Stockwerke hoch war, stapelten sich mehrere Fässer. Neben der Tür stand eine leere Handkarre, bereit um mit einer Fuhre beladen zu werden. Von der Decke hing eine eiserne Aufzugskette herab, die über ein Windenrad bedient werden konnte.

Eine steile Wendeltreppe führte auf eine obere, von einem robusten Hausbaum getragene Innengalerie. Man konnte von unten die Fenster und Zimmertüren von mehreren Gemächern im ersten Geschoss erkennen. Darunter befanden sich, durch großflächige Fensterrahmen abgetrennt, eine Küche, ein Büro und ein Lagerraum für Werkzeug und Pferdegeschirr.

Als Haucke eintrat, war niemand anwesend. Es roch nach lauwarmer Maische und frischem Stroh. Irgendwo im hinteren Teil des Hauses stritten zwei Frauenstimmen miteinander. Ab und zu polterte es dumpf, als würden schwere Möbel gerückt.

Haucke wartete geduldig, bis endlich oben in der Galerie eine Tür schlug. Mit einem unterwürfigen,

191

aber eine Spur bissigen »Jawohl, gnädige Frau!« verstummte das Streitgespräch. Die Magd, die vorhin aus dem Fenster gerufen hatte, eilte mit flinken Schritten die Dielentreppe herab.

Die junge Frau war in der typischen Tracht einer Küchenmagd gekleidet. Ein braunes Oberhemd, das bis zu den Oberschenkeln reichte, darunter ein orangefarbener Rock, der auf dem Boden schleifte und die spitzen Stofflatschen fast vollständig verbarg. Um die Hüfte hatte sie eine riesige weiße Schürze gebunden, die wie ein Bettlaken aussah. Die Hemdsärmel waren mit einem hellblauen Band hochgebunden. Farblich dazu passend bedeckte sie ihren Hals mit einem breiten Tuch, das auch gut als Geschirrtrockentuch hätte dienen können. Eine weiße Haube umrahmte ihr rundliches frisches Gesicht.

Die Magd reichte ihm burschikos die Hand. Sie roch nach Minze und Petersilie. »Ihr seid also der beste Schreiber der Stadt.« Sie lächelte ihn mit ihren wasserblauen Augen verschmitzt an. »Und Ihr könnt noch viel mehr, wenn ich es nur will. Das waren jedenfalls Eure eigenen Worte, die Ihr zu mir hoch gerufen hattet.«

Haucke gefiel die offene, neckische Art. »Das käme auf einen Versuch drauf an. Dir wär ich gern zu Diensten«, antwortete er mit einem schelmischen Augenzwinkern.

Sie ging auf sein Spiel ein und schmiegte sich an ihn: »Ich wüsste schon, wozu Ihr mir dienen könntet.« Dann führte sie ihn in die Herrenzimmer.

Als Zögling eines Waisenhauses hatte Haucke noch nie die Gelegenheit gehabt, in einen gutbürgerlichen Salon einzutreten. Er war von dem Bild, das sich ihm bot, so geblendet, dass er es nicht wagte, mit seinen plumpen Straßenschuhen über die Schwelle zu treten.

Zwei große Fensterdoppelflügel tauchten den hohen Raum in ein helles Licht, das sich an der weißgelblich gestrichenen Decke reflektierte, von der ein farbig funkelnder Kristallleuchter herabhing. Zierliche, unaufdringliche Stuckmalereien, in goldenem Ton gehalten, markierten den Übergang von der Decke zu den Wänden. Überall waren gemalte Wandbespannungen angebracht, die idealisierte Landschaften, erotische Nymphen und eine Szene aus der Bibel zeigten, die Haucke meinte wiederzuerkennen.

Die Flucht nach Ägypten. Im Speisesaal des Waisenhauses hing eine billige Kopie.

Aus einer Nische ragte ein freistehender barocker Kachelofen hervor, der sich mit seiner elfenbeinfarbigen Wandung, mit abgesetzten Gesimsen und einer Vase als Bekrönung gut in den Gesamteindruck des Raumes einfügte. Die entgegengesetzte Nische wurde durch die Säule einer schlanken Bodenstanduhr beherrscht. Nussbaum poliert mit Einlegearbeiten. Vergoldetes Zifferblatt mit Kupferring. Geradliniger, eintüriger Kasten. Dreiseitig verglaster Kopf mit geschwungenem Gesims. Römische Ziffern und arabische Minuterie, Schlagabstellung, Achttagewerk.

Haucke staunte, dass Zeit so elegant angezeigt werden konnte.

Im Raum selbst befanden sich nur wenige, aber kostbare Möbel. Eine Sitzecke, ein paar Stühle, ein Beistelltisch, mehr nicht. Durchweg Danziger Barockmöbel. In einer Glasvitrine ruhten die ersten Produkte der kürzlich eröffneten Meißener Porzellanmanufaktur.

Bücher suchte Haucke vergebens.

Vor dem linken Fenster stand ein Clavichord. Der Deckel war aufgeschlagen, und auf der Notenablage ruhte eine Komposition, die für Haucke von Weitem wie eine der Girlanden aussah, die man im Mai anlässlich des Vogelschießens, des größtes Festtags der Anstalt, von Baum zu Baum spannte.

Die Dame des Hauses saß an einem Brieftisch vor dem rechten Fenster und schien zu lesen. Haucke konnte im Gegenlicht nur ihre Silhouette wahrnehmen. Sie trug ein schwarzes Gewand, das von den Schultern bis auf den Boden fiel. Ihre Haare waren streng nach hinten zusammengebunden.

Mehr konnte Haucke vorerst nicht von ihr erkennen. Er wartete ohne ein Wort zu sagen, da er es nicht wagte, sie in ihrer Beschäftigung zu unterbrechen. Dann räusperte er sich dezent.

Ohne von ihrer Lektüre aufzublicken, rief sie ihm über die Schulter zu: »Tretet näher.«

Haucke machte ein paar Schritte in den Raum und blieb stehen. Frau Schlichtenkamp schrieb eine kurze Notiz an den Rand ihres Buches, erhob sich und wandte sich ihm zu.

»Wie heißt Ihr?«

»Haucke, gnädige Frau. Haucke Seecki.« Er machte eine kurze Verbeugung, die nicht sehr weltmännisch wirkte. Dann fügte er hinzu, ohne sich im Geringsten seiner Lüge zu schämen: »21 Jahre jung. Büroschreiber in einem der größten Handelshäuser vor Ort.«

»Das sehe ich an Eurer Kleidung. Doch erklärt mir bitte, warum Ihr als Schreiber da unten auf dem Markt für den Holzschreiner gearbeitet habt? Ich habe Euch vom Fenster aus beobachtet.«

»Nun ja«, antwortete der junge Mann zögerlich, denn er suchte fieberhaft nach einer plausiblen Ausrede. Er trat ans Fenster und schaute zu dem Schreiner hinunter, der gerade in ein Verkaufsgespräch verwickelt war.

Rasch fiel ihm etwas Geeignetes ein. »Das ist so. Der Schreiner ist mein Onkel. Da ich heute meinen freien Tag habe, bat er mich, ihm beim Aufbau seines Standes behilflich zu sein.« Schnell fand Haucke sein Selbstbewusstsein zurück und redete mit fester Stimme und einer etwas großspurigen Gestik weiter.

»Sie müssen wissen, gnädige Frau, dass ich sehr familienverbunden bin. Da bin ich mir nicht zu schade, auch mal Arbeiten anzupacken, die nicht zu meinem Beruf passen. Auf mich ist eben Verlass. Das sagen alle meine Freunde, und das ist für mich eine Frage der Ehre.«

»Gut, gut, junger Freund. Wir werden ja sehen. Ihr beherrscht einen guten Schreibstil?«

»Ich glaube ja. Wie gut ich bin, kann ich nicht beurteilen, aber – und glauben Sie mir, dass ich nicht überheblich erscheinen möchte – mein gnädiger Herr meint, ich sei der Beste in unserem Büro.«

»Habt Ihr Referenzen aufzuweisen?«

Haucke ließ sich eine momentane Unsicherheit nicht anmerken. Er fing an, sich in seine Rolle einzugewöhnen. »Selbstverständlich. Aber es tut mir leid, gnädige Frau, ich habe gerade nichts dabei. Hätte ich gewusst, dass ich die Ehre haben würde, in dieses Haus gebeten zu werden, dann …«

»Ja, ja. Schon recht. Verlieren wir keine Zeit. Ich habe Euch rufen lassen, weil ich zweierlei Dinge erledigt wissen will, und ich möchte Euch gegenüber ehrlich sagen, wie es um die Sache steht. «

Sie klingelte nach der Magd, die so schnell erschien, dass Haucke meinte, sie hätte hinter der Tür gewartet und gelauscht.

»Rotspon für uns beide, Gesche. Und du fängst inzwischen mit dem Aufräumen der Zimmer an.«

Der junge Mann nutzte die kurze Unterbrechung, um seine Gastgeberin genauer zu betrachten. Die schwarze Contouche, das von Hals bis Fuß reichende Kleid mit den langen Falten, war zwar neuste Mode, doch Haucke fand, dass Frau Schlichtenkamp darin aussah, als hätte man sie in einen riesigen, plumpen Kartoffelsack gesteckt. Der einzige Hauch von Weiblichkeit bestand in dem zierlichen, kunstvoll gestickten Kragen, der den Blick auf ihren schlanken Hals freigab. Sie hatte ein ovales Gesicht mit einer hohen Stirn und schmalen, fast waagerechten Augenbrauen. Das vermittelte den Eindruck einer energischen Frau, was durch die strenge Haartracht betont wurde.

Am bemerkenswertesten fand er ihre Augen. Groß und dunkel, mit deutlichen Falten an den Seiten. Der Blick war ein wenig müde, aber dennoch spürte Haucke in ihm eine leichte Spur von Leidenschaft.

Mit einem »Sehr wohl, gnädige Frau« verschwand die Zofe, nicht ohne Haucke vorher einen Seitenblick zugeworfen zu haben. Gesche heißt sie also, die hübsche Magd, sinnierte Haucke, doch er kam nicht dazu, ihr Lächeln zu erwidern.

*

Die Hausherrin setzte sich an den kleinen Tisch vorm Fenster und bot ihm den Platz ihr gegenüber an.

»Wie Ihr seht, befinde ich mich im Witwenstand. Vor einem Jahr verstarb mein Gatte. Er hat mir Haus, Vermögen und Betrieb hinterlassen. Kindersegen war uns nicht vergönnt. Aber nun ist die Zeit der Trauer abgelaufen, und ich fühle mich noch nicht so alt, dass ich bis zu meinem Lebensende die trauernde Witwe spielen sollte.«

Sie machte eine Pause und schaute mit abwesendem Blick aus dem Fenster. Unten ging das Markttreiben langsam seinem Ende entgegen. Nach einer Weile atmete sie tief durch und lehnte sich entspannt zurück. Dann schlug sie die Beine übereinander, wobei ihr schwarzer Rock ein wenig verrutschte und ihre Unterschenkel freilegte. Eigentlich hat sie Recht, fand Haucke. Keine schlechte Partie, die gnädige Frau. Mindestens genauso attraktiv wie ihre Zofe.

»Um es kurz zu machen: Ich plane, den Betrieb zu verpachten und mich einem neuen Lebensziel zu widmen. Doch dazu brauche ich jemanden, der mir beim Schriftverkehr hilft.«

Sie streifte sich mit einer preziösen Bewegung eine Fussel vom Kleid, öffnete ein paar Knöpfe ihrer Halskrause und beugte sich so nach vorn, dass sie Haucke einen Einblick in ihr Dekolleté gewährte. »Wenn Ihr wollt, könnt Ihr sofort bei mir anfangen. Ich habe ein abwechslungsreiches Betätigungsfeld zu bieten, und die Bezahlung ist bestimmt besser, als bei Eurem jetzigen Herrn.«

Haucke war zu überrascht, als dass er sofort antworten konnte. Glücklicherweise kam in diesem Moment Gesche mit dem Rotwein ins Zimmer. Sie ahnte, dass ihre Patronin im Begriff war, den jungen Mann zu umgarnen. Sie stellte die Weinflasche und die beiden Gläser auf den Tisch und verschwand mit einem unauffälligen Knicks.

Frau Schlichtenkamp schenkte ein und reichte Haucke ein Glas. »Hier, probiert mal. Ein besonders guter Tropfen. Mein Mann, Gott habe ihn selig, trank ihn gern. Vielleicht hilft er Euch, die Entscheidung zu erleichtern.«

So einen Wein hatte Haucke noch nie genossen. Es war eine neue Welt, die sich in seinen Geschmacksnerven auftat, welche bislang bestenfalls durch bitter-fauliges Braunbier verwöhnt wurden. Ein Luxusleben, an das man sich gewöhnen könnte, träumte er, während er das Glas so ins Licht hielt, dass sich die Sonnenstrahlen darin blutrot brachen.

Aber er wollte nichts überstürzen. Vorsichtig hakte er nach: »Könnte mir gefallen. Den Wein meine ich. Aber bevor ich mich für eine Anstellung bei Ihnen erwärme, wüsste ich doch etwas Genaueres über die Arbeit.«

»Ihr habt Recht. Man sollte nie die Katze im Sack kaufen«, antwortete Frau Schlichtenkamp und rückte noch näher an ihn ran. Haucke spürte den Duft von Moschus, der von ihrem Körper ausging. Meinte sie nun die Tätigkeit oder sich selbst? Letzteres würde gut passen, hatte sie doch etwas Katzenhaftes an sich.

»Eigentlich ist es noch ein Geheimnis. Aber ich werde es Euch verraten, weil ich genau weiß, dass Ihr mein Angebot nicht ausschlagen werdet.«

Sie schaute ihn lauernd an. Haucke versuchte, ihrem Blick standzuhalten. Das baute zwischen beiden eine unsichtbare Brücke. Schöne dunkelbraune Augen hat sie. Beängstigend raffiniert und erfahren.

Die Gastgeberin war es, die als erste den Blick wieder niederschlug, als hätte er sie erobert. Mit einer hastigen Bewegung nahm sie ihr Weinglas und bewegte es im Kreis, sodass das darin gespiegelte Fenster einen Geistertanz aufführte.

Dann begann sie, ihre Geschichte zu erzählen.

»Unsere Ehe war alles andere als glücklich. Ihr könnt Euch nicht vorstellen, wie abstoßend das Leben an der Seite eines Bierbrauers sein kann. Gut, er hat viel Geld gemacht, er hat mir fast alle Annehmlichkeiten des Lebens gesichert. Doch, ehrlich gesagt, ich konnte diesen Biergeruch nicht länger ertragen. Schon als Kind fühlte ich mich zu Höherem berufen, genauer gesagt, zur hohen Kunst. Ich wollte Schauspielerin werden, die antiken Dramen mit Leben erwecken. Ich habe Musikunterricht genommen und konnte ganz passabel tanzen.«

Sie betrachtete nachdenklich die Widerspiegelungen in ihrem Glas. Auch Haucke war darin zu erkennen, wenngleich spiegelbildlich. Sein junges Gesicht vermittelte ihr ein Gefühl von Zukunft, nach dem sie sich schon seit langem sehnte.

»Nach dem Tode meines Mannes war es endlich so weit, meine Träume wahr werden zu lassen. Vor 13 Jahren, kurz nach meiner Hochzeit, hatte ich die Gelegenheit, die Uhlin auf dem Kieler Umschlag spielen zu sehen. Euch wird der Name nichts sagen. Eleonora Constantia Uhlich war Prinzipalin einer Wandertruppe, die so herzergreifende Schauspiele aufführte, dass sogar der Regent Christian August von Holstein-Gottorp sie mit Komplimenten überschüttete. Sie war eine starke Frau, und ich bin sicher, sie hatte eine Liaison mit dem Regenten.«

Frau Schlichtenkamp tupfte sich mit einem Seidentuch die Augen, als hätte sie die Erinnerung überwältigt. »Doch das gehört jetzt nicht hier her. Jedenfalls hatte ich mir damals geschworen, es ihr nachzumachen. Nun, mein Ehemann zwang mich, die unterwürfige Geschäftsfrau zu spielen, die Rolle als Frau Senator.«

Sie lachte leise auf. »Das war all die Jahre meine erste und einzige Hauptrolle, und ich spielte sie gut. Besser gesagt, ich heuchelte so perfekt, dass mir niemand hinter die Maske schauen konnte.«

Wieder suchte sie den Blickkontakt mit Haucke. Ihre Augen sahen jetzt nicht mehr so müde aus wie vorhin, glaubte er feststellen zu können.

»Jetzt bin ich frei, bin finanziell unabhängig und könnte eigentlich tun und lassen, was ich wollte. Zum Beispiel eine eigene Schauspielbühne eröffnen. Das Problem ist nur, dass die Bürger unserer Stadt so fürchterlich hanseatisch sind. Wenn es um Handel und Handwerk geht, sind sie Feuer und Flamme, aber mit den Künsten haben sie nicht viel am Hut. Und wenn dann auch noch eine Frau Senator damit anfängt, dann ist das schlimmer als Gotteslästerung.«

Sie griff zu der Broschüre, die sie vorhin in der Hand hatte, als Haucke den Raum betrat. »Hier, das Traktat eines gewissen Joseph Winckler, eines pietistischen Pastors, der das Theater als sündige Konkurrenz der Kirche betrachtet. Es trägt den bezeichnenden Titel *Zeugnis der Wahrheit wider die Schauspiele oder Komödien*. Dieser Winckler fürchtet um das Monopol der Kirche, zu bestimmen, was gut und was schlecht ist. Vor allem wirft er den Theaterspielern einen unchristlichen Lebenswandel vor. Ich zitiere:

Sind es nicht meistenteils solche Leute, die ihren rechtmäßigen Beruf verlassen und entweder aus Faulheit oder liederlichen Herzen zu dieser gefährlichen Lebensart sich geschlagen?

Mit einem vor Zorn funkelnden Blick, der sie, wie Haucke meinte, um zehn Jahre jünger machte, warf Frau Schlichtenkamp das Heft auf den Tisch.

»So eine Frechheit, Gaukler und Possenreißer auf eine Stufe zu stellen mit Schauspielern, nur weil sie die Wahrheit sagen, weil sie in ihren Stücken kein Blatt vor den Mund nehmen.«

Frau Schlichtenkamp griff ein anderes Heft, das ebenfalls auf dem Tisch lag.

»Aber der Pietist hat seine Abrechnung ohne den Wirt gemacht, genauer gesagt, ohne die Wirtin. Catharina Elisabeth Velten, eine der größten Schauspielerinnen unserer Zeit, eine Frau, die selbst in höchsten Adelskreisen verkehrt, hat dazu eine öffentliche Entgegnung verfasst, die es wert ist, vorgelesen zu werden.

Denn da pflegt oftmals auf öffentlicher Schaubühne ein Narr dasjenige ungescheut zu sagen, welches zu erinnern ein vornehmer Rat Bedenken getragen.

Was meint Ihr dazu? Was zählt mehr, eine kirchliche Laienaufführung mit dem Ziel der religiösen Benebelung oder ein professionelles Theaterspiel, das zum kritischen Denken anregt?«

Haucke rutschte ungeduldig auf seinem Stuhl herum, weil er fühlte, dass seine anfängliche Selbstsicherheit im Schwinden begriffen war. Also versuchte er, wenigstens einen Hauch von Interesse zu mimen, in der Hoffnung, die Aussicht auf einen guten

Broterwerb wegen seiner Unkenntnis nicht gänzlich zu verlieren.

»Das ist hochinteressant, was Sie da sagen. Mit Verlaub, gnädige Frau, ich bin ein einfacher Schreiber und war bisher weder in einem Laienspiel noch bei einer Theateraufführung. Allerdings muss ich gestehen, dass es mich überaus reizen würde, die Welt des Theaters einmal aus der Nähe kennenzulernen.«

Er beugte sich zu seiner Gastgeberin und widmete sich unverhohlen dem ihm freizügig präsentierten Halsausschnitt. Dann ergänzte er mit einem verbindlichen Lächeln: »Zumal ich in Ihnen eine bezaubernde Vertreterin dieser hohen Kunst vermute.«

Frau Schlichtenkamp nahm das Kompliment als Selbstverständlichkeit entgegen. »Nun ja, noch bin ich es nicht wirklich. Noch kämpfe ich um die Anerkennung meiner Ideen.«

Sie lehnte sich zufrieden in ihrem Stuhl zurück und strich sich mit einer theatralischen Geste eine Haarsträhne aus dem Gesicht. »Ihr müsst Euch nicht schämen, dass Ihr noch nie in einem Theater wart. Und mir gefällt es, dass Ihr offen Eure Meinung sagt. Ich suche jemanden, der sich im Schriftverkehr mit den Behörden auskennt und der mir in geschäftlichen Dingen zur Seite stehen kann. Einen Sekretär, wenn man so will.«

Haucke spürte wieder Aufwind und wollte ansetzen, mit seinen Fähigkeiten zu prahlen, doch Frau Schlichtenkamp ließ ihn nicht zu Wort kommen.

»Ich habe mit zwei Problemen zu kämpfen. Zum einen sperrt sich der Senat gegen die Einrichtung einer dauerhaften Spielbühne. Zum zweiten habe ich einen Konkurrenten, den Zimmermeister Schröder, der sein Haus in der Königstraße den Wanderbühnen zur Verfügung stellen will, die bislang mit gutem Erfolg auf dem Marktplatz aufgetreten sind und sich nach einer festen Bühne umsehen. Kurz gesagt, es geht darum, wer von uns beiden das Theaterprivileg erhält.«

Sie erhob sich, setzte sich an das Clavichord und intonierte eine arabeske Melodie. Haucke beeindruckte der leise warme Klang des Instruments. Ohne ihr Spiel zu unterbrechen, und ohne sich nach ihm umzudrehen, setzte sie das Gespräch fort.

»Ich mache Euch einen Vorschlag. Wir vereinbaren eine Probezeit von sagen wir drei Monaten. Ihr bekommt in dieser Zeit zehn lübsche Schillinge pro Tag. Danach, und wenn ich mit Euch zufrieden bin, zahle ich 16 Schillinge, also eine Mark den Tag. Und wenn das mit der Theaterbühne erfolgreich läuft, verdopple ich den Lohn. Was meint Ihr?«

Haucke sprang vor Überraschung so heftig von seinem Stuhl auf, dass es ein hässliches Knarren auf dem Parkettboden auslöste. Zehn Schillinge, das waren so viel, wie sein Freund, ein Maurergeselle verdiente, und der musste dafür den ganzen Tag schuften, während ihm diese Anstellung wie ein Kinderspiel vorkam.

Er ging auf das Clavichord zu und stellte sich so, dass er ihr in die Augen sehen konnte. »Nun gut«, begann er zögernd. »Das klingt in der Tat verlockend, gnädige Frau. Doch ich müsste erst bei meinem jetzigen Arbeitgeber nachfragen. Ich bin sein bester Schreiber, wie ich schon sagte, und ich fürchte, er wird nicht so schnell einen angemessenen Nachfolger finden.«

Frau Schlichtenkamp unterbrach ihr Spiel und erhob sich. Mit einem prüfenden Blick betrachtete sie seine Schuhe. Grobe, schwere Arbeitsschuhe, die so gar nicht zu seiner übrigen Kleidung passten.

»Ich bin sicher, Ihr werdet noch heute in meine Dienste treten«, entgegnete sie in einem leisen, geheimnisvollen Ton. Dann klingelte sie erneut nach der Magd. »Als erstes helft Ihr Gesche beim Ausrümpeln der Sachen meines verstorbenen Gatten. Dann soll Gesche in der Küche ein anständiges Abendbrot für Euch zubereiten. Und anschließend kommt Ihr wieder zu mir hoch. Ich will, dass Ihr mir ein paar Schreibproben liefert.«

*

Gesche führte ihn in das Arbeitszimmer des verstorbenen gnädigen Herrn. Hier sah es trostlos aus. Die Vorhänge waren halb zugezogen, sodass das Tageslicht nur spärlich in den Raum drang. Über den Sesseln hingen verstaubte Schonbezüge, der Teppich lag aufgerollt vor einer der Wände, auf denen nicht ausgebleichte Vierecke anzeigten, dass hier einst Bilder hingen. Die Bücherregale waren leergeräumt, ebenso der antike Schreibsekretär, dessen Arbeitsplatte heruntergeklappt war und die Sicht auf die leeren Schubladen freigab. Es roch nach abgestandener Luft. Offenbar war der Raum seit dem

Hinscheiden seines Bewohners nie wieder gelüftet worden.

»Ihr zieht besser euren Überrock aus«, meinte die Dienstmagd, Haucke forsch in die Augen schauend.

Dieser missverstand die Aufforderung und erwiderte keck: »Du kommst ja schnell zur Sache, mein Täubchen.«

Er entledigte sich seiner Jacke und wollte Gesche umarmen. Doch die wehrte ihn halben Herzens ab. »Nein, es ist nicht so, wie Ihr es meint. Erst die Arbeit, dann das Vergnügen.«

Sie strich mit dem Handrücken zärtlich über seinen Oberarm. »Ihr seid gewiss ein kräftiger Bursche. Ihr sollt mir helfen, die Sessel und den Schreibtisch hinunter in die Diele zu tragen.«

Haucke zeigte, welch starker Kerl er war, und innerhalb kurzer Zeit war das Herrenzimmer wie leergefegt. Nachdem das letzte Möbelstück, ein etwas abgesessenes Sofa aus dem vorigen Jahrhundert, in der Diele gelandet war, warfen sich die beiden darauf, um Luft zu schnappen.

»Für einen Schreiberling wisst Ihr gut zuzupacken«, gab Gesche ihre Zuneigung dem jungen Mann gegenüber zum Ausdruck. Zur Bekräftigung, und weil sie ins Schwitzen geraten war, öffnete sie wieder die oberen Knöpfe ihrer Bluse.

Haucke gefiel Gesches Weiblichkeit, und er machte einen erneuten Annäherungsversuch. Gesche ließ es sich gefallen. Doch als oben eine Tür schlug, sprang sie auf. »Nicht jetzt. Was würde die gnädige Frau sagen, wenn sie uns beide in flagranti erwischte. Und dann noch auf dem Sofa des gnädigen Herrn!«

Sie nahm seine Hand und zog ihn mit einer energischen Bewegung vom Sofa. »Kommt mit, ich soll Euch in der Küche zu Diensten sein.«

Haucke war das nicht unrecht und antwortete anzüglich: »Oh, gern, Gesche. Ich wüsste auch schon, welchen Dienst du mir konkret erfüllen könntest.«

Sie achtete nicht auf seine doppeldeutigen Worte. »Ihr kennt meinen Namen? Schön, aber wie heißt Ihr?«

»Haucke«.

»Das ist ein anständiger Name. Ihr seid bestimmt gottesfürchtig, bescheiden und gut erzogen.«

»Das käme auf die Probe an. Ich habe nämlich Hunger.«

Gesche trug in der Küche ein deftiges Abendbrot auf. Dazu reichte sie Bier aus der Hausproduktion. Es schmeckte zwar etwas säuerlich, aber Haucke fühlte sich wie im Himmelreich. So sehr hatte man ihn in seinem Waisenhausdasein noch nie verwöhnt. Er ahnte, dass er dort heute zu spät kommen würde, aber er spürte keinerlei Sehnsucht nach der Anstalt.

Wahrscheinlich würde er sie nie wieder sehen.

Der Biergenuss löste bei beiden nach und nach die Hemmungen. Sie schwatzten fröhlich und verliebt einander zu und kamen sich immer näher. Im unpassenden Augenblick rumorte es oben in der Belle Etage. Frau Schlichtenkamp kam die Treppe herunter und unterbrach das vertraute Beisammensein.

»Nun, offenbar fühlt sich mein zukünftiger Sekretär schon recht familiär in meinem Haus.« Mit einem etwas eifersüchtigen Seitenblick auf ihre Dienstmagd fuhr sie fort: »Wie ich sehe, habt Ihr beim Aufräumen des Büros meines verstorbenen Gatten gute Arbeit geleistet. Doch nun wird es Zeit, dass ich auch einen Beweis für Eure fachliche Kompetenz als Schreiber bekomme. Ich möchte Euch bitten, mich nach oben in mein Privatgemach zu begleiten. Ich hätte da die eine oder andere Korrespondenz zu erledigen.«

Sie warf Gesche einen überlegenen Blick zu. »Es ist gut für heute. Du kannst die Küche aufräumen und dann Feierabend machen und dich zur Ruhe begeben. Der Tag war anstrengend genug für uns alle. Ich brauche dich heute nicht mehr, also bitte stör uns nicht.«

Gesche nutzte die Aufbruchsstimmung, um Haucke zuzuraunen: »Du findest mich im Seitengebäude, über den Hof, die Treppe hoch gleich links.«

Energisch bugsierte Frau Schlichtenkamp den jungen Mann die Treppe zu ihrem Privatgemach hinauf. Gesche blickte den beiden melancholisch nach. Sie dachte sich ihren Teil.

*

Im Privatgemach der Gastgeberin brannten ein paar Kerzen, weil es draußen schon dämmerte. Dadurch wirkte der Raum gemütlich und einladend intim. Er war nicht so vornehm eingerichtet, wie der Gute Salon. Keine Wandtapeten und Kristallleuchter. Dafür dominierte ein unaufgeräumtes Doppelbett, das die Gastgeberin so hinterlassen hatte, wie sie heute Morgen aufgestanden war.

Der begehbare Kleiderschrank, den der Schreiner unten vom Wochenmarkt gebaut hatte, und der noch nicht abbezahlt war, stand offen und präsentierte Haucke die Fülle der Ober- und Unterkleidung, die die Hausherrin achtlos in die Regale geworfen hatte. In einer Ecke des Schranks hing ordentlich aufgehängt und vergessen eine Leutnantsuniform, wohl die des Verstorbenen.

Vor dem Fenster, das mit schweren Samtvorhängen zugezogen war, befand sich ein kleiner Schreibtisch, der mit Korrespondenz und Schreibutensilien bedeckt war. Auf einem Beistelltisch ruhten eine Rotweinflasche und ein halbvolles Glas.

Frau Schlichtenkamp drückte Haucke auf den zierlichen Stuhl, der davor stand. Dann diktierte sie ihm ein paar Sätze. Er gab sich viel Mühe und löste seine Aufgaben zu ihrer Zufriedenheit.

»Ihr macht das gut, und ich freue mich, dass Ihr in meine Dienste treten wollt. Ihr seid jung und voller Tatendrang.«

Unvermittelt trat sie ganz nah an Haucke heran, sodass er von ihrem Moschusduft eingefangen wurde. Ungeniert öffnete sie ihm das Hemd und strich ihm mit der Hand über die Brust.

»Und du bist ein perfekter Lügner«, flüsterte sie. Er wollte widersprechen, doch sie legte ihren Zeigefinger auf seine Lippen. »Schweig. Du bist zwar ein attraktiver Bursche, aber weder ein Büroschreiber, noch 21 Jahre alt. Und der Holzschreiner da unten ist auch nicht dein Onkel. Den Alten kenne ich nämlich zufällig, der hat keinen Neffen.«

Mit einem koketten Lächeln stieß sie ihn wieder von sich. »Du kommst aus dem Waisenhaus, das erkenne ich an deinen Schuhen und an deiner Unterwäsche. Also wirst du höchstens gerade mal 17 Jahre alt sein.«

Sie griff zu dem Rotweinglas und gönnte sich einen Schluck. Haucke stand mit hochrotem Kopf so verlegen vor ihr, dass ihm die Worte fehlten. In seinem Gesicht zeichnete sich ein stummes Geständnis ab.

Jetzt ist alles aus, fürchtete er, doch zu seiner Überraschung fuhr die Gastgeberin fort: »Aber, das gefällt mir. Solche Männer wie dich brauche ich für meine Pläne. Du bist ein guter Schauspieler, du hast ein Gespür für wirkungsvolle Auftritte, du bist ehrgeizig und du hast eine beneidenswerte Figur. Wenn ich da so an meinen Ehemann denke, Gott sei ihm gnädig ...«

Sie ging zum Kleiderschrank und nahm die Leutnantsuniform vom Bügel. »Hier, probier mal an. Das wird dir besser stehn, als deine ohnehin wohl nur ausgeborgte Schreiberjacke.«

Haucke begann, sich wie in einem Rausch zu fühlen. Noch nie war er so verwöhnt worden, noch nie hatte ihn eine Frau ernst genommen. Außer den belanglosen Kontakten mit den zweifelhaften Frauenspersonen, die er gelegentlich in Begleitung der gymnasialen Freunde aufsuchte, war ihm noch nie eine Frau so gefährlich nahe gekommen, wie die Herrin dieses Hauses.

Ihr Duft von Moschus betörte ihn nicht minder als ihre selbstbewusste Weiblichkeit. Eine anziehende Frau trotz ihres Alters, begann er zu schwärmen. Die sinnlichen Lippen, der verheißungsvolle Blick, die geschmeidige Figur.

Ein Ebenbild der erotischen Nymphen auf den Wandbespannungen im Guten Salon, die er vorhin so bewunderte.

Und die Witwe machte es ihm nicht gerade schwer, die Schwelle des standesbedingten Unterschieds zu überwinden.

»Die Uniformhose auch?«

»Die Hose natürlich auch. Oder hast du etwa Angst vor mir?«

Die Leutnantsuniform passte ihm wie angegossen. Mit seinem flauschigen Dreitagebart hätte Haucke auf der Straße glatt als Reserveoffizier durchgehen können.

Aber er behielt die Uniform nicht lange an. Frau Schlichtenkamp war mit ihren Verführungskünsten noch nicht am Ende. »Hier, das Nachthemd meines Verblichenen. Wenn du es anprobierst und mich heute Nacht wärmst, können wir unseren Vertrag besiegeln, und zahle ich dir einen zusätzlichen Monatslohn im Voraus.«

*

Mitten in der Nacht schlich sich Haucke auf Zehenspitzen aus dem Privatgemach der gnädigen Frau und huschte ins Seitengebäude, die Treppe hoch gleich links. Gesche empfing ihn, als hätte sie

211

ihn erwartet. Den Rest der Nacht lehrte sie ihn eine andere Seite der Hingabe, die direkte, die unersättliche. Die Leidenschaft, die kein Tabu kennt.

Als Gegengabe schenkte er ihr den gestohlenen Kreisel.

Zum Waisenhaus kehrte Haucke erst am übernächsten Tag zurück, um seine Anstaltskleidung abzugeben und sich sein sogenanntes Kindergeld auszahlen zu lassen, das er sich im Wesentlichen durch das Weihnachtssingen erwirtschaftet hatte.

Auf ein Entlassungszeugnis verzichtete er, wusste er doch, dass es ohnehin nicht sehr vorteilhaft ausgefallen wäre. Außerdem brauchte er es für seine neue Anstellung bei Frau Schlichtenkamp nicht.

Der Waisenhausvater jedenfalls war froh, dass sich der ohnehin zu alt gewordene Haucke Seecki nicht länger auf Kosten der Anstalt durchschlug.

Kapitel 6 – Das Leben ein Traum

Quer durch Norddeutschland 1728 - 1738

Am letzten Tag ihres Aufenthalts im Kloster Preetz beschloss Friederike, ihren Namen zu ändern. Sie nahm jetzt den Geburtsnamen ihrer Mutter an. Friederike von Pentz. Nichts sollte sie an ihre Vergangenheit erinnern, an die schwere Jugendzeit, an die Katastrophe am dänischen Königshof, an ihr unerwünschtes Kind.

Es war, als wollte sie eine völlig neue Rolle auf der Bühne ihres Lebens spielen. Doch die Betschwester, der sie ihren Entschluss bei der Abschiedsumarmung zuflüsterte, zweifelte, ob man seine Herkunft einfach so abstreifen konnte wie das Kostüm eines Schauspielers. Die inneren Widersprüche, die ihr bisheriges Leben prägten, würden früher oder später die oberflächliche Maskerade durchbrechen.

Friederike fuhr nach Kiel, in der Hoffnung, sich der Wandertruppe des Johann Brookmann anschließen zu können, die dort ein mehrtägiges Gastspiel bestritt. Der *Umschlag*, die Kieler Freimesse, hatte sich zu einem riesigen Volksfest entwickelt, das Schiffe, Waren und Menschen aus dem gesamten Ostseeraum, aus Hamburg, den Niederlanden und sogar aus England an die Förde lockte.

Zwischen den Hafenanlagen und der Holstenstraße drängten sich die Menschenmengen durch die Stapel von Handelswaren aus der ganzen Welt. Tee, Teppiche und Seidentücher kamen aus dem Fernen

Osten. Oliven, Zitrusfrüchte, schwere Weine, Sultaninen und Korinthen fanden ihren Weg aus dem Mittelmeerraum. Kaffee, Tabak, Rum und Zuckerrohr hatten in wochenlanger Fahrt den Atlantik überquert. Afrika steuerte Elfenbein, Bananen und Kakao bei. Tuchballen wurden aus England, Tongefäße und Parfüme aus Holland importiert. Lübecker Marzipan durfte ebenso wenig fehlen, wie Heringe aus Norwegen. Butter, Eier, Korn und Vieh aus der holsteinischen Heimat ergänzten das Angebot. An den Straßenecken boten Kuchenbäcker, Bierbrauer und Fischbratküchen Delikatessen an, deren Duft sich mit den Aromen der exotischen Produkte vermengte.

Die Beutelschneider, Schränker und Huren hatten Hochkonjunktur. Geldwechsler, Pfandleiher und Hehler setzten allem mit ihren sagenhaften Gewinnen die Krone auf.

Wo das Geschäft blüht, ist die hohe Kunst nicht weit. Possenreiter und Harlekins standen neben Quacksalbern, Zahnreißern und Schlangenmenschen. Luftspringer, Messerwerfer und Seiltänzer zeigten ihre akrobatischen Kunststücke. Sogar ein Löwenbändiger erschreckte die Zuschauer mit seinen Vorführungen.

Irgendwo in einer Nische brachte ein Bänkelsänger seine bluttriefenden Lieder zum Besten.

Der Prinzipal Johann Brookmann hatte seine Bühne im Zunfthaus der Tuchmacher aufgebaut. Als Wandertruppe musste er Wert auf einen möglichst einfach zu handhabenden Aufbau legen, einen, der sich angesichts des wöchentlichen Ortswechsels schnell auf- und abbauen ließ. Die Guckkastenbühne bestand aus einem Balkengerüst, der die Spielfläche, den Rahmen, die Seitenkulissen und die Rückwand mit dem Hintergrundprospekt trug. Ein leichter Vorhang, auf dessen Stoff er mit eigener Hand pausbackige Engel mit silbernen Flügeln in einem sternenübersäten azurblauen Himmel gemalt hatte, schirmte den Bühnenraum vom Publikum ab. Die beiden Flanken waren als ionische Säulen ausgebildet, und über der Stirnlatte schwebte eine golden lächelnde Sonne.

Die Bühnenbeleuchtung war denkbar einfach. Sie bestand aus billigen, rußenden Unschlittkerzen, die eine eigene Auffangrinne für den tropfenden Rindertalg benötigten. Wachskerzen, wie man sie in den adligen und gutbürgerlichen Häusern antraf, konnte sich der Prinzipal nur für das Oberlicht leisten, einem Kronleuchter, der von der Decke herabgelassen werden konnte, denn diese Kerzen durften nicht auf die Akteure heruntertropfen.

Es roch nach Ruß, Farbe, Kleister und Schweiß.

Die Zuschauer mussten auf unbequemen rohen Holzbänken Platz nehmen. Als Friederike den Raum das erste Mal betrat, war die Vorstellung nur halb ausverkauft. Bei den besser verdienenden Straßenhändlern und den kulturell anspruchsvollen Patriziern hatte es sich herumgesprochen, dass die Brookmannsche Bühne nur jene zotige Unterhaltung bot, die vor allem die Seeleute und die einfachen Handwerksburschen ansprach. Doch leider waren die Eintrittspreise so hoch, dass viele von diesen sich einen Theaterbesuch nicht leisten konnten und stattdessen lieber dem fahrenden Volk auf den Markt zuschauten.

Friederike setzte sich in eine der hintersten Reihen. Bevor sich der Vorhang öffnete, turnte der als Harlekin verkleidete Prinzipal in einem Flickenkostüm über den Bühnenrand, spielte den tollpatschigen Spaßmacher und warf gebrannte Mandeln und billiges Dörrobst in die Zuschauerreihen. Dazu lallte er mehr singend als sprechend unverständliche Witzeleien.

Ein Teil des Publikums antwortete mit rüden Sprüchen. Ein paar Leute sammelten die Mandeln auf und warfen sie zurück auf die Bühne, was den Harlekin zu einer Geste des Halsabschneidens veranlasste. Ihnen eine lange Nase ziehend verschwand er.

Nun jagte eine Posse die andere, immer atemberaubender, immer grotesker, immer blutiger. Einem jungen Mädchen wurde die Brust aufgeschlitzt, sein Blut von dem Mörder in einem Kelch gesammelt und in einer satanischen Zeremonie getrunken. Anschließend riss er ihm das Herz heraus, briet es über einem Kohlebecken und verspeiste es. Dem Vater des Mädchens trieb er einen Nagel durch den Schädel, der Mutter schnitt er die Kehle durch.

Ein banaler Schwank, der zum Standardrepertoire anspruchsloser Wanderbühnen gehörte und landauf landab abgeleiert wurde.

Die Matrosen unter den Zuschauern johlten vor Begeisterung: »Weiter so! Zugabe! Hängt ihn auf!«. Die Bürgerlichen dagegen drängten zum Ausgang. Einige fürchteten um das Wohl ihrer Kinder, die sie mitgenommen hatten, und die das blutrünstige

Schauspiel mit glühenden Ohren, aufgesperrten Augen und zitternden Lippen verfolgten.

Zum Schluss der Posse kehrte der Mörder in einem Gasthaus ein und bestellte zur Feier des Tages einen Schweinebraten. Doch der Wirt in Gestalt eines Satans präsentierte ihm stattdessen die Köpfe seiner Opfer auf einem Tablett. Erschrocken gestand der Übeltäter seine Taten und wurde vom Wirt gleich auch noch einen Kopf kürzer gemacht. Dann riss er sich seinen schwarzen Umhang und die Satansmaske vom Leib. Zum Vorschein kam der Harlekin, der sich mit den Worten verabschiedete:

Mit dieser Geschichte konntet ihr hören,
Wie Satan uns sucht zu betören.
Und wer meint, unser Stück war gut,
der lege noch einen Taler in den Hut.

*

Friederike fand das mitreißend und klatschte als erste lautstark Beifall. Damit erregte sie die Aufmerksamkeit des Prinzipals. Er lief sofort auf sie zu. »Sieh an, die talentierte junge Sängerin aus Preetz. Mein Angebot, in unserer Truppe mitzumachen, gilt nach wie vor, verehrte Frau …?«

»Pentz. Friederike von Pentz. Nun ja, ich weiß nicht so recht, ob ich in Euer Konzept passe. Ich meine, Ihr legt ja offenbar sehr viel Wert auf lustige Schauspielerei. Ich komme eher von der musikalischen Seite. Singen ist für mich das wichtigste. Es kann ja durchaus wild auf der Bühne zugehen, aber ich finde, Lieder bringen Gefälligkeit ins Spiel. Das heißt nicht, dass ich der Oper Konkurrenz machen will.«

»Dann sind wir ja einer Meinung, wenn ich Euch richtig verstehe. Wir können es ja erst einmal für einen Monat miteinander versuchen. Vielleicht wird was daraus. Ich lerne gern vom guten Geschmack anderer Menschen. Außerdem war das, was Ihr heute gesehen habt, ohnehin eine Notlösung. Eigentlich wollten wir eine anspruchsvolle Komödie aufführen, aber mein jugendlicher Liebhaber namens Cintio hat es vorgezogen, mit einer Hure durchzubrennen. Wenn ihr mögt, könnt Ihr den musikalischen Teil seiner Rolle übernehmen.«

»Entschuldigt, dass ich über die Rolle des Cintio nicht genügend unterrichtet bin.«

»Das ist ein junger Student, meistens guter Laune, selbstbewusst und durchaus verführerisch. Er trägt keine Maske und kleidet sich in schlichter Volkstracht. Und er singt gern freche Lieder. Mein Cintio machte das wunderbar. Er war immer ein Publikumsliebling. Aber jetzt ist er mit dem Ostwind auf und davon. – Aber das macht nichts. Mein Sohn könnte die Sprechrolle übernehmen. Es wird Zeit, dass er sein vererbtes Talent unter Beweis stellt. Ich schreibe das Stück so um, dass Ihr dann die Lieder singt. Ihr braucht also keine Texte zu deklamieren. Ein wenig Pantomime genügt. Erlaubt mir, dass ich Euch ein Kompliment mache. Ihr seid jung und hübsch. So, wie Ihr ausseht und die Laute zu schlagen wisst, könntet ihr die Rolle perfekt ausfüllen.«

Friederike fühlte sich geschmeichelt. Endlich traute ihr jemand wieder eine wirkliche Aufgabe zu. Und musizieren durfte sie außerdem.

Das Leben versprach ein wunderbarer Traum zu werden. All die düsteren Momente in ihrer Vergangenheit, all die Tage und Wochen tiefster Verzweiflung, all die heftigen Kopfschmerzen, die sie für Stunden lähmen konnten, waren im Augenblick vergessen.

Sie sagte nichts. Ihre Augen glänzten. Der Prinzipal hielt das für ein Zeichen der Zustimmung. »Gut, dann kommt mit. Es ist an der Zeit, Euch dem Ensemble vorzustellen.«

Er nahm Friederike zur Seite und raunte ihr zu:

»Übrigens, auch das wird Euch gefallen: Ich zahle besser als die Konkurrenz. Bei mir bekommt Ihr für die Pantomime einen halben Gulden pro Tag. Sollte es sich später herausstellen, dass Ihr auch für die Sprechrollen taugt, verdoppele ich das Gehalt. Das ganze Jahr über, unabhängig davon, ob wir spielen oder nicht. Bei 365 Tagen ist das immerhin fast so viel, wie ein Akademiker, etwa ein Landkommissar oder ein Gymnasiallehrer verdient. Für jede gesungene Arie erhaltet Ihr zusätzlich einen weiteren Gulden, ebenso für einen akrobatischen Luftsprung oder für eine schauspielerische Ohrfeige. Einmal mit Wasser begossen zu werden oder einen Fußtritt zu bekommen, wird bei uns mit einem halben Gulden abgerechnet. Das kann sich doch sehen lassen, meint Ihr nicht auch?«

*

Die Brookmannsche Truppe versammelte sich im Hinterzimmer eines benachbarten Gasthauses, in dessen Dachgeschoss der Prinzipal vier Zimmer zur Übernachtung gemietet hatte.

Zum Abschluss des Tages spendierte er eine Runde Dünnbier. »Ich freue mich, euch Friederike von Pentz als neues Mitglied unserer Bühne vorstellen zu können. Ihr kennt sie ja noch von ihrem spontanen Auftritt in Preetz. Ich habe mir überlegt, dass wir mit ihrer Hilfe unsere Truppe auf einen besseren Weg bringen können. Die reine Possenreiterei kommt heutzutage nicht mehr so gut an, jedenfalls nicht bei dem Publikum, das ich ansprechen möchte. Die einfachen Leute, die kein Geld ausgeben wollen, gaffen lieber den Gauklern und Schaustellern in den Jahrmarktsbuden zu. Die gebildeten Bürger laufen zunehmend in die festen Spielbühnen der richtigen Schauspieler. Ich kann da nicht länger zwischen den Stühlen sitzen und meinen Ruf auf beiden Seiten verderben. Daher kommt es mir recht, wenn wir bei unserem Programm mehr auf die seriöse Karte setzen. Es muss ja nicht gleich zugehen wie bei einem Hoftheater, ich meine mit antiken lateinischen Dramen oder mit moderner französischer Bühnendichtung. Gehobenes Schauspiel mit etwas Gefälligkeit, das ist meine Devise, und da würden Musikeinlagen perfekt passen.«

Der Prinzipal holte für Friederike einen Stuhl und ließ sie zwischen sich und seiner Frau Platz nehmen. Dann schlug er mit seinen Fingerknöchel laut auf den Tisch, so wie er es zu tun pflegte, wenn er etwas Wichtiges anzusagen hatte.

»Wie ihr wisst, ist Morgen unser letzter Auftritt hier in Kiel. Unsere nächste Station wird Hamburg sein. Bis dahin haben wir eine Woche Zeit. Das Hamburger Publikum ist durch sein Opernhaus verwöhnt und wird sich nicht mit unseren bisherigen Zoten zufrieden geben. Dort erwartet man hohe Kunst, gepaart mit Musik. Nun können wir nicht mit unseren musikalisch ungeübten Stimmen, - mein lieber Dottore, du wirst mir verzeihen, wenn ich die deinige mit einbeziehe, - eine veritable Oper auf die Bretter bringen. Also habe ich beschlossen, wieder zu unserer Commedia all'Improvviso zurückzukommen. Friederike von Pentz wird mit ihrem musikalischen Talent der Garant für den Erfolg sein.«

Lebhaftes Raunen setzte ein. Einige empörten sich: Als ob wir bislang nicht zum Erfolg beigetragen hätten! Die Frau Prinzipalin glühte vor Neid: Gerade mal einen Tag hier und schon hat sie den Prinzipal um den Finger gewickelt. Zwei ältere Darsteller schauten Friederike verliebt an: Endlich junges Blut in unseren Reihen, mal sehen, wer ihre Gunst gewinnt.

Als das Stimmgewirr zu laut wurde, klopfte der Prinzipal erneut auf den Tisch: »Ruhe jetzt. Ich habe das so beschlossen, und so bleibt es. Sie wird in Zukunft an Stelle unseres Cintio singen, dem, wie ihr wisst, das private Glück mit einer Hure wichtiger wurde, als der Dienst an unserer Kunst.«

Um zu zeigen, dass er den Abgang seines einst hochgeschätzten Cintio als Verrat abtat, wischte er sich den Bierschaum mit einer salbungsvollen Geste vom Mund. »Wir werden auch ohne diesen Herrn auskommen und im Gegenteil unser Spiel auf noch höherem Niveau fortsetzen. Mein Sohn wird seine Sprechrolle übernehmen. Schließlich hat er genug Talent von mir geerbt.«

Er rief nach hinten in den Nebenraum, wo der Junge über der täglichen Buchführung saß. Rechnen und Schreiben konnte er besser als seine Eltern.

»Hans, komm doch mal nach vorn!« Ein schlaksiger Junge von etwa 14 Jahren kam zum Vorschein. Vom Körperbau her konnte man ihn für einen jungen Mann halten, doch in seinem Gesichtsausdruck spiegelte sich die innere Unausgeglichenheit eines störrischen Kindes.

»Ab heute bist du ein richtiger Schauspieler. Ab heute bist du Cintio. Sei ein guter Junge und gib deiner zukünftigen Partnerin die Hand.« Hans´ gleichgültiger, weicher Handdruck zeugte nicht unbedingt von Höflichkeit. Ohne Friederike eines Blickes zu würdigen, zog er sich wortlos ins Nebenzimmer zurück.

Brookmann schlug sich auf die Brust und wandte sich Friederike zu: »Wir rufen uns hier nicht mit unseren bürgerlichen Namen, sondern mit denen unserer Rollen. Ich bin der Capitano, das Zentrum der Truppe. In mir verschmelzen Gegensätze wie das Gute und das Böse, das Komische und das Tragische. Ich bin der Einzige, der im Diesseits und im Jenseits lebt.«

Er deutete auf eine etwas ältliche, aber durch Schminke stark verjüngte Dame an seiner Seite. »Pimpinella, die ewig jungfräuliche Braut in unserem

Spiel. In Wirklichkeit alles andere als eine Jungfrau, nämlich meine Ehefrau.«

Die etwas füllige Dame ließ ein herablassendes Lächeln auf ihrem kreisrunden Gesicht erscheinen. Sie warf Friederike einen prüfenden Seitenblick zu. Sollte sich da schon wieder ein amouröser Seitensprung ihres Gatten anbahnen?

Der in schwarz gekleidete Galan neben ihr zog rasch seine Hand von ihrem Knie zurück, weil er fürchtete, der Prinzipal könnte seine heimliche Leidenschaft für die Frau Prinzipalin entdecken. »Der hagere Mann neben meiner Gemahlin ist der stellvertretende Spielleiter, Brighella, ein Meister in der Rolle des verschlagenen Intellektuellen. Ein Akrobat und Spezialist der Intrige, mein bester Mann auf diesem Gebiet.«

Als nächster kam ein gutmütig dreinblickender, graumelierter Mann an die Reihe. Er zwinkerte Friederike doppeldeutig zu. »Unser Pantalone. Stets in der Rolle des wohlhabenden Kaufmanns, in Wirklichkeit arm wie eine Kirchenmaus. Also, meine liebe Friederike, lassen Sie sich bloß nicht von ihm anpumpen!«

Die Frau neben ihm stellte der Prinzipal als Isabella vor. Sie war das leibhaftige Gegenstück zu Pantalone: Hager, mit stacheliger Haarmähne, zusammengekniffenen Lippen, blassem Gesicht und einem langen Hals, bei dem der Kehlkopf unnatürlich herausragte. Unter ihrer Hornbrille lugten zwei lebhafte Augen hervor, mit denen sie die Neue kritisch musterte: Aufregend weibliche Figur. Bestimmt gut im Bett, aber ob sie was für die Bühne taugt, muss sich erst noch herausstellen.

Der Mann ihr gegenüber hätte Isabellas Zwillingsbruder sein können: Von ähnlicher Statur und Hautfarbe, allerdings mit einer unübersehbaren Knollennase, auf der eine viel zu kleine Nickelbrille thronte. »Unser Dottore, der Gelehrteste unter uns, im Leben wie auf der Bühne. Leider stets im Zwist mit meinem lieben Pantalone. Wenn Ihr, meine liebe Friederike, mit ihm debattiert, solltet ihr jedes Wort auf die Goldwaage legen, sonst argumentiert er euch schnell gegen die Wand.«

Der Dottore lächelte säuerlich über das Kompliment und nahm etwas pikiert seine Lieblingshaltung ein, die Denkerpose des Aristoteles.

»Schließlich haben wir noch Pulcinella, den vielseitig einsetzbaren Diener. Ein ganz netter Kerl, nur nicht, wenn er meiner Pimpinella unter die Röcke greift.« Der Angesprochene machte sich nichts aus dem Vorwurf. Er grinste seinen Prinzipal schelmisch an und prostete ihm mit dem Humpen zu.

»Morgen nach der Vorstellung wird meine Frau zusammen mit Brighella und Hans die Eilpost nach Hamburg nehmen, um die Quartiere und einen Probenraum zu beschaffen. Ich werde hier den Abbau der Bühne und unseren Umzug organisieren.«

*

Am nächsten Morgen standen drei Fuhrwerke vor der Tür. Die beiden Vorausgeschickten waren schon längst fort, als sich der Rest der Truppe zum

Aufbruch fertig machte. Ein Frühstück gab es nicht, das war im Logierpreis nicht inbegriffen.

Das größte Fuhrwerk, ein sperriger Pritschenwagen, der von zwei starken Arbeitspferden gezogen wurde, nahm die auseinandergeschraubte Bühne und die sorgfältig zusammengelegten Bühnenbilder auf. Über allem thronte das hölzerne Pferd für den Kampf um Troja, das auf dem goldverzierten Balkon für die Liebesszene aus Romeo und Julia festgezurrt war. Pantalone und Pulcinella trugen hier die Verantwortung.

Das zweite Fuhrwerk stand unter der Herrschaft von Isabella und dem Dottore und beherbergte den Schatz der Truppe, den Fundus an Requisiten, Säulen und Ritterrüstungen. Auch der Sterbende Schwan, das Grabmal des Julius und Charons Boot über den Styx fanden hier Platz.

Den vorderen, eleganten Zweispänner nahm der Prinzipal in Anspruch, die Kasse fest im Griff. Friederike hatte die Ehre, ihn zu begleiten. Sie legte die Arme schützend um ihr Bibelregal, dem einzigen Musikinstrument in der Truppe. Hinten auf der Pritsche stapelten sich die Kisten mit den Kostümen, den Schminkutensilien und den Perücken und Masken.

Die Reise von Kiel nach Hamburg dauerte mehrere Tage. Ein Vergnügen war das nicht. Die Passagiere saßen in den mangelhaft gefederten Karosserien auf rohen Sitzbänken, die nicht einmal eine Seitenlehne aufwiesen. Um die Kosten zu senken, wurde daran gespart, an den Poststationen eine Übernachtung einzulegen. Während den gemieteten Pferden ihr wohlverdienter Wechsel zustand, mussten die Menschen die ganze Fahrt über auf den harten Pritschen durchhalten, wodurch wenigstens die Reisegeschwindigkeit erhöht wurde.

Zu all dem Unbill kamen noch die miserablen Straßenverhältnisse hinzu. Ausgebaute Kunststraßen gab es nur wenige, und so entwickelte sich eine solche Reise zu einer wahren Schlammschlacht. Nicht selten versanken die Räder in Morast und Kot, sodass alle Fahrgäste mit anpacken mussten, um ein Gefährt wieder in Fahrt zu bringen.

Mitten in der Nacht und hundemüde kamen sie in Hamburg an. Die vorausgeschickte Prinzipalin hatte eine Unterkunft im Hinterhaus eines wohlhabenden Patriziers gefunden, der sich bereit erklärte, in seiner geräumigen Kaufmannsdiele eine provisorische Theaterbühne aufbauen zu lassen. Das alles war nicht billig, aber immerhin konnten die Fuhrwerke der Truppe auf dem Hof abgestellt werden, und außerdem standen ihr im Erdgeschoss des Hinterhauses eine eigene Küche und ein Probenraum zur Verfügung.

Die Schauspieler begaben sich rasch auf ihre Zimmer. Keiner konnte sich den Luxus eines Einzelbetts leisten, das hätte Brookmanns Logiskosten maßlos überfordert. Friederike musste sich eine Bettstelle mit Isabella teilen. Wenigstens waren sie in ihrer engen Dachkammer allein. Die vier Männer schliefen nebenan auf Strohsäcken in einer leergeräumten Gerätekammer. Die schmalen Luken in der Dachschräge spendeten wenig Licht. Nur dem Ehepaar Brookmann samt Sohn standen ein Waschkrug und ein richtiges Ehebett in einem Zimmer mit gekalkten Wänden und einem Fenster auf den Hof zu.

Nach dem Frühstück versammelte man sich im Probenraum. Brookmann unterdrückte sofort die aufkeimenden Klagen über die primitive Unterkunft mit klaren Worten: »Wir sind hier nicht zu unserem Vergnügen. Vor uns liegt ein Berg harter Arbeit. Erst wenn wir Erfolg haben, können wir uns mehr Luxus leisten. Wem das nicht gefällt, soll aufstehen und den Raum verlassen. Ich will nur mit denen arbeiten, die hierbleiben. Ihr habt die freie Wahl.«

Niemand rührte sich, denn keiner der Schauspieler hatte eine Alternative. Brookmann wusste das und kam sofort zur Sache. »Und mit Arbeit meine ich ordentliche Schauspielerei. Wir studieren die Commedia *Cintio und Isabella* neu ein. Schluss mit den Hanswurstereien und den Ochsenblutbeuteln. So, wie das Leben ein Spiel ist, muss das Schauspiel wie das Leben sein.«

Der Dottore begann, ihm zu wiedersprechen und seine Ideale über die Schauspielkunst auszubreiten. Doch der Prinzipal unterbrach ihn und beachtete die aufbrausenden Reaktionen seiner Mitspieler nicht. Er wandte sich an Friederike: »Der Inhalt des Stücks ist schnell erzählt: Pantalone, ein stotternder, linkischer Alter, ist heimlich in die schöne junge Isabella verliebt. Diese jedoch liebt den Studenten Cintio, den Sohn des knausrigen Dottore. Pantalones Tochter Pimpinella soll die Braut des aufschneiderischen und scheinbar reichen Capitano werden. Doch diese hat ein Verhältnis mit Pulcinella, Isabellas Diener. Und zu allem Überfluss spinnt Brighella, Pantalones Diener

seine Intrigen, bis schließlich alle Betrügereien auf-
gedeckt werden. Cintio heiratet Isabella, und Pulcinella heiratet Pimpinella. Die Alten, also Pantalone und
der Capitano sind enttäuscht, doch Brighella lädt alle
zu einem großen Abschiedsbankett ein. – Alles
klar?«

Friederike machte einen etwas hilflosen Eindruck. »So viele Namen und Beziehungen auf einmal, das verwirrt mich.«

Brookmann sah es ihr an: »Macht nichts, studier`
einfach deine Rolle, dann wirst du dich schnell in das
Spiel einfinden. Im Übrigen, sing uns doch mal eines
deiner Lieder vor. Das würde zur kulturellen Erbauung beitragen. Unsere Truppe hätte das nötig.«

Friederike nahm ihr Bibelregal in die Hand und
stimmte ein Volkslied an. Alle hörten ihr gespannt zu,
nur Hans hielt sich demonstrativ die Ohren zu.

»Wir sind hier doch nicht in der Kirche!«

*

Die Proben verliefen schleppend. Keiner konnte
es dem Prinzipal recht machen. »Pantalone, du
darfst trotz deines Alters nicht so müde über die
Bühne schlürfen. Etwas mehr Feuer bitte, immerhin
bist du in deinem zweiten Frühling. So gekrümmt wie
du dich bewegst, wirst du nie Isabellas Liebe gewinnen.«

»Wie soll ich das denn? Auf Strohsäcken in einer
zugigen Gerätekammer zu schlafen, tötet jegliches
Feuer.«

»Jammer nicht. Keiner von uns schläft in einem Himmelbett. Dein privates Befinden interessiert mich nicht. Du bist jetzt der verliebte Alte. Das muss rüber kommen, sonst lacht dich das Publikum aus.«

»Ist doch nur eine Stellprobe. Bei der Premiere kannst du dich auf mich verlassen.«

»Nein, verdammt, ich will das jetzt sehen. Wenn alle so denken, können wir unseren Laden dicht machen.«

Pantalone musste ein Dutzend Mal auf- und abtreten, bevor der Prinzipal beifällig nickte. Seiner Ehefrau Pimpinella erging es nicht anders. »Mach dich nicht älter als du bist! Deine Gestik ist wie die einer verbrauchten Küchenmagd beim Zwiebelschälen!«

Fast hätte Pimpinella ihm eine Ohrfeige verpasst. »Wenn du dich über mich lustig machen willst, dann sind wir geschiedene Leute. Dann kannst du dir selbst deine Zwiebeln schälen. Ich stehe den ganzen Tag in der Küche, damit du und deine Truppe ein vernünftiges Essen bekommen. Meine Augen sind vom Zwiebelschälen schon ganz leergeweint, wie soll ich da einen Liebhaber anlachen!«

»Du stehst hier nicht als unsere Küchenfrau auf der Bühne, sondern als verführerische Braut. Wenn du das nicht hinkriegst, muss Friederike die Rolle übernehmen. Die hat wenigstens noch Pfeffer im Arsch!«

Das ließ Pimpinella nicht auf sich sitzen. »Mistkerl, ich wird dir zeigen, wer hier die Braut ist!« Sie drehte sich um und schnauzte Pulcinella, ihren Szenenpartner an: »Du bist schuld! Wenn du weiterhin so abgedroschen mit mir dialogisierst, komme ich nie in meine Rolle hinein.«

Auch mit Brighella war der Prinzipal unzufrieden: »Mehr Sinnlichkeit, wenn ich bitten darf. Wie du sprichst und wie du agierst ist ein Unterschied von Himmel und Hölle! Du deklamierst ja nicht schlecht, doch du musst deiner Rolle auch die nötige Gestalt geben. Die Gefühle, über die du sprichst, müssen auch sichtbar werden. Du sollst deine Texte nicht rezitieren, sondern sie spielen, sie mit dem ganzen Körper repräsentieren. Den Kopf leicht über die linke Schulter gedreht, das Kinn mehr nach vorn. Mit den Armen nicht so herumwirbeln, du spielst keine Windmühle!«

Isabella gab sich besonders Mühe. Sie wollte Friederike zeigen, welch begnadete Schauspielerin sie sei. Aber Brookmann war anderer Ansicht. In Wirklichkeit war er es, der sich mit seiner Professionalität vor Friederike hervortun wollte. »Du übertreibst, meine liebe Isabella. Hör auf, mit deinen Augen so auffällig zu rollen. Du bist keine liebesgeile Bäuerin, sondern eine zwar begehrenswerte, aber dennoch edle Dame aus höheren Kreisen. Du sollst mit einem honorigen Herrn ins Bett gehen, nicht mit seinem Diener.«

Nur mit seinem Sohn ging er nicht so hart ins Werk. »Es ist gut, Hans, wenn du dich nicht unnötig hervorspielst. Bleib so wie du bist. Du musst weder Grimassen schneiden noch geschwollen daherreden. Du bist der Einzige, dem man seine Jugend und seine Natürlichkeit ganz von allein abnimmt.«

»Aber diese Friederike mit ihrem lärmenden Musikinstrument und ihrem schrillen Gesang geht mir auf die Nerven. Muss das mit der Musik denn unbedingt sein?«

Der Prinzipal ließ sich durch den Einwand seines Sohns nicht beirren: »Von Musik verstehst du noch nichts. Das wollen die Leute hören, das füllt die Kasse. Die Musik hebt uns aus der Masse der Wanderbühnen hervor. Darin liegt unsere Zukunft.«

Dann wandte er sich an Friederike: »Der Junge hat irgendwie Recht. Du solltest nicht so laut singen, schließlich bist du nicht Cintio, sondern gewissermaßen nur sein musikalischer Schatten. Und, kannst du deine Handorgel vom Klang her nicht auch etwas schmeichelhafter einstellen?«

Friederike konnte, und so fiel die Probe der Szene mit dem Eselslied ganz zur Zufriedenheit des Prinzipals aus.

Was ist die Liebe?
Die Liebe lehrt dem Esel Tanz,
verleiht der Schwere Eleganz.
Die Liebe lässt den Esel singen,
ihn durch die Lüfte schwingen.
Die Liebe macht den Esel blind
und verweht ihn mit dem Wind.

Und was ist das Leben? Eine Eselei.
Was ist das Dasein? Hohler Schaum,
Ein Gedicht, ein Schatten kaum.
Wenig kann das Glück uns geben.
Denn ein Traum ist alles Leben,
Und die Träume selbst ein Traum.

*

Die Premiere war gut vorbereitet. Brookmann hatte den Bühnenrahmen frisch streichen und den Vorhang ausbessern lassen. Sogar den Luxus einiger nicht rußender Wachskerzen gönnte er sich.

Damit die Zuschauer auf dem buckligen Steinboden der Kaufmannsdiele nicht stolperten oder sich kalte Füße holten, hatte er überall Holzplanken auslegen lassen, die sorgfältig miteinander verbunden wurden. Eine breite Treppe führte zur oberen Innengalerie, die Brookmann für Logenplätze nutzte. Von hier war die Sicht auf die Bühne am besten, also konnte er mehr Geld verlangen.

Auch nach außen hin ließ sich der Prinzipal einiges einfallen. Mit gönnerischer und lautstarker Geste spendete er einen erheblichen Geldbetrag an die Armenkasse der Stadt. Das würde die Hanseaten wohlwollend stimmen, denn sie hatten, wie er glaubte, eine Schwäche für das Mildtätige.

Auf den Plakaten ließ er einen auffällig farbigen Aufkleber anbringen: »Mit Ihrer Eintrittskarte unterstützen Sie den Unterhalt der städtischen Siechenhäuser.«

Hans lief durch die Stadt und verteilte Handzettel. Allerdings mit mäßigem Erfolg. Die meisten Menschen liefen geschäftigen Schritts an ihm vorbei und beachteten ihn nicht. Nur wenige lächelten ihm freundlich zu und steckten den Zettel ein. Am meisten ärgerte es Hans, wenn jemand einen Zettel nahm, ihn im Weitergehen flüchtig überflog, um ihn dann zerknüllt in die nächstbeste Pfütze zu werfen.

Ein älterer Mann, an seinen abgetragenen Ärmelschonern als Ratsschreiber zu erkennen, blieb stehen und studierte den Zettel. »Sag mal, habt ihr auch Feuerwerk und Flugmaschinen zu bieten? Ich liebe raffinierte Bühnentechnik, musst du wissen.«

»Nein, nicht direkt. Wir sind eher eine Schauspieltruppe, kein Wanderzirkus. Aber wir haben einen richtigen Kahn, der in einer Szene über die Bühne schwimmt.«

»Och, der Trick ist alt. Das kennen wir schon. Habt ihr denn wenigstens einen Luftspringer oder einen Feuerschlucker?«

»Nee, auch das nicht. Aber wir haben eine weltberühmte Sängerin, die schon an vielen Fürstenhäusern aufgetreten ist.«

Der Alte gab Hans den Zettel zurück. »Nee, lass mal, Junge. Wenn ich Musik hören will, gehe ich lieber in die Oper. Und die haben wenigsten immer die neuesten Fluggeräte. Das sehe ich gern, auch wenn mich die Sänger mit ihren schrillen Stimmen stören.«

Vor sich hin brummend verschwand er.

Die Prinzipalin saß an der Kasse. Diese lebenswichtige Aufgabe überließ Brookmann niemand anderem als seiner Frau. Ihr Talent als geizige Haus-

hälterin schätzte er mehr als das ihrer Schauspielerei. Deswegen hatte er sie ja auch geheiratet.

Die Premiere war zu dreiviertel ausverkauft. Immerhin hatten sich genügend wohlhabende und
kunstbeflissene Bürger für die teuren Logenplätze
entschieden, sodass oben kein Platz mehr frei war.
Die Hamburger Oberschicht scheute sich, mit nach
Pech stinkenden Seeleuten, verschwitzten Hafenar-
beitern und ärmelschonenden Büroangestellten in
einer Reihe zu sitzen. Die soziale Rangordnung ein-
zuhalten, war für sie wichtig. Das kannte sie aus dem
Opernhaus am Gänsemarkt.

Während der Konsul und der Kaffeegroßhändler
von der Loge aus die Aufführung mit distanziertem
Kennerblick beobachteten, saßen ihre Vorarbeiter
samt ihrer Familien in den letzten Reihen des Par-
ketts und verfolgten das Bühnengeschehen mit fiebrigen Augen, als erlebten sie eine Reise in die Neue
Welt.

Dem Konsul gefielen der hexametrische Reim der
Dialoge und die kunstvolle Intonation der von Friederike vorgetragenen Lieder. Die Handlung allerdings
fand er wenig erbaulich. Der Vorarbeiter verstand
von der Handlung wenig. Dafür begeisterten ihn die
Raufereien, die Schießerei auf dem Höhepunkt der
Komödie und der freigiebig zur Schau gestellte Busen der Sängerin.

Ein paar Nörgler, allen voran der Apotheker, der
Oberschullehrer, der örtliche Pressezar und die wenigen anwesenden Mitglieder von der Konkurrenz
aus dem Opernhaus, verließen die Aufführung im
Schlussakt, lautstark über den Untergang der deut-

schen Schauspielkunst lamentierend. Der Konsul fühlte sich in seinem Vorurteil über Wanderbühnen bestätigt. Sein Vorarbeiter allerdings war so in das Spiel vertieft, dass er sich ärgerte, durch die Unruhe auf den Logenplätzen aus seinen Träumereien herausgerissen worden zu sein.

Friederike bekam von den Reaktionen im Publikum nichts mit. Sie saß mit dem Bibelregal in der Hand, die Beine baumelnd am Bühnenrand und richtete ihre ganze Aufmerksamkeit auf die Musik. Der Prinzipal, der ihre Auftritte von einer seitlichen Bühnengasse aus beobachtete, hatte den Eindruck, als wäre sie in eine andere Welt abgetaucht. Wenn sie mit ihren Lieder nicht an der Reihe war, verfolgte sie das Geschehen mit aufgewühltem Gesichtsausdruck. Besonders das intrigenreiche Buhlen Isabellas um Cintios Liebe erregte sie so, als hielt sie das Spiel für pure Realität. Der Prinzipal fürchtete, dass sie plötzlich aufspringen würde, um sich in die Handlung einzumischen. Doch zum Glück passierte nichts. Die Berührung mit dem kalten Rahmen des Musikinstruments schien Friederike zurückzuhalten.

Der Schlussapplaus fiel auf dem Logenrang nicht besonders üppig aus, im Parkett jedoch spendete man stehend Beifall. Mit seinem feinen Gespür für die Gunst des Publikums entging dem Prinzipal der Unterschied zwischen oben und unten nicht. Gewiss, es war immerhin ein Erfolg, das einfache Volk mit einer anspruchsvollen Commedia zu begeistern. Doch seine eigentliche Zielgruppe war die zahlungskräftige Oberschicht auf den Rängen. Deren Wohlwollen hatte er nur teilweise erreicht. Einzig Friederikes Auftritte bildeten eine Ausnahme. Ihre Lieder kamen oben wie unten an.

Nach drei Verbeugungen gab er missmutig das Zeichen, den Vorhang zu schließen.

*

»Wir haben unser Ziel leider nicht vollständig erreicht«, verkündete Brookmann beim anschließenden gemeinsamen Abendessen. Man versammelte sich in der geräumigen Küche im Hinterhaus der gemieteten Unterkunft. Normalerweise versorgte die Prinzipalin die Truppe mit einer einfachen aber robusten Küche. Große Sprünge konnte sich eine wenig bekannte Schaustellergruppe nicht leisten. Als Vorsuppe gab es in der Regel einen Schwachbieraufguss. Das Hauptgericht bestand aus Sauerkraut oder Rotkohl mit Grütze oder Graupenbrei. Linsen- oder Erbseneintopf sorgte für Abwechslung. Das Brot, das sie dazu reichte, knetete sie aus frischem Teig, den sie bei einem Bäcker ausbacken ließ. Brot war überhaupt das wichtigste Nahrungsmittel der Schauspieler. Ihnen stand laut Vertrag so viel zu, wie sie nur essen konnten.

Einmal in der Woche, an Sonn- und Feiertagen, stand Fleisch auf dem Speiseplan. Dann besorgte die Prinzipalin einen Hasen oder zwei Hühner und richtete sie zu Gerstenklößen an. Wenn es besonders feierlich zugehen sollte, kamen Kartoffeln mit Buttermilchsoße auf den Tisch.

Heute sollte so ein Tag werden. Die Darsteller griffen heißhungrig zu den Kartoffeln, doch der Prinzipal war unzufrieden. Seine Erwartungen hatten sich nicht erfüllt. »Es freut mich, dass ihr es euch gut gehen lasst, doch das, was ich angestrebt habe, habe ich nicht erreicht«, wiederholte er.

Er nagte dennoch genüsslich an einem Hühnerschenkel herum. Dann wischte er sich das Fett mit dem Hemdsärmel vom Mund und ergänzte: »Gut, die Kasse hat gestimmt. Wir schreiben keine roten Zahlen. Aber als Künstler hat man höhere Ideale. Unsere Commedia wurde zwar höflich aufgenommen, jedenfalls besser als unsere früheren Possen. Doch ich fürchte, dass wir den Durchbruch noch nicht geschafft haben. Zu viele Leute aus dem oberen Rang haben unsere Vorstellung vorzeitig verlassen. Auf längere Sicht hin können wir uns das nicht leisten. Das schadet unserer Reputation.«

»Die Hamburger sind verwöhnt«, meldete sich der Dottore zu Wort. »Aber leider nur in technischer Hinsicht, nicht in künstlerischer. Mit dem komplizierten Bühnenwerk des Opernhauses können wir nicht konkurrieren. Außerdem sind wir als Fahrende immer Fremde in der Stadt. Die Hamburger Pfeffersäcke treiben sich zwar mit ihren Schiffen frei auf den Weltmeeren herum, aber zu Haus öffnen sie sich einem Fremden nur, wenn es um Dividende geht. Wir sollten uns auf weltoffene Städte wie Leipzig und Frankfurt konzentrieren, oder uns um Engagements an fürstlichen Höfen bemühen.«

»Das ist Unsinn«, antwortete der Prinzipal. »Leipzig ist fest in der Hand der Neuberin mit ihrer Komödiantengesellschaft, und die Frankfurter laufen dem Afterprinzipal Johann Ferdinand Beck mit seinen Hanswurstereien hinterher. Auf dieses niedrige Niveau will ich nicht wieder zurückfallen. Und was die Höfe anbelangt, so kann man dort nur Fuß fassen, wenn man eine gehörige Oper im Programm hat.«

Als wäre das ihr Stichwort, schaltete sich Friederike in das Gespräch ein. »Genau, das wäre doch die Lösung: mehr Musik. Ich möchte zwar nur ungern wieder an einen Hof zurück, und es muss ja auch nicht gleich eine abendfüllende Oper sein. Aber mehr Musik könnte uns nicht schaden. Ich bin gern bereit, euch in dieser Hinsicht auszubilden.«

Hans warf unwillig seinen Löffel auf den Teller, dass es laut schepperte. »Soweit kommt das noch. Ich als Opernsänger! Es reicht mir schon, wenn ich mir das Kreischen dieser Frau anhören muss. Und soll ich auch noch lernen, die Geige zu kratzen? Nee, ohne mich, da verzichte ich lieber auf meine Rolle und bleibe Bühnenarbeiter.«

»Du hältst dein Maul, du Lümmel«, brüllte ihn Brookmann an. »Du bist zu jung, um was von Theater zu verstehen.«

»Aber die Hauptrolle darf ich spielen«, konterte sein Sohn in höhnischem Ton. »Und ob die Pentz was von Schauspielerei versteht, muss sie erst noch zeigen.«

Brookmann wollte ihn zurechtweisen, doch Isabella versuchte, die Spannungen zu entschärfen. »Friederike hat recht. Wir brauchen mehr Musik. Das hebt das Niveau unserer Aufführungen. Was mich betrifft, ich würde gern singen lernen.«

Pulcinella, der neben ihr saß, umarmte sie, tätschelte ihre Brust und schaute ihr gekünstelt verliebt in die Augen. »Wunderbar, mein kleiner Vogel. Deine Stimme ist so honigsanft wie deine Haut. Mit dir würde ich gern mal einen Liebesakt singen.«

»Das heißt Liebesarie, du Dummkopf«, korrigierte ihn der Dottore. »Du verstehst so wenig von der Liebe, wie Brighella von der richtigen Deklamation. Wenn der auch noch singen sollte, das würde mir grausen.«

Der Angesprochene wollte aufbrausen, doch Brookmann hatte die Nase voll von den Sticheleien. »Schluss jetzt mit der Diskussion. Ich bin hier der Prinzipal und bestimme, wie viel Musik ins Spiel kommt. Ich finde Friederikes Vorschlag gut, doch das alles kann man nur Schritt für Schritt machen. Vorerst werden wir bei unserem Programm bleiben. In Hamburg können wir noch eine Woche lang auftreten, dann werden wir eine Reise durch Norddeutschland machen und dabei die eine oder andere zusätzliche Musikeinlage ausprobieren. Dir, Friederike, gebe ich freie Hand, uns in deine Kunst einzuweihen. Du, Hans, musst dein Zusammenspiel mit ihr verbessern. Du musst pantomimisch mehr auf ihren Gesang eingehen. Und du, Pulcinella, solltest endlich mal deine Texte richtig lernen. So viele Patzer wie heute habe ich selten auf einer Bühne gehört. Entweder ihr macht eure Arbeit ordentlich, oder ihr solltet euch einen anderen Brotgeber suchen.«

Er sagte das mit einem derartigen Nachdruck, dass sich die anderen duckten und es nicht wagten, zu widersprechen. Dann schaute er in die Runde und schloss die Debatte.

»Es wird Zeit für die Nachtruhe. Morgen will ich eine perfekte Aufführung sehen.«

In der Nacht schmiegte sich Isabella an Friederike und streichelte sie. Durch die Dachluke drang das gedämpfte Licht des Mondes. »Komm, mein süßer kleiner Cintio, wir müssen unser Zusammenspiel verbessern, hat der Prinzipal gesagt. Ich bringe dir bei, wie man eine Liebesszene richtig spielt.«

Friederike ließ sie gleichgültig gewähren.

Hans konnte diese Nacht nicht schlafen. Er wollte auf dem Hof frische Luft schnappen. Als er an der Zimmertür der beiden Frauen vorbeikam, erregte verhaltenes Stöhnen seine Neugier. Mit glühendem Gesicht beobachtete er die beiden durch das Schlüsselloch. Dann fasste sich der Junge in den Schritt. Er sehnte sich danach, endlich selbst mal die Wärme einer Frau auf seiner Haut zu spüren.

*

In Hamburg hielt es die Truppe zwei Wochen aus, dann erlahmte das Interesse der Hanseaten. Die Kasseneinnahmen sanken rapide. Der Prinzipal musste sich neue Auftrittsmöglichkeiten suchen. Mal nutzte er alte Verbindungen, mal steuerte er aufs Geratewohl eine neue Stadt an. Nirgendwo blieb die Truppe länger als drei Wochen. Die Gastspielreisen führten sie zunächst wieder nach Norden, nach Flensburg über Kopenhagen bis an die Nordspitze Jütlands. Dann versuchte Brookmann sein Glück in Mecklenburg und Schwedisch-Pommern.

Für Friederike begann das rastlose Dasein einer ständigen Wanderschaft. Nirgendwo hatte sie die Gelegenheit, die Menschen, denen sie ihre Lieder vortrug, näher kennenzulernen. Sie waren nichts als ein zahlendes Publikum, eine anonyme Masse, von der sie nur verschwommen die Gesichter wahrnahm. Niemand sprach sie nach der Vorstellung an, niemand lud sie in sein Haus zum Musizieren ein.

Sie fühlte sich einsam, ohne ein Zuhause, ohne einen vertrauten Menschen. Wenn es besonders schlimm wurde, führte sie unbewusst ihre Hand an den Hals, um die Heiligen Katharina auf dem Medaillon an der Halskette um Schutz zu bitten. Doch sie griff ins Leere. Das Medaillon gab es nicht mehr.

Die Städte und Wohnunterkünfte begannen sich zu ähneln, sodass sie, wenn man sie gefragt hätte, nicht wüsste, wo sie war. Tagsüber Proben, abends Vorstellung, nachts im Bett an der Seite von Isabella. Und zwischen den Gastspielen die anstrengenden Reisen in den zugigen Kutschen, die auf den holprigen Landstraßen derart dahinrumpelten, dass sie jedes Mal meinte, sämtliche Knochen gebrochen zu haben. Das selbstherrliche Gehabe der Zöllner bei den vielen Grenzübergängen war überall das gleiche. Sie plusterten sich auf und rasselten mit ihren stumpfen Säbeln so lange, bis der Prinzipal ein angemessenes Schmiergeld zwischen die Seiten der Pässe legte.

Die Nahrung, die die Patronin zubereitete, war ebenso eintönig wie die Landschaft, durch die sie fuhren. Kohl, Grütze, Kohl und wieder Grütze. Dazu Sauerteigbrot und Dünnbier bis der Magen dankend abwinkte. Eigentlich hätte Friederikes Honorar ausgereicht, sich den einen oder anderen Leckerbissen zu gönnen. Eine Portion Sauerfleisch in einem Gasthaus, ein Stück Pflaumenkuchen beim Bäcker oder einen Krug Wein auf dem Wochenmarkt. Doch der Prinzipal zahlte nicht aus. Wozu auch, den Schauspielern blieb sowieso keine Zeit, ihr Geld unter die Leute zu bringen.

Hin und wieder klaute Hans Äpfel aus den Vorgärten oder stahl Eier aus den Hühnerställen, um sie Friederike vor die Füße zu legen in der heimlichen Hoffnung, sie würde ihn dafür mal streicheln.

Doch sie tat das nicht. Sie bemerkte seine halbwüchsigen Annäherungsversuche nicht einmal. Das machte Hans umso störrischer. Seine heimliche Liebessehnsucht äußerte sich zunehmend in trotzigen Sticheleien und rüden Dummejungenstreichen.

Mal versteckte er Friederikes Musikinstrument, sodass sie unbegleitet singen musste. Doch das kam beim Publikum gut an, weil es ihre reine Stimme besonders zur Geltung brachte.

Ein anderes Mal legte er einen der alten Ochsenblutbeutel unter ihr Kissen, auf dem sie am Bühnenrand saß. Er platzte im unpassenden Moment und verbreitete um sie herum eine rote Feuchtigkeit, als hätte sie starke Monatsblutungen.

Die Zuschauer erstarrten im ersten Moment, doch Friederike reagierte schlagfertig mit einer improvisierten Strophe, als gehörte das zum Spiel.

Nach der Vorstellung verabreichte der Prinzipal seinem Sohn ein paar kräftige Ohrfeigen. »Du Nichtsnutz, ich werd dich lehren, wer hier der Harlekin ist! Du bist Cintio, und du spielst deine Rolle, so wie sie im Buche steht, keinen Deut anders. Wenn dir das nicht gefällt, setzen wir das Stück ab und du hilfst der Mutter in der Küche.«

Natürlich hatten auch die anderen Mitglieder der Truppe die Spannungen zwischen Hans und Friederike mitbekommen. Brighella und der Dottore ermunterten Hans, denn sie standen der steilen Karriere der Neuen missgünstig gegenüber. Die Prinzipalin schloss sich ihnen an, weil sie glaubte, ihr Mann hätte ein Verhältnis mit Friederike. Pantalone verteidigte zwar die junge Frau, doch er gönnte ihr den einen oder anderen Seitenhieb seitens Hans´, weil sie sich nicht herablassen wollte, seine eigenen Gunstbeteuerungen zu erwidern.

Neben Pulcinella hielt nur noch Isabella zu Friederike, obwohl sie schon lange das einseitige Liebesleben mit ihrer Bettgenossin langweilte. In letzter Zeit versuchte sie, den Prinzipal zwischen die Beine zu bekommen. Sie tat alles, um sich bei ihm einzuschmeicheln. »Recht so, Capitano. Nimm den Jungen gehörig in die Mangel«. Sie öffnete die beiden obersten Knöpfe ihrer Bluse und beugte sich zu ihm, sodass er ihre körperlichen Vorzüge bewundern konnte. »Immer diese dummen Kinderscherze auf Kosten von uns schwachen Frauen. Dabei haben wir doch so manches zu bieten, was einem richtigen Mann gefallen könnte.«

*

In Barth kam es zum Eklat. Die schwedisch-pommersche Kleinstadt mit nicht einmal mehr als achtzig Häusern gehörte einst den einflussreichen Pommernherzögen. Doch nachdem diese ihre Residenz nach Stettin verlegt hatten, verkam Barth zum politischen und kulturellen Hinterhof der Boddengewässer. Vor gerade mal siebzig Jahren gab es hier die letzte Hexenhinrichtung.

Der Prinzipal wollte eine längere Zwischenstation auf dem Weg nach Stralsund einlegen, um in Ruhe die Bühne zu reparieren, die Kulissen und Requisiten auszubessern und um neue Stücke einzustudieren. Die Unterkunft bei einem Stellmacher war billig und hatte den Vorteil, dass das notwendige Handwerkszeug kostenlos zur Verfügung stand. Sie lag in unmittelbarer Nähe zum verfallenen, einst stattlichen Renaissanceschloss.

An Auftritte war hier nicht zu denken. Die Schauspieler langweilten sich, darüber half auch nicht das vom Prinzipal reichlich spendierte weltberühmte Barther Bier hinweg. Die Spannungen zwischen den

Einzelnen wuchsen schlagartig. Isabella hatte einsehen müssen, dass ihre Annäherungsversuche an den Prinzipal vergebliche Liebesmüh waren. Also machte sie sich erfolgreich an Pantalone heran, der inzwischen alle Hoffnungen aufgegeben hatte, Friederikes Gunst zu erwerben. Dadurch verlor Friederike einen weiteren Fürsprecher.

Nun stand nur noch Pulcinella auf ihrer Seite. Er war der Einzige, der versuchte, Friederike vor den immer aggressiver werdenden Nachstellungen des pubertierenden Hans zu schützen. Doch das tat Pulcinella nur halbherzig. Er bewunderte zwar das musikalische Talent Friederikes, ihn irritierte jedoch ihre emotionale Unausgeglichenheit. Wenn sie sang, leuchteten ihre Augen voller Wärme und Hingabe, aber im täglichen Umgang mit den Schauspielkollegen konnte sie eine erschreckende Gefühlskälte an den Tag legen.

Mit den anderen redete Friederike fast überhaupt nicht mehr, schon gar nicht über ihre innere Befindlichkeit.

Gleich am Tage nach ihrer Ankunft in Barth rammte sich Brighella beim Zuschneiden einer Bühnenbohle die Säge so stark ins Knie, dass das Blut spritze. Friederike stand mit abwesendem Blick daneben und unternahm nichts, um dem armen Kerl zu helfen. Seine grellen Schreie lenkten die Aufmerksamkeit Pulcinellas auf sich, der heraneilte um die Wunde zu versorgen.

Den ganzen Tag über konnte Friederike keine Nahrung zu sich nehmen. Am Abend übergab sie sich. Mitten in der Nacht weckte sie Isabella mit einem heftigen Weinkrampf und schlich in die Küche, um sich mit rohen Kartoffeln und Dünnbier vollzupumpen.

Pulcinella wachte ebenfalls auf und bemerkte, dass sie sich in der Küche zu schaffen machte. Er setzte sich zu ihr an den Küchentisch. »Was ist los mit dir, Friederike, kann ich dir helfen?«

Friederike antwortete nicht, sondern schlang gierig die Kartoffeln hinunter.

»Ich mache mir ernste Sorgen um dich, und das schon seit längerer Zeit. Als du damals in Kiel zu uns kamst, warst du eine aufgeweckte, freundliche junge Kollegin. Du hast uns mit deiner Musik überzeugt, auch wenn deine Schauspielerei ziemlich laienhaft war. Doch in den wenigen Jahren, die wir zusammen sind, hat sich das nach und nach derart geändert, dass ich die junge Frau von damals nicht mehr wiedererkenne. Woran liegt das? Was ist vorgefallen?«

Wieder erhielt er keine Antwort. Dann hielt er Friederikes Arm fest, um sie mit sanfter Gewalt daran zu hindern, sich über eine weitere Kartoffel herzumachen. Friederike schien die Wärme seiner Hand zu spüren. Langsam hob sie den Kopf und blickte ihn mit unsteten Augen an, sagte aber nichts.

»Ich kann mir denken, warum du dich so geändert hast«, versuchte er das Gespräch in Gang zu bringen. »Es ist das rastlose Leben, das wir Schausteller das ganze Jahr über zu erdulden haben. Immer wieder neue Orte, immer wieder andere Menschen. Kein Zuhause, kein Platz, wo man sich mal für ein paar Stunden zurückziehen kann. Ich kann verstehen, dass das einen Menschen einsam macht.

Mir geht es genauso. Im Kloster zu Preetz hattest du deine festgefügte Gemeinschaft, deinen geregelten Alltag. Das gibt es bei uns nicht.«

Endlich kam Friederike wieder zu sich. »Ja, du hast recht, Pulcinella. Ich habe mich schon immer nach dem gesehnt, was die Leute Heimat nennen. Kopenhagen wäre fast so eine Heimat geworden, auch wenn das Leben dort nicht einfach war. Aber ich hatte einen Menschen, der mir das Gefühl von einem Zuhause schenkte. Ich hatte sogar ein Kind von ihm. Und ich hatte eine Kette um den Hals mit einem Medaillon der Heiligen Katharina, das mir Geborgenheit vermittelte. Aber dieser Traum zerplatzte von heute auf morgen.«

Sie drückte seine Hand, und auf ihrem Gesicht spiegelte sich seit langer Zeit das erste Mal ansatzweise eine Gefühlsregung wider, die von Schwermut und kindlicher Hilflosigkeit.

»Ich hatte gehofft, dass eure Truppe mir die Familie ersetzen würde, dass ich euch mit meiner Musik begeistern könnte. Bevor ich nach Kopenhagen kam, hatte ich das schon mal im Kleinen erlebt. Bei den Montanas in Flensburg, einer Artistenfamilie, die mich wie eine Tochter aufnahm. Das waren die glücklichsten Wochen in meinem Leben.«

Sie holte die drei Murmeln hervor, die sie stets in ihrer Rocktasche aufbewahrte, und ließ sie ein wenig auf der Tischplatte hin und her rollen.

»Von den Montanas habe ich auch das Bibelregal geschenkt bekommen. - Aber leider ging auch diese Phase mit einem Schlag zu Ende.«

Pulcinella war froh, dass Friederike ihre Sprach-
losigkeit überwunden hatte. Ihm war klar, dass vor-
dergründige Trostfloskeln jetzt fehl am Platze waren.
Der beste Trost lag darin, Fragen zu stellen. »Und
was ist aus deinem Traum mit der Musik geworden?
Ich habe den Eindruck, auch darin haben wir als
Gemeinschaft versagt.«

»Vielleicht hast du Recht. Aber es ist nicht eure
Schuld. Es hat mich nicht ausgelastet, immer wieder
die gleichen Lieder zu singen, mich immer wieder mit
dem unvollkommenen Instrument, das ein Bibelregal
ja ist, begleiten zu müssen. Was mir fehlt, sind die
Klangexperimente, die mich als Kind begeistert haben. Und mir fehlt auch der künstlerische Anspruch,
den mir mein Pflegevater einst vermittelte. In Christianssand und in Kopenhagen hatte ich ein Klavier,
und ich konnte Klaviersonaten spielen und Opern-
arien singen. – Damit ist es jetzt leider vorbei.«

Vor Müdigkeit griff Pulcinella nun doch auf abgegriffene Trostfloskeln zurück: »Es ist spät, liebe Friederike. Wir müssen zurück ins Bett. Morgen ist wieder ein anstrengender Tag. Wir können ein andermal
weiterreden. – Aber eins verspreche ich dir schon
jetzt: Wenn wir mal den durchschlagenden Erfolg
haben, kaufe ich dir ein Klavier.«

*

Die kleine Aussprache half Friederike nur über
den nächsten Tag hinweg. Danach drehte sich die
alltägliche Mühle wieder von Neuem. Besonders
schlimm wurde ihr Zustand, wenn sie den Neid der

anderen zu spüren bekam, oder wenn Hans in den Proben eine seiner Teufeleien an ihr ausübte. Dann sang sie völlig schief und brach die Probe unter dem Vorwand heftiger Kopfschmerzen ab. Die anderen hielten das für überzogene Künstlerallüren, was die Situation nur verschärfte. Merkwürdigerweise verstand Friederike die Vorwürfe nicht. Sie war der Überzeugung, alles richtig gemacht zu haben. Pulcinella begann zu ahnen, dass in ihrem Kopf eine Glut herrschte, die ein Verhalten auslöste, welches nicht dem entsprach, was man für normal hielt.

In ihren wenigen ausgeglichenen Phasen machte Friederike einen gelösteren Eindruck. Gern schlenderte sie dann zum Hafen und plauderte stundenlang mit den Fischern. Oder sie setzte sich auf eine Fischkiste und summte die eine oder andere Melodie vor sich hin. Den Fischern gefiel das, und sie spendierten ihr zum Dank einen frischen Aal, der für Abwechslung in der Küche der Prinzipalin sorgte.

Friederikes Lieblingsplatz jedoch war die Ruine des Barther Schlosses. Hier konnte sie stundenlang sitzen, vor sich hinträumen und den Sonnenuntergang genießen. Manchmal verbrachte sie die ganze Nacht hier. Sie nahm ihr Bibelregal mit und sang für ein Publikum, das nur in ihrem Kopf existierte. Wenn der lautlose Applaus einsetzte, stand sie auf, verbeugte sich lächelnd und warf Kusshändchen in die unsichtbare Menge.

Heute war ein besonders milder Abend. Die untergehende Sonne beleuchtete die verfallenen Gemäuerziegel, als wären sie rotgebrannte lübsche Backsteine. Millionen von Insekten und Käfern erweckten das alte Schloss zu neuem Leben. Vom Hafen her wehte der Geruch von frischem Heringsfang herüber.

Friederike stimmte ein altes jütländisches Liebeslied an, das sie vor vielen Monaten auf der Tournee kennengelernt hatte. Sie ahnte nicht, dass ihr heute Hans heimlich gefolgt war, sich hinter einem Gebüsch versteckte und sie mit glänzenden Augen beobachtete.

Nach dem Lied legte sie das Instrument zur Seite, öffnete ihre Bluse und gab ihren Oberkörper den immer noch wärmenden Sonnenstrahlen preis. Sie schloss die Augen und genoss die Stille.

Plötzlich stürzte Hans aus seinem Versteck hervor und baute sich so vor ihr auf, dass sein Schlagschatten auf sie fiel.

»Ein schönes Lied, das du da gesungen hast. Ein Liebeslied, das du mir gewidmet hast?«

Er achtete nicht auf Friederikes vor Überraschung weit aufgerissenen Augen, in denen sich Angst und Abscheu spiegelten, und riss sich das Hemd vom Leibe.

»So ist's recht. Wir Männer lieben das. Vergiss nicht, in ein paar Jahren bin ich der Prinzipal. Wenn du dich willig anstellst, kannst du dann die Prinzipalin werden.«

Dann beugte er sich über Friederike und vergrub sein Gesicht zwischen ihren Brüsten. Da ihm in seiner Erregung die eigenen Worte fehlten, zitierte er aus dem Drama *Das Leben ein Traum* von Pedro Calderón, das die Truppe gerade einstudierte:

Er riss sich die Hose runter und schob Friederike den Rock hoch. Sie war für den ersten Moment so erstarrt, dass sie unfähig war, Widerstand zu leisten. Hans hielt das für ein Einverständnis und versuchte, brutal in sie einzudringen. Vor Friederikes Augen begannen sich Feuerkreise zu drehen. Dann stieß sie Hans mit aller Kraft zur Seite.

»Verschwinde du Kindskopf, ich will mit dir nichts zu schaffen haben.«

Hans rastete aus. Er konnte es nicht ertragen, als Kind bezeichnet zu werden. »Ich werd dich mehr Bescheidenheit lehren!« Er trampelte auf dem Musikinstrument herum, sodass es mit einem knirschenden Laut zerbrach. Dann nahm er die Reste und schleuderte sie voller Wut gegen eine Mauer. Wieder wollte er sich auf Friederike stürzen, doch er kam nicht weit. Diese hatte einen faustdicken Stein gegriffen und schlug ihn mit aller Gewalt gegen seine Stirn.

Lautlos brach Hans über ihr zusammen. Blut tropfte von seinem Gesicht auf Friederikes Brust. Sie achtete nicht darauf und befreite sich von der Last des Ohnmächtigen. Dann richtete sie sich auf, ordnete ihre Kleidung und lief den Ruinenhügel hinab quer über die Felder auf die nächstbeste Landstraße. Als sie wieder festen Boden unter den nackten Füßen spürte, verfiel sie in eine tiefe Teilnahmslosigkeit und lehnte sich an einen Baum.

Die Sonne warf bereits lange Schatten, als ein Fuhrwerk heranpolterte. Der Kutscher hatte Mitleid mit der offensichtlich verstörten Frau.

»Du kannst dich hier nachts nicht allein auf der Straße herumtreiben. Soll ich dich mitnehmen? Bis Ribnitz ist es weit. Wir werden die Nacht durchfahren müssen. Setzt dich hinten auf die Fässer.«

Friederike stieg schweigend auf die Pritsche, und der Kutscher trieb seine Pferde zur Weiterfahrt an. Die feuchten Fässer hinterließen Rotweinflecken auf ihrem Rock, die wie die Blutspritzer auf ihrer Bluse aussahen. Es roch säuerlich nach Weinhefe, was ihre Sinne wieder belebte. Sie begann, wirres Zeug vor sich hin zu brabbeln.

Der Kutscher ließ sie gewähren. Er hatte keine Lust, sich am späten Abend um die Sorgen einer Irren zu kümmern.

Am nächsten Morgen, nachdem sie im Stall eines billigen Gasthauses übernachtet hatten, fragte der Kutscher: »Willst du hier bleiben oder soll ich dich noch ein Stück mitnehmen?«

»Wo fährst du denn hin?«

»Nach Lübeck. Ich muss dort meine Fracht bei einem Weinhändler abliefern. Ich kenne da einen Litzenbruder, ein Art Kollege von mir. Er ist für die Paketzustellung zwischen Lübeck und Wismar zuständig. Da könntest du fürs Erste unterkommen.«

»Ach, fahr einfach wohin du willst. Nimm mich mit. Mir ist egal, wo ich lande. Ich habe sowieso niemanden, der nach mir fragt.«

Kapitel 7 – Am Ende der Wanderung

Lübeck 1738 - 1740

Der Litzenbruder, ein gutmütiger älterer Paketausträger, nahm Friederike für ein paar Tage auf. Sie hatte nichts außer den drei Murmeln bei sich. Er besorgte ihr abgelegte Kleidung aus einem nahegelegenen Frauenstift und teilte mit ihr seinen ohnehin karg gedeckten Tisch.

»Du siehst nicht gut aus. Ich fürchte, du hast in letzter Zeit so manches durchstehen müssen. Ich will gar nicht wissen was. Nehmen wir mal an, du bist eine Pilgerin auf dem Jakobsweg, und man hat dich unterwegs überfallen und ausgeraubt. Ich werd dir das schriftlich bestätigen. Wenn du hartnäckig bei dieser Aussage bleibst, werden dich die Büttel nicht als wohnungslose Hure vor das Stadttor setzen.«

Friederike antwortete nicht. Sie nickte nur trübsinnig mit dem Kopf. Nach dem Verlust der Halskette mit dem Relief der Heiligen Katharina hatte sie nun auch ihr Musikinstrument, das Bibelregal, das sie einst von Sebastian geschenkt bekommen hatte, verloren. Das schmerzte sie jetzt mehr, als die überstürzte Trennung von der Brookmannschen Schauspieltruppe.

»Ich kann dir einen Platz in einer Pilgerherberge vermitteln. Es kommt öfter vor, besonders bei Frauen, dass man dort längere Zeit wohnen kann. Manchmal sogar den ganzen Winter über, um Kräfte zu sammeln für die weitere Pilgerreise. Natürlich gegen ein kleines Entgelt oder gegen entsprechende Dienstleistungen. Was kannst du denn, ich meine, welchen Beruf hast du gelernt?«

»Ich habe keinen Beruf. Das Einzige was ich kann, ist Musik machen. Singen und Orgelspielen. Sonst nichts.«

»Aber das ist ja ausgezeichnet. Ich weiß, dass die dort jemanden brauchen, der die Abendandachten mitgestaltet. Ich werde morgen gleich mit dem Herbergsvater sprechen. Wär ja gelacht, wenn du nicht wieder auf die Beine kommen würdest.«

In dem Moment kam eine junge Frau in das Zimmer. Sie trug eine weiße Haube mit breiten Seitenbändern, die ihr rundliches, rotbäckiges Gesicht betonten.

»Das ist Gesche, meine Untermieterin«, stellte der Litzenbruder vor. »Gesche Gödecke, Wäscherin von Beruf. Und hier haben wir Friederike von Pentz, Pilgerin auf dem Jakobsweg.«

Gesche lächelte Friederike freundlich zu und setzte sich ihr gegenüber. »Für einige Tage bleibt sie bei uns, bis sie ein Bett in einer Pilgerherberge gefunden hat«, fuhr der Mann fort. »Es gibt zwei Möglichkeiten. Entweder ich lege Friederike einen Strohsack in die Besenkammer. Dann ist sie allein, die Kammer hat allerdings kein Fenster. Oder ihr beide teilt euch das Bett von Gesche, gegen Mietnachlass versteht sich.«

Er erhob sich und stellte eine Kanne Bier auf den Tisch. »Hier, zur Erfrischung. Ich muss jetzt zum Dienst. Am besten, ihr besprecht das untereinander.

Wenn ich heute Abend wiederkomme, will ich wissen, woran ich bin.«

Damit ließ er die beiden allein. Friederike fühlte sich immer noch wie eine Fremde in der neuen Umgebung. Sie musterte ihr Gegenüber mit einem flüchtigen Blick. Etwas aufdringliches Gehabe, aber immerhin macht sie einen vertrauenserweckenden Eindruck, fand sie. Trägt eine merkwürdige Halskette.

Das Medaillon sieht aus wie ein Kreisel.

Gesche hingegen begutachtete die Neue mit unverhohlener Neugier, dann eröffnete sie das Gespräch. »Wie eine Pilgerin siehst du eigentlich nicht aus. Die haben festes Schuhwerk und eine wettergegerbte Hautfarbe.«

Friederike antwortete nicht und ließ Gesche weiterplappern. »Aber das macht nichts. Ich bin auch keine Wäscherin, das heißt, nur vorübergehend. Ich suche eine neue Stelle. Eigentlich bin ich Zimmermädchen. Aber meine gnädige Frau hat mich rausgeschmissen, weil sie mich mit ihrem Liebhaber im Bett erwischt hat. Wir beide waren gerade mitten in einer intimen Situation. Du kannst dir vorstellen, dass das ziemlich peinlich war. Halbnackt hat mich die Gnädigste vor die Tür gejagt und mir meine wenigen Habseligkeiten aus dem Fenster nachgeschmissen. Du hättest mal sehen sollen, wie der Nachtwächter mir nachgestarrt hat, als ich durch die Gassen lief.«

Selbstbewusst richtete sie sich auf, um ihren prallen Busen zur Geltung zu bringen. Friederike musste unwillkürlich schmunzeln. Ihr gefiel die offene, wenn auch etwas derbe Art der angeblichen Wäscherin.

»Du hast recht. Ich bin in der Tat keine Pilgerin. Der Litzenbruder wollte es, dass ich so auftrete. Damit ich nicht als Hure vor das Stadttor gejagt werde, meinte er. Aber eine Hure bin ich ebenso wenig. Ich war Musikerin in einer Wanderbühne. Doch der Sohn des Prinzipals wollte mir mit aller Gewalt zwischen die Schenkel. Ich hab ihn fast erschlagen und bin fortgelaufen, fast so wie du. Halbnackend und ohne Hab und Gut.«

Gesche schenkte die Becher mit Dünnbier voll und prostete Friederike zu. »Dann sind wir ja Schwestern im Liebesleid. Darauf einen guten Schluck, um unsere Vergangenheit runter zu spülen.«

Nachdem Friederike den Becher in einem Zug halb geleert hatte, wurde sie redselig. »Sag mal, und dein Liebhaber hat dich nicht beschützt?«

Gesche verschluckte sich fast und prustete lauthals. »Ach was, dieses Miststück. Der hat mich nur als billiges Liebesabenteuer verstanden. Als ich vor der Tür stand, ist er brav ins Bett der Gnädigen zurückgekehrt und hat mich vergessen.«

»Schweinerei! Man sollte den Männern nicht über den Weg trauen bevor sie den Verlobungsring tragen.«

»Den Ring habe ich zwar noch nicht«, entgegnete Gesche und spielte mit ihrer Halskette. »Aber diesen Anhänger hat er mir geschenkt. Es ist ein Holzkreisel, wie ihn Kinder zum Spielen benutzen. Mein Liebster meinte, er solle mich an ihn erinnern. Er wäre so wie der Kreisel: Einmal in Schwung ist er ein

Stehaufmännchen, sei er auch noch so niederge-
schlagen.«

Gesche lächelte verträumt. »In der Liebe ist er
wirklich ein unersättliches Stehaufmännchen.«

Dann leerte sie ihren Krug und wischte sich mit
dem Ärmel über den Mund. »Weißt du was? Du gefällst mir. Wenn du nichts dagegen hast, teilen wir
uns mein Bett. Das ist billiger für mich, und du musst
nicht in einer dunklen Kammer hausen. Was meinst
du?«

»Ich habe nichts dagegen. Ich bin es gewohnt,
zu zweit in einem Bett zu schlafen.«

»Gut, so machen wir´s. Und morgen zeige ich dir
Lübeck. Du wirst staunen, was die Stadt so alles zu
bieten hat.«

*

Als Friederike ein paar Tage später in die kleine
Seitengasse nahe dem Burgtor einbog, wo sich die
Pilgerherberge befand, in der sie Unterkunft zu finden hoffte, lief ihr Gesche in die Arme. Die ansonsten
so lebensfrohe Wäscherin machte einen niederge-
schlagenen Eindruck.

»Was machst du denn hier? Was ist los mit dir?
Ist dir eine Laus über die Leber gelaufen?«

Gesche umarmte ihre Freundin. Sie war froh, jemanden zu treffen, der sie tröstete. »In der Tat, eine
Laus«, antwortete sie verbittert. »Mehr noch. Eine
gottverdammte Ratte, dieser Hurenbock! Erst verspricht er mir den Himmel auf Erden, doch wenn´s
ernst wird, lässt er sich verleugnen.«

»Ist dein Liebhaber wieder ins Bett der Gnädigsten zurückgekehrt?« Friederike wischte ihr die Tränen aus dem Gesicht. »Du musst die Männer nicht so ernst nehmen. Das gehört doch zum Spiel, das man Liebe nennt. Warte ab, du bist jung und hübsch, du wirst einen Besseren finden.«

»Ich will keinen Besseren. Ich will einfach nur ihn. Er kann so zärtlich sein. Ich könnte mir vorstellen, an seiner Seite alt zu werden. Wenn er nicht ständig hinter anderen Weiberröcken herlaufen würde.«

»Jetzt beruhige dich. Lauf du ihm nur nicht hinterher. Lass ihn eine paar Wochen zappeln, dann wird er von allein wiederkommen. Ich drück dir die Daumen.«

Nachdem sich Friederike von Gesche mit einem flüchtigen Wangenkuss verabschiedet hatte, steuerte sie auf die Herberge zu. Schön, endlich eine richtige Freundin zu haben, sinnierte Friederike und öffnete die Haustür.

Eine feuchtfröhliche Stimmung schlug ihr entgegen. Nach bußbereiten Pilgern sah das hier nicht aus. Durch eine Dunsthaube von Schweiß und Tabakqualm konnte sie die Umrisse von zechenden Gestalten erkennen, die sich mit halbvollen Bechern lautstark zuprosteten. Auf den Tischen standen Batterien leerer Rotweinflaschen. Die meisten der Zecher waren Männer, einige mit stark herausgeputzten Frauen auf dem Schoß. Nach Pilgerinnen sahen sie nicht unbedingt aus, fand Friederike. Im Hintergrund hörte sie eine raue männliche Stimme zur Gitarre zotige Lieder singen.

Ein untersetzter kahlköpfiger Mann trat auf sie zu und wollte ihr den Zutritt verwehren. »Heute geschlossene Gesellschaft, es sei denn, ihr sucht Männerbekanntschaft.«

»Sehe ich so aus?«, konterte Friederike und zog sich den Schal über die Brust. Dann kramte sie das Empfehlungsschreiben vom Litzenbruder hervor. »Ich bin Pilgerin. Mir wurde die Herberge empfohlen.«

Der Mann warf einen kurzen Blick auf das Schreiben. »Ach so, Ihr seid die Pilgerin, die mir angekündigt wurde.« Er betonte das Wort *Pilgerin* so, als wüsste er, dass das eigentlich eine Lüge war. »Da muss ich natürlich eine Ausnahme machen. Herzlich willkommen. Tretet näher und lasst Euch von dem Trubel nicht stören. Wir feiern heute den Jakobstag zu Ehren unseres Schutzpatrons. Da darf man mal ein wenig über die Stränge schlagen«, entschuldigte sich der Mann und stellte sich als Herbergsvater vor.

»Mir wurde gesagt, Ihr könnt die Orgel schlagen. Das trifft sich. Für unsere Abendvesper können wir jemand gebrauchen, der für besinnliche Musik sorgt. Doch das ist jetzt nicht wichtig. Nehmt vorerst Platz an einem der Tische. Ich bringe Euch einen Becher Rotspon auf Kosten des Hauses.«

Friederike zwängte sich zwischen zwei derbe Männer, die eher wie Bierkutscher als wie Pilger aussahen. Sofort machte sich einer der beiden über sie her und wollte sie mit lüsternem Blick auf seinen Schoss drängen. Doch Friederike rutsche elegant zur Seite und landete am Nachbartisch. Hier wiederholte sich das Spiel, bis sie im hinteren Teil des Raums einen freien Platz nahe dem Mann mit der Gitarre fand.

Mit seinem dichten schwarzen Haar und seinem lebhaften Blick erinnerte er sie an Sebastian, den Schaustellerjungen in Flensburg, doch er hatte nicht dessen zierlichen Körperbau. Die kräftige eckige Statur und der herrische Gesichtsausdruck ähnelten dem Grafen Johann von Ahlefeld, dem Vater ihres früh verstorbenen Kindes.

Doch diese kurzen Rückblicke waren nichts als der nebelhafte Nachklang eines in Vergessenheit geratenen Theaterstücks.

Der junge Mann hob sich in seiner Kleidung von den anderen Gästen ab. Er trug ein makellos weißes Rüschenhemd, die offenen Ärmel leicht hochgekrempelt, sodass sie beim Gitarrenspiel hin und her flatterten. Die obersten Hemdknöpfe waren ebenfalls offen, und eine zierliche Goldkette kam zum Vorschein. Über der Stuhllehne hing die blaue Jacke einer Leutnantsuniform.

Er machte auf Friederike den Eindruck, als wäre er direkt einer Theaterbühne entsprungen. Genauso eine Kleidung trug ihr ehemaliger Prinzipal in der Rolle des *Doctor Johanni Fausto* bei einem Gastspiel in Lüneburg.

Er sang nicht besonders schön, aber mit durchdringender Stimme. Wenn er lachte, leuchtete die Schnittwunde auf seiner Stirn rot auf.

Er schien Friederike nicht bemerkt zu haben. Ihr gefiel der Sänger trotz seines bescheidenen musikalischen Talents, und seine Lieder munterten sie auf.

Den Zwischenfall mit Gesche hatte sie längst vergessen.

Ein paar der Lieder kannte sie. Heimlich summte sie die Melodie mit. Als er ein recht neues Lied von Valentin Rathgeber anstimmte, das Friederike ebenfalls geläufig war, konnte sie sich nicht mehr zurückhalten und sang die zweite Stimme laut mit.

Alleweil ein wenig lustig,
alleweil ein wenig durstig,
alleweil ein wenig Geld im Sack,
alleweil ein wenig Schnupftabak,
allzeit so - so!
Man rede, was man will,
ich aber schweig fein still:
Alleweil ein wenig Geld im Sack,
alleweil ein wenig Schnupftabak,
allzeit so - so!

Der Gitarrist schaute Friederike zunächst verblüfft an. Jemand, der das Lied schon kennt und dazu noch mit einer ausgeprägt schönen Stimme singt? Doch er ließ sich nicht aus dem Konzept bringen. Rasch stellte er sich auf das Duett ein. Die beiden brauchten keine Absprachen, sie verstanden sich auch ohne Worte.

Die Stimmen harmonierten miteinander trotz ihrer so unterschiedlichen Charaktere. Die Zuhörer in den vorderen Reihen unterbrachen ihre Gespräche und lauschten den beiden, die jetzt die zweite Strophe anspielten.

Alleweil ein wenig lustig,
alleweil ein wenig durstig,
alleweil ein wenig Witz im Kopf,
alleweil ein wenig Schmalz im Topf,
allzeit so – so …

Mittlerweile war es im Saal still geworden. Alle lauschten der ungewöhnlichen Darbietung. Friederike stand auf und stellte sich neben ihren neuen Partner. Man hätte meinen können, die beiden gehörten schon seit jeher zusammen. Bei der dritten Strophe begleitete Friederike ihn mit einer frei improvisierten kontrapunktischen Gegenstimme.

Alleweil ein wenig lustig,
alleweil ein wenig durstig,
alleweil ein wenig frischen Mut,
alleweil ein wenig kaltes Blut,
allzeit so – so …

Nach dem letzten Akkord spendeten die Gäste stürmischen Applaus. Der Gitarrist umarmte Friederike und drückte sie an sich. Sie bedankte sich mit einem warmen Lächeln. Zu lange hatte sie ein solches Glücksgefühl entbehren müssen. Ihr war, als wäre sie am Ende einer langen Reise zu Haus angekommen.

Die beiden setzten sich an einen der Tische, wo man ihnen bereitwillig Platz machte und sie mit Lob überschüttete. Der Herbergsvater gesellte sich mit einer Karaffe Rotwein zu ihnen. »Gut gemacht! Wenn Ihr wollt, könnt Ihr hier öfter auftreten. Ich zahle auch anständig. Und Ihr, junge Frau, könnt umsonst bei mir wohnen. Allerdings müsstet Ihr Euch für die Abendandachten etwas andere Lieder aussuchen.«

Der Gitarrist versuchte sofort, Kapital aus der Gunst der Stunde zu schlagen. »Über die Bezahlung müssen wir noch mal in Ruhe reden. Und dann kämen noch freie Kost und Logis dazu. Auch für mich. Schließlich sind wir beide anerkannte Musiker.«

Der Wirt bedachte ihn mit einem fragenden Blick. »Wieso? Ich kenne Euch, Ihr seid doch bei der Konsulin Schlichtenkamp in festen Händen.«

Jetzt war es an Friederike, ihn etwas irritiert anzuschauen. Doch ehe sie eine Frage stellen konnte, antwortete der junge Mann mit fester Stimme: »Ich glaube, mein Dienst in der Schauspieltruppe der Konsulin steht jetzt nicht zur Diskussion. Ich muss an meine eigene Karriere denken. Schon seit Längerem trage ich mich mit dem Gedanken, einen Neuanfang zu machen. Das hier«, mit einer hochtrabenden Geste legte er auch noch seine zweite Hand auf Friederikes Arm, »wäre der perfekte Einstieg.«

Dem Herbergsvater war Friederikes fragender Blick nicht entgangen. Er wollte das Gespräch nicht weiter ausdehnen. Sollten die beiden erst einmal selbst miteinander klarkommen.

»Jedem das seine. Mein Angebot steht. Morgen sehen wir weiter«, antwortete er und verabschiedete sich.

*

Endlich waren die beiden allein. Auch die anderen Gäste am Tisch kümmerten sich nicht mehr um sie.

»Du hast eine schöne Stimme. Bist du Opernsängerin?«

Friederike lachte auf. »Unsinn. Ich habe nur mehr Übung als du. – Sag mal, was ist das eigentlich mit dieser Konsulin?«

»Ach, nichts Besonderes. Meine gegenwärtige Arbeitsstelle. Ich bin Sekretär ihrer Schauspieltruppe. Sie ist eine reiche Patrizierin, musst du wissen, und will sich den Traum eines eigenen Theaters erfüllen. Doch leider laufen ihre Geschäfte nicht besonders. Ein ebenso reicher Handwerker, ein Zimmermeister namens Schröder hat hier in Lübeck die besseren Karten. Bei ihm kehren die gefeierten Schauspieler aus aller Welt ein. Da hilft auch mein hervorragendes Talent als ehemaliger Senatssekretär nichts.«

Um von seiner aufschneiderischen Lüge und seiner intimen Beziehung zur Witwe Schlichtenkamp abzulenken, versuchte er, das Gespräch auf eine andere Bahn zu lenken.

»Lassen wir die Vergangenheit ruhen. Denken wir an unsere Zukunft. Ich weiß ja nicht einmal, wie du heißt und was du so machst.«

»Friederike von Pentz. Ich bin Pilgerin auf dem Jakobsweg. Und du?«

»Haucke Seecki. Zur Zeit noch organisatorisches Oberhaupt bei der Schlichtenkamp.« Und in ihrem Bett, ging es ihm durch den Kopf. Mit einem raschen Blick musterte er Friederikes Figur. Aber das kann sich ja bald ändern.

Friederike bemerkte den Seitenblick nicht und antwortete: »Dann haben wir ja in gewisser Weise eine gemeinsame Herkunft. Ich war jahrelang Mitglied in der Wanderbühne des Prinzipals Brookmann. Wir waren sehr erfolgreich. Hast du schon mal von uns gehört.«

»Nein, tut mir leid. In Lübeck seid ihr nicht aufgetreten, das wüsste ich. Also kannst du nicht nur gut singen, sondern hast offenbar auch eine gehörige Portion an Bühnenerfahrung.«

»Na ja, das hält sich in Grenzen. Ich habe zwar viel von der Bühne herab gesungen, aber eine richtige Schauspielerin bin ich nie gewesen.«

»Bei mir ist´s umgekehrt. Die Prinzipalin hat mich oft in der Rolle des jugendlichen Liebhabers eingesetzt, und ich denke, ich bin da ein gewisses Naturtalent. Aber mit dem Singen ist das bei mir nicht weit her. Das heute Abend habe ich nur aus Spaß gemacht.«

Er nahm sich einen Schluck Rotwein und zupfte gedankenversunken auf seiner Gitarre. Plötzlich legte er das Instrument zur Seite. »Ich habe eine Idee. Was hältst du davon, wenn wir beide uns zusammentun. Als Duo, meine ich. Du singst und ich spiele Theater.«

»Wie stellst du dir das vor? Bei einem Theaterstück braucht man eine richtige Bühne und mehrere Darsteller.«

»Das stimmt, aber was ich meine, ist kein herkömmliches Theaterspiel. Ich habe neulich einen Bänkelsänger auf dem Markt gehört. Er machte das ziemlich schlecht, aber die Leute kamen in Scharen und ließen reichlich Münzen springen. Ich bin sicher, wenn man das richtig professionell macht, kann man mit Bänkelsang mehr verdienen als mit einer Theaterbühne, zumal er wenig Aufwand, Personal und Kosten erfordert.«

»Ich habe zwar schon Bänkellieder gehört. Doch was ein Bänkelsänger genau macht, weiß ich nicht. Erklär mir das bitte, bevor ich irgendwelche Entscheidungen treffe.«

»Das, was für den Patrizier die Zeitung ist, ist für das einfache Volk der Bänkelsang, eine Mischung von billiger Nachrichtenquelle und spannender Unterhaltung. Meistens handeln die Lieder von grausamen Verbrechen, die wirklich stattgefunden haben. Und damit sich die Zuhörer nicht zu ähnlichen Taten hinreißen lassen, hat der Senat die Auflage gemacht, dass am Schluss immer eine Strophe für die Moral kommt.

Der Sänger steht auf einer Bank oder einem Karren, damit man ihn möglichst gut hören kann. Optisch wird er durch eine große Stelltafel unterstützt, auf der ein passendes Bild zur jeweiligen Liedstrophe erscheint. Ein Gehilfe zeigt dann mit einem langen Stock darauf und unterstützt das Ganze mit ausdrucksstarken Gesten. Nach der Vorstellung geht er durch die Reihen und sammelt Geld mit seinem Klingelbeutel oder verkauft die gedruckten Liedtexte. Das ist ein gutes Geschäft, wie ich beobachten konnte. Davon könnten wir gut leben, du und ich.«

»Das mit dem Singen und den Gesten wird nicht das Problem seid, soweit ich uns beide einschätzen kann. Doch wo kommen die Bilder her?«

»Habe ich dir nicht erzählt, dass ich ein Künstler bin? Die Bühnenprospekte für meine Prinzipalin habe ich alle selbst entworfen und angefertigt. Ich will ja nicht überheblich sein, aber sie waren immer das Beste an unseren Aufführungen. Du siehst, wir hätten alle Trümpfe in der Hand, wenn wir uns zusammentun würden.«

»Bist du denn nicht vertraglich an deine Prinzipalin gebunden?«

»Keineswegs. Ich bin mein eigener Herr und habe immer das gemacht, was ich für richtig hielt. Übrigens, ich habe vor den Toren der Stadt, im dänischen Moisling, ein Atelier mit einem kleinen Übungsraum gemietet. Wenn du willst, kannst du dort wohnen. Dann könnten wir in Ruhe ein Programm ausarbeiten. Oder hast du was gegen die Dänen?«

»Nein keineswegs. Ich bin von Geburt selbst eine, auch wenn ich viel besser deutsch als dänisch spreche.«

»Abgemacht. Dann lass es uns miteinander versuchen. Ich bin sicher, du wirst es nicht bereuen.«

*

Das Dorf Moisling lag eine Stunde entfernt südwestlich vor den Toren Lübecks. Seit etwa 70 Jahren stand es unter dänischer Hoheit und entwickelte sich zu einer Pokerkarte im Machtkampf zwischen den Dänen und den Lübeckern. Nicht nur, dass sich hier Handwerker ansiedeln durften, die den städtischen Zünften Konkurrenz machten. Den aus dem Osten geflüchteten Juden, die in Lübeck kein Aufenthalts-recht bekamen, wurden soziale und religiöse Freihei-ten eingeräumt, was sie ermunterte, sich in den von den Hanseaten dominierten Handel einzumischen.

Die Spannungen zwischen dem Dorf und der Stadt waren auf dem Höhepunkt, als sich Seecki in Moisling niederließ. Durch seine zwielichtige Betrieb-samkeit und seine amourösen Abenteuer hatte er sich in Lübeck manche Feinde gemacht. Jetzt erhoff-te er hier einen Neuanfang, ohne zu weit von den Vorzügen des Stadtlebens entfernt zu sein.

Das, was er großspurig als sein Atelier angekün-digt hatte, entpuppte sich als eine Hinterhofetage mit rohen Fachwerkwänden und einer Decke, die so niedrig war, dass Friederike den Kopf einziehen musste, um nicht gegen die Deckenbalken zu sto-ßen. Das Tageslicht, das nur in den Spätnachmit-tagsstunden durch die matten Mondglasscheiben der schmalen Fenster eindrang, überzog die Räume mit einem konturlosen Dunst, der die ohnehin kargen Farbtöne der Möbel und Stoffe erstickte. Seecki hatte das Mobiliar und die Gebrauchsgegenstände des Alltags von seinem Vermieter, dem Schutzjuden Meir Isaac Stern gegen einen geringen Aufpreis über-nommen.

Meir hatte die Gegenstände aus verschiedenen Nachlässen zusammengeschachert. Nichts passte richtig zueinander, vieles war arg abgegriffen, den-noch in robustem Zustand: Ein breites Ehebett mit einem grünen Nachtvorhang, eine eichene *Schenck-scheibe*, also eine Art Kleiderschrank, ein länglicher Tisch, an dem die drei Danziger Holzstühle recht verloren wirkten, ein zinnener Tischleuchter und ein Schapp für Geschirr und Tuch. Einen Ofen gab es nicht, dafür sorgte der Küchenherd für die nötige Wärme.

Viel war das nicht, dennoch kam Friederike die Wohnung nach all den Jahren des Wanderlebens wie ein bislang unerreichter Luxus vor. Gegenüber dem Vermieter gab Seecki Friederike als sein Eheweib aus, was sie körperlich auch nach wenigen Tagen des Zusammenwohnens wurde.

Die Arbeit an ihrem Auftritt als Bänkelsänger begann mit einem Text, den Seecki bei einem Aufenthalt in seiner Stammkneipe, dem *Weißen Schwan* kurz vorm Lübecker Mühlentor aufgeschnappt hatte. Dort trafen sich die Durchreisenden, die Marktbeschicker und die Wanderhändler, um die Nachrichten aus aller Welt mit den Neuigkeiten aus der Stadt zu tauschen. Für Seecki war es gleichzeitig ein Ort, um mit Hehlerware zu handeln, vorzugsweise mit Schmuck und alten Münzen. Doch das verschwieg er Friederike gegenüber.

»Es geht um eine Mordtat, die sich im Mecklenburgischen zugetragen hat, eine Geschichte, wie sie nur das wirkliche Leben schreiben kann. Eine liederliche Weibsperson hatte sich ihres ungewollten Kindes entledigt, indem sie es tötete, zerstückelte und im Abort runterspülte. Doch leider gab es eine Verstopfung, und der Klempner entdeckte die Tat.«

Friederike war skeptisch. »Meinst du, so etwas Bizarres interessiert die Zuschauer?«

»Natürlich. Je blutrünstiger und perverser unsere Geschichten ausfallen, desto höher sind die Einnahmen. Wichtig ist nur, dass man die Tatsachen nicht mit nüchternen Worten erzählt, sondern sie gewissermaßen als Kunst verpackt. Es ist die Aufgabe des Bänkelsangs, den Unterschied zwischen Realität und Traum aufzuheben. Das erwarten die Leute, und am Ende natürlich auch eine Moral. Der Bürger will den Nervenkitzel ebenso wie die moralische Erbauung. Das mit der Moralstrophe verlangt außerdem der Marktaufseher, sonst dürfen wir nicht auftreten. Die Obrigkeit hat Angst, dass jemand auf die Idee kommt, unsere Geschichten selbst mal in der Wirklichkeit auszuprobieren.«

Seecki setzte die Geschichte in Reime um, erstellte die Bildtafeln und druckte die Programmzettel. Friederike dachte sich die passende Musik aus. Um die Dramatik der Darbietung zu steigern, genauer gesagt, um den Umsatz anzukurbeln, beschloss Seecki, sich als kriegsversehrter Lieutenant außer Dienst herauszuputzen. Er bastelte eine Attrappe, die das Ende seines Unterarms zu einem Stumpf verunstaltete, als hätte er seine Hand in der Schlacht verloren. So konnte er zwar nicht Gitarre spielen. Doch das machte nichts. Im Gegenteil, Friederikes Stimme kam umso besser zur Wirkung. Seine Stirnwunde, die er sich vor Jahren bei einer Rauferei mit einem betrunkenen russischen Matrosen zugezogen hatte, zeichnete er mit tiefroter Schminke nach.

*

An einem frostigen Februartag begleiteten sie Meir Isaac Stern in die Stadt. Seecki wollte beim Rat eine Spielerlaubnis einholen. Mit dem klapprigen Fuhrwerk des Juden ging es über das Dorf Genin, an der Walkmühle und der Petri-Ziegelei vorbei. Kurz vor den Toren der Stadt, im *Gasthaus zum Weißen Schwan*, legten sie eine Pause ein. Während sich Friederike und der Kutscher mit einem Dünnbier erfrischten, verschwand Seecki in einem Nebenzimmer.

Dort wechselte ein Paar gestohlene Eheringe den Besitzer.

Die Kontrolle am Mühlentor war kurz. Der Wachposten kannte Meir. »Welche Ehre, der Schutzjude betritt unser christliches Stadtgebiet«, rief er ihm in jovialem Ton zu. »Der Rat ist wohl wieder klamm bei Kasse?«

»Nein, nein. Die üblichen Geldgeschäfte mit den Kaufleuten.«

»Dann seid aber auf der Hut. Die Stimmung ist gereizt. Es geht mal wieder um die Ratswahl. Einige Kompanien, allen voran die Schonenfahrer, pochen auf ihre Rechte bei der Mitbestimmung im Rat. So wie's aussieht, liegt Revolte in der Luft, das könnte Euren Geschäften schaden«.

»Wird schon gut gehen«, gab Meir zurück. Ob er damit den Konflikt oder seine Geschäfte meinte, blieb offen.

Als sie die Mühlenstraße hochfuhren, hakte Friederike nach. »Wir Schausteller haben es in der Stadt schon schwer genug, wenn wir eine Auftrittserlaubnis bekommen wollen. Aber euch Juden lässt man ja erst gar nicht herein. Wieso macht man bei dir eine Ausnahme?«

»Das ist eigentlich eine lange Geschichte, mein Kind, aber ich will mich kurzfassen. Wir Juden sind in Lübeck unerwünscht. Nicht nur hier, überall auf der Welt.

In Moisling und in anderen, unter dänischer Hoheit stehenden Gebieten wie Altona bei Hamburg ist das etwas anders. Dort gibt es eine ordentliche Gemeinde. Wir dürfen unseren Gottesdienst öffentlich abhalten, haben unseren Betraum, unseren Friedhof und unser rituelles Badehaus. Und wir dürfen recht freizügig unseren Geschäften nachgehen.

In Lübeck ist uns all das verwehrt. Die hanseatische Kaufmannschaft fürchtet uns als Konkurrenz und wird in ihrer antijüdischen Haltung von der evangelischen Geistlichkeit unterstützt. Auf Druck der dänischen Regierung und der Gutsherren von Moisling gelang es, für Juden einen freien Zugang in die Stadt durchzusetzen, allerdings nur für höchstens einen Juden pro Tag. Das ist der Schutzjude, zurzeit also ich.«

»Das ist ja wie in einem richtigen Drama. Sitzt du dann nicht zwischen den Stühlen? Ich meine, die Lübecker verachten dich, aber sie brauchen dich. Deine Glaubensbrüder beneiden dich, aber sie nutzen deine Beziehungen aus.«

»Ja, du hast recht. Es ist ein zweischneidiges Privileg, und der Rat knüpft mir dafür auch unverschämt viel Geld ab. Aber ich möchte mit niemandem tauschen. Es bietet mir ein paar kleine Freiheiten. Als Schutzjude darf ich wenigstens Geldwechsel und Trödelhandel betreiben, und ich darf Geld gegen die üblichen Zinsen verleihen. Aber ich darf weder mit

Kaufmannswaren handeln, noch mich ins Speditionsgeschäft einmischen oder Pfandleihe betreiben. Die Hanseaten leiden den Juden nur, wenn er frisches Geld hat, denn das braucht selbst der reichste Patrizier. Ich kann damit leben, auch wenn ich wegen meiner Religion angefeindet werde.«

»Du bist ein guter Mensch. Danke, dass du uns mitgenommen hast.«

Der Alte freute sich über das Lob. Seecki interessierte sich mehr für sein eigenes Geschäft: »Sag mal, dein Sohn Elkan könnte bei unseren Auftritten für die Werbung sorgen, Trinkgelder einsammeln, Programmzettel verkaufen und so weiter. Natürlich gegen ein gutes Entgelt.«

»Wenn der Junge es will, meinetwegen. An mir soll's nicht liegen.«

Am Klingenberg ließ Meir seine beiden Fahrgäste aussteigen und ging seinen Geschäften nach. Seecki führte Friederike über den Platz und deutete auf das Haus der Witwe Schlichtenkamp.

»Hier wohnt meine ehemalige Prinzipalin. Bei ihr habe ich mein künstlerisches Handwerk erlernt, bis hin zur Meisterschaft«, prahlte er. »Und ich war ihr Sekretär. Ohne mich wäre ihre Truppe nicht das geworden, was sie bis vor Kurzem war.«

Seine amourösen Abenteuer mit der Witwe und ihrer Zofe Gesche verschwieg er.

Am Marktplatz angekommen, wurden sie Zeuge einer seltsamen Demonstration. Eine Gruppe von Männern, alle in schwarze Mäntel gehüllt, stürmte unter lautem Geschrei auf das Rathaus zu.

Seecki fasste Friederike am Arm und zog sie die Breite Straße hinauf. »Das wird der Aufstand sein, von dem die Wache sprach. Da sollten wir nicht zwischen die Räder geraten. Ich glaube, es ist besser, wir warten mit unserem Gesuch ab, bis sich die Lage entspannt hat«.

»Meinst du denn, wir haben überhaupt Aussicht auf Erfolg? Der Rat wird jetzt andere Sorgen haben, als sich um die Schausteller zu kümmern.«

»Im Gegenteil. Der Rat wird froh sein, dass wir den Bürgern ein wenig Abwechslung bringen. Das wird sie von ihren Alltagssorgen ablenken. Und wenn wir dann auch noch die richtige Moralstrophe für den Schluss nachweisen, wird uns der Rat als Bündnispartner anerkennen, und wir können unsere Konditionen verbessern.«

Die beiden gingen ziellos Richtung Burgtor, um abzuwarten, bis vorm Rathaus wieder Ruhe eingekehrt war. Plötzlich hatte Friederike eine Idee.

»Lass uns meine Freundin Gesche besuchen. Sie wohnt oben am Burgtor bei einem Litzenbruder. Nahe der Pilgerherberge, in der wir beide uns kennengelernt haben. Ich habe lange nichts mehr von ihr gehört. Sie wird sich freuen, mich wiederzusehen. Dann kann ich dich ihr vorstellen. Sie ist eine reizende Frau, ich bin sicher, sie wird auch dir gefallen.«

Friederike merkte nicht, dass Seecki mit dem Vorschlag keineswegs glücklich war. Zufällig kamen sie an der Jacobikirche vorbei. Mächtige Orgelklänge drangen bis auf die Straße.

»Keine schlechte Idee«, flunkerte er. »Aber ich wäre jetzt lieber allein mit dir, wo wir so selten zusammen sind. – Hörst du die Orgel? Lass uns in die Kirche gehen, du liebst doch diese Musik.«

»Seit wann interessierst du dich für Orgelmusik?«

»Seit ich an deiner Seite bin. Dein musikalisches Talent hat mich geformt.«

Sie betraten die Jacobikirche durch den Westeingang, setzten sich in die Brauerkapelle unterhalb der großen Orgel mit ihren beiden prächtigen Pedaltürmen und lauschten der Musik.

Georg Wilhelm Saxer spielte gerade eine seiner Präludien. Wenn man unter der Orgel saß, gingen die Schallwellen direkt in den Körper über. Die mächtigen Pedaltöne ließen die Knochen vibrieren. Selbst wenn man sich die Ohren zuhielt, wurde man von den Klangkaskaden überflutet.

Als wäre sie in einem Dämmerzustand saß Friederike regungslos auf der Kirchenbank und ließ sich von der Musik treiben. Nach dem letzten Ton blieb sie minutenlang still und mit geschlossenen Augen sitzen. Seecki beobachtete sie aus den Augenwinkeln heraus. Er wagte es nicht, sie zu stören.

Als Friederike wieder auftaute, hielt er ihr die beiden Ringe hin, die er heute Morgen als Hehlerware ergaunert hatte.

Verführerisch flüsterte er ihr ins Ohr: »Möchtest du meine Frau werden?«

Friederike brauchte eine geraume Zeit, um die Überraschung zu verkraften. Dann drückte sie ihm wortlos die Hand.

Seecki hatte sein Ziel erreicht. Der Besuch bei Gesche war vorläufig abgesagt.

*

»Habt ihr schon gehört? Meine Nachbarin, die Schaustellerin, wurde in Lübeck festgenommen. Sie soll ihren Liebhaber mit dem Messer bedroht haben, nachdem sie erfuhr, dass er mit seiner einstigen Prinzipalin in Bett gegangen sei und es immer noch mit ihr treibt.«

Die Witwe Siemsen blähte sich vor Empörung so auf, dass sie fast wie eine Kugel aussah. Ihre Freundin, die hübsche Zofe beim Gutsherrn, pflichtete ihr kopfnickend bei.

»Ein Skandal. Mord aus Eifersucht. Ich hab das kommen sehen. Seecki, dieser angebliche Leutnant, ist ein Schürzenjäger, wie er im Buche steht. Hinter mir war er auch mal her. Aber bei mir hatte er kein Glück, schließlich bin ich in festen Händen.«

Die Witwe wurde neugierig und wollte Näheres wissen, doch die Zofe kümmerte sich nicht um sie. Muss ja niemand wissen, dass ich mit dem Gutsherrn intim bin. »Man sollte dieses fahrende Volk erst gar nicht ins Dorf lassen. Ist mir schleierhaft, warum der Schutzjude an sie vermietet hat. Na ja, Juden. Wer weiß, was da alles so läuft.«

Die dritte im Bunde, die hagere Besenmacherin, die wie eines ihrer Produkte aussah, wusste auch etwas zum Thema beizusteuern. »Das sind gottlose Menschen. Diesen Seecki habe ich neulich hinterm Mühlentor gesehen, bei der Waschstelle am Krähenteich. Wie er es da mit einer drallen Wäscherin trieb, hat mir die Schamesröte in den Kopf getrieben. Kein Wunder, dass da eine Frau eifersüchtig wird.«

Was verstehst du Besen schon von weiblicher Eifersucht, fragte sich die Zofe. Zu gern hätte sie ein paar pikante Details erfahren. Vielleicht gab es da etwas zu lernen. Der Gutsherr liebte die erotische Abwechslung. Doch die Witwe Siemsen gab dem Gespräch leider eine andere Wendung.

»Ich glaube, da ist nicht nur Eifersucht im Spiel. Diese Bänkelsängerin scheint nicht ganz klar im Kopf zu sein. Wie ihr wisst, habe ich das zweifelhafte Vergnügen, mit ihr Mauer an Mauer zu leben. Da hört man so manches.«

Sie zog die beiden anderen näher zu sich heran, als würde sie ein Staatsgeheimnis verraten.

»Ich meine, dass sie von zerstückelten Leichen und von Kinderschänderei singt, ist zwar befremdlich, aber es gehört wohl zu ihrem Beruf. Schlimmer finde ich, dass sie nachts ständig laut aufschreit und gleich danach hysterisch lacht. Ob das nun zu ihrem Schauspiel gehört, oder ob das ihre Natur ist, kann ich nicht unterscheiden.«

»Vielleicht ist es ja ein besonders aufregendes Intimspiel«, meinte die Zofe, die sich lebhaft für derartige Dinge interessierte. Doch leider konnte sie auch diesmal nichts dazulernen, denn die Witwe fuhr unbeirrt fort.

»Jedenfalls ist es, als hätte sie den Teufel im Leib. Noch zu meiner Brautzeit in der Uckermark, wo ich herkomme, wurden solche Frauen als Hexen verbrannt. Gott sei Dank sind wir nicht so eine.«

Die Besenmacherin, die regelmäßig in die Kirche ging, pflichtete ihr bei. »Ja, wir sind gottesfürchtig und wir leben nach der Bibel. Elkan, der Sohn vom Schutzjuden, hat mir erzählt, dass es bei denen in der Küche drunter und drüber geht. Der arme Junge muss ja wohl den Laufburschen für die Schausteller spielen. Hat sein Vater ihm befohlen. Na ja, verstehe einer die Juden. Jedenfalls gibt es dort keine geregelten Mahlzeiten. Mal hungern sie sich durch den Monat, mal saufen und huren sie in Anwesenheit des Kindes, dass die Wände wackeln. Zustände sind das, da musste eigentlich der Bürgervorstand einschreiten.«

Die Witwe Siemsen fühlte sich bemüßigt, noch einen draufzulegen. »Neulich rannte diese Person mit blutendem Unterarm schreiend aus dem Haus. Ich konnte durch mein rasches Eingreifen noch rechtzeitig verhindern, dass sie verblutete. Gedankt hat sie mir das bis heute nicht. Ich bin sicher, dass sie sich die Wunde selbst zugefügt hat, denn sie war allein, und es war mitten in der Nacht. Da schneidet man kein Brot in der Küche. Ist schon komisch. Ich möchte nicht wissen, wie es in deren Kopf aussieht.«

In diesem Moment kam Meir, der Schutzjude, mit seinem Gespann auf den Hof. »Na, was gibt´s Neues aus der Stadt?«, wollte die Besenmacherin wissen.

»Friederike von Pentz ist nach wenigen Tagen Haft wieder freigekommen, aber ihr wurde ein Monat Hausarrest auferlegt. Seecki musste 50 Taler hinterlegen.«

»Das wird sie zur Besinnung bringen,« kommentierte die Witwe Siemsen. »Allerdings finde ich, dass die Strafe viel zu mild ist. Liederliche Frauen wie sie gehören nicht in die Öffentlichkeit.« Vor dem Juden traute sie sich nicht, ihre Vorliebe für Hexenverbrennungen anzudeuten, aber sie dachte sich ihren Teil.

Meir war anderer Ansicht, und er hatte es gelernt, ehrlich seine Meinung zu sagen. »Na ja, ich bin mir nicht sicher, ob das eine gute Lösung ist. Friederike einzusperren war so ziemlich das schlimmste, was passieren konnte.«

»Was legst du dich für eine Hure so ins Zeug?«, wetterte die Zofe mit einer Stimme, die man ihrem zierlichen Körper nicht zugetraut hätte.

Meir stellte ihr eine Gegenfrage. »Kennst du sie denn so gut, dass du das beurteilen kannst?«

Womöglich treibt's der Jude auch mit der Hure, dachte sie, sprach es aber nicht laut aus, weil sie es sich mit Meir nicht verscherzen wollte. Schließlich galt er als einer der einflussreichsten Männer im Dorf.

»Nein, das nicht. Aber dass sie eine Hure ist, sieht man ihr doch an«

»Mag sein, dass du dich in Hurendingen besser auskennst als ich. Ich vertraue lieber dem, was ich selbst gehört habe. Sie hat mir einiges aus ihrem bisherigen Leben erzählt. Und das war alles andere als einfach, scheint mir. Sie hatte nur wenige Menschen, denen sie vertrauen konnte, und sie hatte nie ein richtiges Zuhause, keine Heimat.«

»Dann sollte ihr der Hausarrest doch gut tun. Dann lernt sie endlich mal, was es heißt, ein Zuhause zu haben«, unterbrach ihn die Besenbinderin mit zynischem Unterton.

»Nein, meine Liebe. Ganz und gar nicht. In ein Haus eingesperrt zu sein, heißt noch lange nicht, ein Zuhause zu haben. Nicht die äußeren Verhältnisse zählen, die inneren sind es. Man braucht Geborgenheit und das Vertrauen auf eine eigene Geschichtlichkeit. Als Jude, der bislang stets auf der Flucht war, weiß ich, wovon ich rede. Ihr könnt das wahrscheinlich nicht so leicht nachvollziehen.«

Meir stieg von seinem Kutscherbock herab und band die Pferde an die Stange. Dann wandte er sich erneut den Frauen zu. Sein ernster Ton hatte sie zum Schweigen gebracht.

»Und was noch wichtiger ist, man muss mit der Freiheit in den eigenen vier Wänden auch umgehen können. Und genau da habe ich bei Friederike meine Zweifel. Es ist ja nicht so, dass sie bisher in ungeordneten Verhältnissen lebte. Im Gegenteil. Am dänischen Königshof und bei der Brookmannschen Wanderbühne gab es einen festen Tagesablauf. Friederike brauchte sich weder um das Essen, noch um die Unterkunft, noch um das tägliche Geldverdienen zu kümmern. Das besorgten andere für sie.«

Meir griff zur Heugabel und warf seinen Pferden eine Ladung frischen Futters zu. Dann streichelte er sie. Die Pferde sollten spüren, dass sie zu Haus waren.

»Jetzt ist Friederike auf sich selbst gestellt. Sie muss sich ihr neues Heim erst erkämpfen. Niemand kocht für sie, niemand in der Nachbarschaft kümmert sich um sie.«

Die drei Frauen werteten seine Bemerkung als Vorwurf und setzten an, sich lautstark zu verteidigen. Doch Meir ließ sie nicht zum Zug kommen.

»Niemand will euch den schwarzen Peter zuschieben. Ich mache euch keinen Vorwurf, schließlich habt ihr genug mit eurem eigenen Leben zu schaffen. Aber, was mir Sorge macht, ist dieser Seecki. Er, zumal er sich als Friederikes Ehemann ausgibt, sollte die wesentliche Stütze für ein wirkliches Zuhause sein. Doch er ist es nicht. Von einem Zuhause, von einer wirklichen Heimat hat der Bursche keine Ahnung. Dass er sich im *Weißen Schwan* mit zwielichtigen Gesellen herumtreibt, soll seine Sache sein. Ich will ja nicht den Teufel an die Wand malen, doch, dass er es vorzieht, anderen Weibsröcken hinterherzujagen, statt sich um Friederike zu kümmern, wird über kurz oder lang in einer Katastrophe enden.«

*

Der wochenlange Hausarrest machte Friederike mürbe. Der Haushalt verfiel, niemand sorgte fürs Essen. Die schmutzige Wäsche stapelte sich. Zu all dem ließ sich Seecki nur selten blicken. Wenn, dann warf er zwar genügend Geld auf den Küchentisch, doch er kümmerte sich nicht weiter um sie.

Eines Tages, Seecki war wieder einmal seit Tagen verschwunden, entdeckte sie in seiner Jackentasche die Kette mit dem kleinen Holzkreisel, die sie einst an Gesches Hals bewundert hatte.

Ein Zweifel war ausgeschlossen. Damals hatte ihre Freundin gesagt, ihr *Liebster* habe sie ihr geschenkt. Er sei wie der Kreisel: ein unersättliches Stehaufmännchen. Auch in der Liebe.

Gesche! Ausgerechnet ihre einzige Freundin, trieb es mit Seecki, dem Mann, der Friederike vor dem Altar in der Jacobikirche kniend die Ehe versprochen hatte.

Friederike schrie so laut und hysterisch, dass ihrer Nachbarin vor Schreck der Teller aus der Hand fiel und in tausend Scherben zerbrach. »Jetzt ist sie ganz durchgedreht«, fluchte die Witwe Siemsen. »Ich muss rüber zum Schutzjuden, um Hilfe zu holen. Nachher tut sie sich wieder was an. Und am Ende uns auch.«

Als die Witwe aus der Tür trat, sah sie, wie Friederike mit aufgelösten Haaren und ohne Straßenkleidung über den Hof lief. In der Hand hielt sie einen Hirschfänger, in dessen blanker Klinge sich die Sonnenstrahlen brachen. Rasch zog sich die Witwe Siemsen zurück und verrammelte die Tür. »Hauptsache, der Kelch geht an mir vorbei«, brummte sie und schob sicherheitshalber noch eine Kommode vor die Tür. »Soll die Hexe sehn, wie sie zurechtkommt.«

*

Der Litzenbruder, der nahe des Lübecker Burgtors wohnte, staunte nicht schlecht, als seine einstige Untermieterin mit dem Messer in der Hand wie eine Wahnsinnige in seine Wohnung stürmte.

282

»Wo ist Gesche? Ich will sofort mit Gesche sprechen«, schrie Friederike ihn an.

»Nun mal mit der Ruhe. Was ist denn passiert,
dass du so aufgeregt bist?«

Friederike stieß ihn zur Seite. »Ich will Gesche
sehen! Sofort! Wo ist das Weib?«

Gesche war der Lärm nicht entgangen. Sie kam
die Dielentreppe herunter und blieb auf halber Höhe
stehen. Es war nicht zu übersehen. Gesche war
schwanger.

Inzwischen war es dem Litzenbruder gelungen,
Friederike festzuhalten. Aber beruhigen konnte er sie
nicht.

Friederike hielt Gesche die Halskette entgegen.
»Ist das deine? Wie kommt sie in die Jackentasche
meines Verlobten?«

»Dein Verlobter? Dass ich nicht lache!« Sie
streckte ihren Bauch vor. »Schau her! Nur das zählt
im Leben. Seecki ist der Vater meines Kindes. Ist das
nicht deutlich genug?«

Friederike war plötzlich wie gelähmt. Mit einem
merkwürdig trockenem Ton flüsterte sie: »Ich bringe
dich um!«

Der Hausherr hielt sie mit eisernem Griff fest.
Gesche stürzte die letzten Stufen der Treppe herunter und eilte an den beiden vorbei. Dabei riss sie
Friederike die Kette samt Kreisel aus der Hand und
verschwand auf die Straße.

Als Gesche nicht mehr zu sehen war, ließ der
Litzenbruder Friederike wieder frei. »Gib es auf, gegen die kommst du nicht an. Geh nach Haus. Du

wirst sehen, bald hast du einen anderen. Einen Besseren. Du hast es verdient.«

Doch Friederike ließ sich nicht von ihrem Vorhaben abbringen. Mit gesenktem Kopf und gekrümmter Haltung schlich sie zur Tür hinaus wie eine, deren inneres Rückgrat gebrochen war.

»Ich bringe sie um. So will es das Spiel.«

* * *

Der Wache am Hüxtertor fällt eine unordentlich gekleidete Frau mit wirren Haaren auf, die eine geschlagene Stunde um die Tordurchfahrt herumstreicht. Dann wendet sie sich an den Wächter: »Sind die Wäscherinnen vom Krähenteich schon durch?«

»Die Wäscherinnen? Gute Frau, heute ist kein Waschtag. Da wartet Ihr vergebens.«

Wieder treibt sich die merkwürdige Frau längere Zeit herum. Dann fragt sie erneut: »Ist denn der Leutnant Seecki aus Moisling schon durch?«

»Seecki? Ich kenne keinen Seecki. Und ein Leutnant ist mir heute noch nicht begegnet. Ein Leutnant aus Moisling? Wer soll das denn sein? Ich fürchte, Ihr jagt Hirngespinsten nach, gute Frau. Geht besser nach Haus und wärmt euch auf. Das wird Euch wieder zu Verstand bringen.«

Kopfschüttelnd blickt er ihr nach, wie sie am Krähenteich entlang in Richtung Mühlentor läuft.

Den Alten, der jeden Tag an der Dankwartsbrücke steht, um bei den Passanten ein Almosen zu erbetteln, rempelt Friederike beinah um. Bei der ist nichts zu holen, das sieht er sofort. Im Gegenteil, so verzweifelt, wie die aussieht, bräuchte sie Hilfe notwendiger als ich.

»Ist hier heute eine Wäscherin durchgekommen?«, fragt sie ihn. »Ich meine, eine, die schwanger ist.«

Ihm fällt auf, dass ihre Augen unnatürlich weit geöffnet sind und im linken Auge ein Blutäderchen geplatzt war. Die Blutblase verdeckt fast den gesamten Augapfel.

Sie hat den bösen Blick, findet er.

»Nein, gnädige Frau, weder eine Wäscherin noch eine Schwangere. Hier gehen nur Bürgersfrauen vorbei.«

Friederike macht eine ungehaltene Bewegung. Dabei sieht der Alte, dass ein Hirschfänger hinter ihrem Rocksaum steckt. Ihm schwant nichts Gutes, aber er sagt nichts.

Er hat Angst.

Die Frau eilt die Wallanlagen zur Bastion Katz hinauf. Vorsichtshalber verfolgt er sie und behält sie im Auge. Der wachhabende Posten dort oben hält sie offenbar für ein leichtes Mädchen und versucht sie zu umarmen. »Na, mein Schatz, ich liebe stürmische Frauen. Bei mir liegst du richtig.«

Doch Friederike stößt ihn so heftig zur Seite, dass sein Gewehr polternd zu Boden fällt. »Verdammtes Aas, ich werd's dir zeigen!« Doch ehe er seine Waffe wieder auflesen kann, ist die Frau den Wall wieder heruntergelaufen.

Der Bettler hat Mühe, ihr zu folgen.

Beim Laboratorium trifft Friederike auf zwei Ball spielende Jungen. Sie redet auf die beiden ein. Dann nimmt sie einen bei der Hand und verschwindet mit ihm hinter einer Biegung.

Der andere Junge spielt weiter mit seinem Ball.

Der Bettler geht zu ihm.

»Sag mal, was wollte die Frau von euch?«

»Sie hat meinen Bruder Jan aufgefordert, mit ihr eine verlorene Schnupftabakdose zu suchen. Er bekommt dafür einen Schilling Finderlohn.«

»Und das glaubst du?«

»Warum denn nicht. Den Schilling können wir gut gebrauchen.«

»Weil diese Frau den bösen Blick hat. Mir wäre es lieber, wir würden den beiden hinterher gehen. Nimm deinen Ball mit. Wenn nichts passiert ist, können wir zu dritt Fußball spielen. Einer im Tor, die beiden anderen gegeneinander.«

»Bist du nicht zu alt dafür?«

»Da mach dir mal keine Sorgen. Ich bin zwar nicht mehr der Jüngste, aber ich habe mehr Erfahrung als ihr.«

Einige hundert Schritte weiter entdecken sie den zusammengekauerten Körper des Jungen in einem Gestrüpp.

Blutüberströmt.

Der Bettler ahnt sofort den Zusammenhang. Die wirre Frau mit dem Hirschfänger hinter dem Rocksaum. Er befiehlt seinem Begleiter, beim Bruder zu bleiben. Dann läuft er zum Wachposten oberhalb der Dankwartsbrücke.

»Zur Hilfe! Ein Kind ist hinterrücks gestochen worden!«

Am folgenden Tage erliegt Jan seiner tödlichen Verwundung.

Die Kinderfrau, die ein kleines Mädchen auf den Wiesen bei der Bastion Buniamshof spazieren führt, ahnt nichts Böses, als sich ihr eine etwas verwirrt dreinschauende Frau nähert.

Hannah hat einen Korb Veilchen in der Hand, die sie gerade gepflückt hatte.

»Oh, welch wunderschöne Blumen! Ich liebe Veilchen, ihr Duft beruhigt mich. Pflückst du für mich dort hinten auf der Wiese auch welche? Ich kann mich nicht bücken. Ich gebe dir einen Schilling dafür.«

»Da gibt es keine mehr«, antwortet Hannah.

Doch die Kinderfrau ist scharf auf den Schilling. »Na, versuch's noch mal, wo die Tante dir einen Schilling verspricht. Ich warte hier solange.«

Doch sie wartet vergebens. Irgendwann macht sie sich auf die Suche nach ihrem Schützling.

Sie findet ihn leblos im hohen Gras einer Wiese. Die Veilchen aus dem Korb liegen verstreut um Hannah herum und beginnen zu welken.

Sieben Messerstiche im Körper. Jeder davon ist tödlich.

Auf der Höhe der Bastion Kommis machen zwei Bürger einen Spaziergang, um in Ruhe Handelsgeschäfte zu führen. Manchmal gibt es Dinge, die man

besser nicht in einem Büro vor den Augen neugieriger Angestellter bespricht.

Ihnen kommt eine völlig orientierungslose Frau
entgegen. Sie faselt wirres Zeug vor sich hin.

*So wird bald dein armer Traum erschäumen
Von Wogen, die des eignen Blutes Fülle
Zum Purpur färbt. Denn schon, so weit wir schauen,
Ist alles rings Verderben, alles Grauen.*

Sie hält einen blutverschmierten Hirschfänger in
der Hand. Einer der beiden Bürger fühlt sich bedroht.
Er zieht seinen Degen.

Die Frau weicht erschrocken vor ihm zurück.

Es gelingt den beiden Männern, die Wahnsinnige
bis zum Mühlentor zu treiben, wo sie der Konstabler
festnimmt, ohne dass sie Gegenwehr leistet.

Intermezzo – Requiem im Dom

Jan (7 Jahre alt; † 4. Mai 1740)

»Du siehst gar nicht so aus, wie auf dem Bild neben der Totentanzorgel in der Marienkirche.«

»Du kennst es?«

»Ja, ich habe es mir genau angesehen, vor einem Jahr, als mein Vater starb und wir dort die Messe hatten. Auf dem Bild bist du viel älter und hässlicher als in Wirklichkeit.«

»Du musst wissen, dass ich viele Gesichter trage und dass ich kein Alter habe. Ich bin immer genauso alt, wie die Freunde, die ich gerade besuche.«

»Bist du denn mein Freund?«

»Natürlich, sonst wär ich ja nicht gekommen. Ich kenne dich von Geburt an, so wie ich sie alle kenne.«

»Dann wirst du wissen, dass ich morgen Geburtstag habe.«

»Ja, aber das ist nicht ganz richtig. Dein wahrer Geburtstag ist schon heute. Ich bin gekommen, um ihn mit dir zusammen zu feiern. Du wirst sehen, es wird eine schöne Feier. Die Sonne wird ganz hell scheinen, sie wird dich blenden, und wir werden zusammen tanzen.

»Fein, ich tanze gern, auch wenn ich mich im Moment etwas benommen fühle.«

»Tut es denn noch weh?«

»Nein, der Schmerz war nur kurz. Ein paar kaum spürbare Nadelstiche. Es war, als wären Eiszapfen

durch das Tauwetter von der Dachtraufe herab auf meinen Rücken gefallen.«

»Eiszapfen im Sommer? Du fantasierst.«

»Nein, ganz und gar nicht. Spürst du nicht auch den Winter? Eiskalte Finger habe ich. Du auch.«

»Das muss dich nicht stören, das ist von Berufs wegen. Meine Freunde erwarten das von mir.«

»Was schenkst du mir denn zum Geburtstag?«

»Eine Schnupftabakdose, silbern wie der Schnee. Oder besser eine ganze Wiese voller Schnee und Schnupftabakdosen.«

»Ja, das gefällt mir. Dann kann ich der fremden Frau ihre Schnupftabakdose zurückbringen. Das bringt mir einen Schilling Finderlohn ein.«

»Sie war nett zu dir, diese Frau, nicht wahr?«

»Oh ja. Sie hatte so etwas Traumwandlerisches an sich, als wäre sie eine von uns. Mein Bruder und ich hätten gern mit ihr Fußball gespielt. Aber sie suchte nur ihre Schnupftabakdose.«

»Ich sehe, du kennst dich mit Träumen aus. Träumst du gern?«

»Ja, denn das macht meine Welt reicher.«

»Dann komm mit mir. Wir werden tanzen und träumen, so lange wir wollen.«

»So soll ich an den Tanz, wer hätte das gedacht?
Ich, der manches Schloss doch in der Luft gemacht.«

»Du bist ja ein richtiger Dichter.«

»Nein, ich habe mir nur einen der Sprüche ge-
merkt, die auf dem Bild in der Marienkirche stehen.«

»Du bist ein guter Junge. Ich bin stolz auf meinen neuen Freund. Komm in meine Arme und schließ die Augen.«

*

Hannah (4 Jahre alt; † 4. Mai 1740)

»Warum fliegst du nicht fort? Hast du denn keine Angst vor mir, wo du mir so nah bist?«

»Vor dir habe ich keine Angst. Aber ich habe Angst davor, zu fliegen.«

»Mach dich nicht lächerlich. Ein Vogel, der Angst vorm Fliegen hat?«

»Warum beleidigst du mich? Geh doch weg, wenn du mich nicht magst. Oder hast du Angst, aufzustehen und wegzugehen?«

»Ich würde ja gern, aber ich kann nicht.«

»Ein junges Mädchen, das nicht aufstehen kann? Was für ein merkwürdiges Wesen!«

»Jetzt bist du es, der mich beleidigen will. Ich bin in einen Brombeerbusch geraten und habe die Stacheln im Rücken. Jedes Mal, wenn ich mich bewege, tut es weh.«

»Du wolltest im Frühling Brombeeren pflücken? Das kann man doch erst im August. Jeder Vogel weiß das.«

»Du musst dich nicht so aufspielen. Erstens wollte ich keine Brombeeren pflücken, sondern Veilchen. Und zweitens: Wenn du ein richtiger Vogel wärst, dann könntest du auch fliegen.«

»Kannst du denn fliegen?«

»Nein, aber ich würde es gern. Es muss herrlich sein, so in der Luft über den Köpfen der Menschen dahinzuschweben und die Schwere der Erde hinter sich zu lassen.«

»Das stellst du dir zu einfach vor. Du musst erst einmal die Höhenangst überwinden, bevor du fliegen kannst.«

»Ich fürchte, ich kann mich überhaupt nicht mehr erheben. Ich glaube, ich werde nie wieder toben können, nie wieder auf einer Schaukel sitzen.«

»Warum weinst du denn?«

»Weinen ist meine erste Stimme gewesen.«

»Das ist aus der Bibel. Du liest die Bibel?«

»Nein, diesen Satz hat mir meine Mutter vorgelesen, als wir neulich in der Totenkapelle von St. Marien waren. Er gefiel mir, also habe ich ihn im Kopf behalten.«

»Magst du Veilchen?«

»Nein, nicht besonders. Sie erinnern mich an das Grab meiner Großmutter, und Friedhöfe mag ich nicht.«

»Warum wolltest du dann Veilchen pflücken?«

»Die fremde Frau wollte, dass ich ihr welche pflücke. Weil sie sich nicht bücken könne, sagte sie.«

»War es denn eine alte Frau?«

»Ich weiß nicht. Jedenfalls nicht so alt wie meine Großmutter bevor sie starb. Ihre Stimme war noch ganz jung, aber ihr Gesicht sah so ermüdet aus, dass ich Mitleid mit ihr hatte und das tat, was sie von mir wollte.«

»Würdest du für mich auch etwas tun, wenn ich dich darum bitte?«

»Ja, denn du bist jetzt mein Freund. Komm näher, dann kann ich dich streicheln.«

»Halt dich gut an mir fest. Wir beide versuchen jetzt zu fliegen. Wenn man einen Freund hat, der ganz nah ist, verfliegt die Höhenangst. Wir fliegen hoch zur Sonne, hoch zu meinen Eltern. Sie werden dich gut aufnehmen, denn du hast mir geholfen.«

»Es ist schön, so hoch zu fliegen. Die Sonne blendet mich. Ich kann nichts mehr sehen.«

»Das macht nichts. Du fühlst mich ja. Jetzt bist du einer von uns.«

Kapitel 8 – Erinnerungen eines Seelsorgers

Teil 2 – Lübeck 1740

Man steckte Friederike in den Kerker der Fronerei auf dem Schrangen. Ich wurde ihr als Seelsorger zugeteilt und konnte dadurch dem gesamten Prozess beiwohnen.

Zuerst fiel es mir schwer, sie wiederzuerkennen, obwohl es doch nur ein knappes Jahr her war, dass ich sie als Bänkelsängerin auf dem Markt gesehen hatte. Sie steckte in einer plumpen Leinenbekleidung. Das einst lange Haar wurde gleich nach ihrer Inhaftierung gestutzt. Wie eine verbrauchte alte Waschfrau sah sie aus.

In ihren Gesichtszügen schien alles Leben erloschen. Tiefe Falten umrahmten den verhärteten Mund. Die Muskeln im Schläfenbereich zuckten beängstigend. Ihre Augen glänzten nicht mehr wie damals, als sie ihre Lieder sang.

Aber ihren verlorenen Blick hatte sie beibehalten. Immer wenn ich mit ihr sprach, schaute sie mich unbestimmt an, als sei ich durchsichtig. Gelegentlich riss sie die Augen weit auf und rollte die Pupillen wie eine Irre hin und her.

Die Ausübung der Justiz fällt bei uns in Lübeck einem der Ratsherren, dem sogenannten Gerichtsherrn zu. Das Hauptverhör dauerte nur wenige Minuten. Nachdem der Gerichtsherr die Zeugen angehört hatte, rief er Friederike auf.

Sie schlich mit müden Schritten vor die Schranke. Ihre Bewegungen waren hölzern und unrhythmisch. Nichts an ihr erinnerte an die einstige Musikerin.

»Ihr habt es gehört. Die Aussagen sind deutlich. Gebt Ihr zu, dass es sich so abgespielt hat?«

Friederike nickte geistesabwesend mit dem Kopf.

»Kanntet Ihr die Kinder, ich meine, habt Ihr sie vorher schon einmal gesehen?«

Sie verneinte mit einer knappen Geste.

»Sie waren Euch also wildfremd? Warum aber habt Ihr es dann getan?«

Friederike zögerte die Antwort heraus. Sie holte aus ihrer Rocktasche die drei Murmeln, die sie seit ihrer Kindheit in Trondheim begleiteten. Ich hatte den Konstabler überzeugen können, dass sie sie auch während der Haft behalten durfte.

Friederike ließ sie unaufhörlich von einer Hand in die andere gleiten.

Mit tonloser Stimme antwortete sie: »Es war nur ein Spiel. Von Calderón: *Das Leben ein Traum*. Wir haben den Auftritt oft geprobt. Es musste so sein.«

»Ich verstehe Euch nicht ganz. Wir sind hier nicht im Theater. Hier geht es nicht um ein Spiel, hier geht es um das Leben. Das Leben von zwei unschuldigen Kindern.«

»Ja. Aber das ist doch eins. Denn das Leben ist ein Spiel.«

Friederike legte die Murmeln behutsam auf die schmale Schranke. Sie stieß eine der Kugeln an, achtete aber darauf, dass sie nicht herabfiel.

Der Gerichtsherr schaute fragend zu mir hinüber. Ich gab ihm ein Zeichen, er möge auf das Spiel der Beschuldigten eingehen. In dieser Situation erschien es mir das Beste, Friederike gegenüber nicht die volle Wucht der Gerichtsbarkeit auszuspielen. Nur das war der Weg, die Beweggründe für ihre Tat zu erforschen.

»Welche Rolle nahm denn Euer Verlobter in dem Spiel ein? Wie ich hörte, hattet Ihr eine Auseinandersetzung mit ihm wegen einer anderen Frau.«

Sie hielt ihm ihre Hand mit dem Ring entgegen. »Er hat mit den Spielregeln gebrochen. Er hatte mir auf das Feierlichste vor dem Altar in der Jacobikirche kniend die Ehe versprochen. Wir sind Mann und Frau. Bis dass der Tod uns scheidet. So lauten die Spielregeln. Doch er hat sich mit einer Wäscherin eingelassen. Sie war meine beste Freundin. Jetzt hat er ihr ein Kind gemacht. Ausgerechnet die beiden einzigen Menschen, die mir nahestehen, haben sich gegen mich verschworen. Durch sie habe ich meine neue Heimat hier in Lübeck verloren. Es ist ein Gefühl wie damals in Trondheim, als mein Elternhaus niederbrannte. Ich habe meine Kindheit ein zweites Mal verloren.«

Der Vorsitzende schlug einen versöhnlichen Ton an: »So weit ich weiß, habt Ihr selbst keine Kinder?«

Friederike ließ die Kugeln vorsichtig aneinanderschlagen und beobachtete ihren Lauf. Eine rollte an den Rand der Schranke, doch sie fing sie rechtzeitig auf, bevor sie fiel.

»Kinder? Ich hasse Kinder. Schon in der Schule meiner Mutter sind sie über mich hergefallen. Ich verkroch mich unter einer Decke, um ihnen nicht ausgesetzt zu sein. Und dann, am dänischen Königshof in Kopenhagen musste ich ein Kind austragen, das nicht in die Spielregeln der höfischen Instruktionen passte. Es verstarb, ehe es ein eigenes Leben entwickeln konnte. Und nun trägt diese Wäscherin ein Kind unter dem Herzen, das eigentlich das meinige hätte sein sollen.«

Sie sammelte die Murmeln zusammen und steckte sie wieder in die Rocktasche. »Für mich ist das Spiel beendet.«

»Nicht ganz«, entgegnete der Gerichtsherr. »Noch sind nicht alle Fäden geknüpft. Noch sind zu viele Fragen offen. Und, so wie die Sachlage aussieht, kann ich Euch versichern, dass Euer letzter großer Auftritt noch bevorsteht.«

*

Die weitere Gerichtsverhandlung zögerte sich hin. Das war weniger das Verdienst des Prokurators, der Friederike als Pflichtverteidiger zugeordnet wurde. Der junge Mann war mit seiner Aufgabe völlig überfordert, weil er nicht das geringste Verständnis für die Beschuldigte und ihre Tat aufbringen konnte. Das war etwas, das er mit seiner hanseatischen Erziehung nicht vereinbaren konnte. Für Ihn war Friederike einfach nur eine gefährliche Irre.

Ich hingegen versuchte zu ergründen, was einen Menschen zu einer solchen Tat veranlassen konnte. Der Gerichtsherr ließ mir zum Glück genügend Zeit. Nachdem ich meine Nachforschungen in Friederikes

Geburtsort Trondheim und in Christianssand, dem Ort ihrer Jugendjahre, meine Erkundigungen beim dänischen Königshof in Kopenhagen und meine Nachfragen bei der Brookmannschen Wandertruppe abgeschlossen hatte, zeigte ich ihm meinen Bericht. Natürlich fehlten auch nicht die Aussagen der Lübecker Weggefährten Friederikes.

»Alles in allem fällt es mir schwer, die Beschuldigte als straffähige Verbrecherin zu verurteilen. Friederike hat weder aus Habgier noch aus Ehrgeiz gehandelt. Nicht einmal Eifersucht kann ich als ausreichenden Grund nennen. Denn dann hätte sie ihren Verlobten oder dessen Geliebte getötet, nicht jedoch zwei wildfremde Kinder. Eifersucht war sicherlich der Auslöser, aber nicht die Ursache.

Nein, ich glaube, da waren Triebkräfte im Spiel, die außerhalb ihres Willens lagen. Zum einen ist es ihre Lebensgeschichte, eine unbarmherzige Folge von Erniedrigungen und Enttäuschungen. Als Mensch und als Musikerin. Es ist das Scheitern ihres künstlerischen Anspruchs in einer Zeit der kalten und kulturfremden Realität. Und es ist nicht zuletzt das Versagen, eine eigene Familie, eine Heimat, ein persönliches Lebensziel aufzubauen.

Aber es scheint eine zweite Seite zu geben, die vielleicht noch wichtiger ist. Auch wenn ich kein Arzt bin, so glaube ich, dass Friederike zeitlebens unter einer Krankheit litt, die ich nicht benennen kann. Eine Glut im Kopf, die unsere Wissenschaftler vielleicht noch nicht erforscht haben. Und es gibt Anzeichen dafür, dass diese Krankheit vererbbar ist.

Es wäre zu einfach, Friederike als Irre abzustempeln, gar als Hexe. Weder redet sie wie eine, noch bewegt sie sich so. Andererseits hebt sie sich ab von dem, das wir als normal bezeichnen. Was ich nicht verstehe ist, dass man zeitweise mit ihr wie mit einem vernünftigen Menschen reden kann, dass es aber immer wieder Momente gibt, wo sie Traum und Wirklichkeit, Spiel und Lebensernst durcheinanderbringt. Dann kommt sie mir wie ein Kind vor, das es noch nicht gelernt hat, sich in die Gesellschaft einzugliedern.

Dieser Wechsel der Stimmungen scheint eine Laune ihrer Natur zu sein. Er ist wie das Zusammenspiel von Ebbe und Flut, nur, dass die Gezeiten sehr unregelmäßig aufeinanderfolgen. Immer wieder kommt es zu heftigen Springfluten, zu Phasen, in denen die Krankheit ihren gesamten Körper beherrscht. Dann ist sie nicht mehr bei Sinnen und kann ihre Handlungen nicht steuern.

Ohne Frage, ihre Tat muss sie vor Gott selbst rechtfertigen. Und ich hege tiefes Mitgefühl mit den Angehörigen der Opfer. Aber, haben wir wirklich das Recht, in Gottes Werk einzugreifen? Einen Menschen zu töten, der uns unbequem ist?«

Der Gerichtsherr hatte mir geduldig zugehört. Ich kannte ihn als verständigen Ratsherren und hoffte, ihn für mich gewinnen zu können. Doch meine Argumentation ging ihm gegen den Strich.

»Guter Freund, was Ihr da vortragt, mag für einen Geistlichen angemessen sein. Was mich betrifft, so bin ich bin ein Diener der Stadtgemeinschaft. Ich habe die Interessen unserer Bürger zu vertreten.

Mag sein, dass die Beschuldigte kein einfaches Leben gehabt hat. Mag auch sein, dass sie unter einer Krankheit im Kopfe leidet, die wir nicht kennen.

Doch das alles rechtfertigt in meinen Augen nicht die Tötung von zwei unschuldigen Kindern als Laune des Schicksals, als bedauerliches Unglück. Ihr seht nur die Befindlichkeiten der Friederike von Rantzau. Ich hingegen muss in meinen Entscheidungen auch die Seite der Opfer und ihrer Angehörigen, sowie die der Öffentlichkeit einbeziehen. Ich stehe hier für Gesetz und Ordnung. Für mich geht es weniger um die Motive der Tat, als um die Frage nach Schuld und Sühne.

Die Tatsachen liegen klar auf der Hand. Die Schuld der Angeklagten steht außer Frage. Also muss sie ihre Tat auch sühnen. So will es das Gesetz, so will es die öffentliche Meinung.«

»Ihr sprecht von Tatsachen. Was bringt uns das weiter? Sind Tatsachen denn Bürgen der Wahrheit? Nein. Tatsachen sind vieldeutig. Sie treiben wie trügerische Barken auf dem Fluss der Wahrheitsfindung. Mal haben sie die Feinde, mal die Mutter der Wahrheit an Bord. Wenn Nebel über dem Fluss liegt, sehen wir die Barken nicht einmal. Wie können wir dann die Wahrheit verstehen? Wir sollten uns davor hüten, die nackten Tatsachen zur Richtschnur unseres Handelns zu machen.

Im Fall Friederike von Rantzau geht es in meinen Augen weniger um die Tatsachen, als um die Hintergründe, um die Motive ihres Handelns, um die Struktur ihres Charakters. Und in dieser Beziehung sind noch alle Fragen offen. Ich bitte Euch daher zu überprüfen, ob es nicht weiser wäre, Friederike ins *Unsinnigenhaus* vor dem Mühlentor zu überführen, statt um der Sühne willen ihren Kopf zu fordern. Seid barmherzig mit den Leidenden.«

»Ihr philosophiert zu viel, und Ihr widersprecht Euch. Vorhin sagtet Ihr, die Angeklagte sei keine Irre. Wieso wollt Ihr sie jetzt in die Verrücktenanstalt stecken, in die *Tolle Kiste*, wie sie im Volksmund genannt wird? Nein. So leichtfertig können wir mit dem Gesetz nicht umspringen.

Und noch eins: Ich habe die Aufgabe, ein Exempel zu statuieren. Gerade heutzutage. Wir leben in einer unruhigen Zeit. Der Konflikt zwischen Rat und Bürgerschaft schwelt und droht, in einen Flächenbrand auszubrechen. Da gilt es besonders, Stärke zu zeigen. Nur die Härte der Strafe vermag es, Wirrköpfe abzuschrecken, die verbrecherische Taten planen. Das sind wir nicht nur dem Gesetz gegenüber schuldig, sondern auch unseren Bürgern.

Um das einmal mit Friederikes Worten auszudrücken: *Die Spielregeln sind klar.* In ihrem Fall bedeutet das den Gang zum Hochgericht. Hinrichtung auf dem *Köpfelberg.* Meinetwegen durch das Schwert statt durch das Rad oder den Galgen. Damit sei der Barmherzigkeit Genüge getan.«

Der Gerichtsherr hatte sich in einen Ton geredet, der keinen Widerspruch mehr duldete. Mir war klar, dass jedes weitere Gegenargument ihn nur noch unversöhnlicher stimmen würde. Sein Hinweis auf die politische Lage in der Stadt öffnete mir die Augen. Ein hartes Durchgreifen, ein Todesurteil, schien dem Rat angesichts der Auseinandersetzung mit der

Bürgerschaft gerade recht zu kommen. Einerseits bewies er damit, dass er für Recht und Ordnung stand. Andererseits konnte er die Gunst der Mehrheit der Bewohner auf seine Seite ziehen, denn für sie galt eine Hinrichtung auf dem *Köpfelberg* als beliebte Abwechslung vom langweiligen Alltag.

Ein einzigartiges Volksfest.

Friederikes Kopf als Trumpfkarte in den Händen des Rats. Eine Schmierenkomödie, wie sie die Brookmannsche Wandertruppe nicht besser hätte aufführen können.

Kapitel 9 – Schlussakkord

Lübeck am 14. Juli 1740

Auf dem *Köpfelberg* herrschte reges Treiben. Die Hinrichtungsstätte lag etwas außerhalb des Burgtors, rechter Hand am Rand der Landstraße, die nach Travemünde führte, auf freiem Feld gegenüber dem Pockenhof und dem Gertruden Kirchhof.

Ein weithin sichtbares Monument lübscher Macht und Selbstgerechtigkeit. Trotzdem war es ein Areal, das der rechtschaffende Bürger normalerweise mied, denn hier roch es nach Tod.

In der Mitte des weitläufigen Platzes befand sich eine erhöhte Anlage von etwa 11 Meter im Quadrat, die von einer Backsteinmauer mit mehr als 17 Meter Seitenlänge umgeben war.

Lübecker Backsteingotik der anderen Art.

An deren Westseite führte eine schmale Pforte zu einer Wendeltreppe, die den Zugang zu einer, durch vier Ecktürmchen und einem höheren Mittelturm getragenen Plattform ermöglichte. Zwischen den Türmen ruhten mächtige Eichenbalken. Auf zwei Ebenen konnten hier die Missetäter aufgeknüpft werden, je nach der Größe ihrer Untat.

Nach dem Motto: Die größten Schelme an den höchsten Galgen.

Zeitweise waren die Galgen ständig *bevölkert*. Bei dem Geschäft mit den zu Tode Verurteilten gönnte sich Lübeck keine Ruhepause. Leer war der Galgen selten. In der Regel blieben die Aufgeknöpften solange hängen, bis sie durch ihre Verwandten erlöst wurden, oder bis sie einfach von allein herabfielen. Vor 16 Jahren beispielsweise löste sich im Dezember das Skelett eines Diebes, der bereits im Mai gehängt worden war.

Ein Weihnachtsgeschenk der anderen Art.

Friederike von Rantzau entging diesem Schicksal dank der Gnade des Gerichtsherren, der es als Barmherzigkeit auslegte, sie auf der Plattform mit einem gezielten Hieb durch das Schwert vom Leben zum Tode zu befördern.

Das war ja auch viel interessanter als der Tod durch den Strick, fanden viele Lübecker. Kein stundenlanges Zucken der Gliedmaßen.

Kurz, schmerzlos und viel Blut.

Es war ein freundlicher Sommertag. Wie geschaffen für gesellige Unterhaltung. Sie kamen zu Hauf. Mit Kind und Kegel, mit Dienern, Haustieren, Liebhabern und Mätressen. Alle in Sonntagskleidung.

Die meisten Kontore und Büros hatten ihren Angestellten zur Feier des Tages frei gegeben. Die Schulen blieben geschlossen. Die Lehrer begleiteten ihre Zöglinge, damit diese lernten, was Recht und Ordnung in der Praxis bedeutete.

Natürlich gehörten auch Schausteller, Imbissbuden und Bierstände zu einem Volksfest dazu. Gerade am Tage einer Hinrichtung galt es zu zeigen, dass Leben und Tod einander bedingen. Und für die Gewerbetreibenden war es eine vortreffliche Gelegenheit, gutes Geld zu machen.

Ganz am Rand stand ein Leiermann, ein buckliger Alter, den niemand kannte. Mit seinen kalten, starren Fingern drehte er unerbittlich seine Leier und sang traurige Lieder dazu. Er war der Einzige, der heute noch keinen Groschen eingenommen hatte. Die Leute kümmerten sich nicht um ihn. Für sie war das, was sich in der Mitte des *Köpfelbergs* abspielte, viel unterhaltsamer.

Nur ein paar Hunde strichen um ihn herum.

Der Alte war der Erste, der Friederikes Ankunft bemerkte. Er lächelte und schloss sein Lied mit der Moralstrophe:

Ihr Christen kommt und tut anhören,
Wie Satan uns sucht zu betören;
Dass er uns bringen mag zu Fall:
Exempel hat man abermal.

Friederike wurde auf einem einfachen, von einem abdeckerreifen Gaul gezogenen Bierkutscherfuhrwerk vorgefahren. Sie kniete auf der Pritsche, die Haare kurz geschoren, gekleidet in einer groben grauen Anstaltskleidung.

Auch sie lächelte.

Hinter ihr stand der Seelsorger und hielt sich an ihrer Schulter fest. Seine Anwesenheit, sein ernstes Gesicht und seine stille Anteilnahme an dem Schicksal der Verurteilten waren der Grund, warum die Schaulustigen Friederike nicht, wie sonst üblich, mit Spottrufen bedachten und mit faulem Obst bewarfen.

Eine Hinrichtung der anderen Art.

Schnell sprach es sich herum. Die beiden Personen auf dem Pferdekarren strahlten eine Würde aus, die dem Anlass eigentlich nicht angemessen war.

Von Buße, Reue oder Sühne keine Spur. War das die Irre, die zwei unschuldige Kinder hingemordet hatte?

Es war die beliebte Bänkelsängerin, die zu ihrem letzten Spiel antrat.

Das Fuhrwerk hielt direkt vor der schmalen Pforte, die zur Richtbank auf der oberen Plattform führte.

Die beiden stiegen ab.

Eine beklemmende Stille breitete sich aus. Jeder konnte hören und sehen, was sich nun abspielte.

Der Seelsorger fasste Friederike am Arm und sagte leise: »Komm, hier entlang. Das ist der Weg, den wir gehen müssen. Es ist dein großer Auftritt, und ich werde dir ganz nah sein.«

Friederike lächelte ihn an. Sie hob ihre linke Hand, die die ganze Zeit zu einer Faust geballt war. Dann öffnete sie sie.

Drei Murmeln kamen zum Vorschein. Eine grüne, eine rote und eine gelbe.

Sie glänzten in der Sonne.

»Nimm sie. Während des Spiels muss ich meine Hände frei haben. Nachher, nach meinem Auftritt, werde ich sie wieder einstecken. Hüte sie solange wie deinen Augapfel.«

Der Leiermann hatte sich inzwischen durch die Massen nach vorn in die erste Reihe gedrängelt.

Als Friederike oben auf der Plattform ankam, konnte er ihr Gesicht gut erkennen, und es schien, als könnte er ihre Gedanken lesen.

*

Welch´ wunderbare Bühne! Hoch und offen, frische Luft und strahlender Sonnenschein. Keine Guckkastenbühne. Keine rußigen Unschlittkerzen, keine falschen Seitenkulissen. Kein Vorhang, auf dem pausbackige Engel mit silbernen Flügeln über einem sternenübersäten azurblauen Himmel schweben.

Brighella hat sich beim Aufbau der Bühne wirklich Mühe gegeben. Alles solide und zweckmäßig. Hier riecht es nicht nach Farbe, Kleister und Schweiß. Hier atmet man das natürliche Leben. Es duftet nach weißen Lilien und nach Veilchen. So muss Theater sein. Ich werde dem Prinzipal bei Gelegenheit mein Lob aussprechen.

So ein zahlreiches Publikum hatte ich noch nie. Das sind Hunderte. Der ganze Platz ist voller Menschen. Und sie lieben mich, ich spüre ihre stille Bewunderung. Wie erwartungsvoll sie zu mir emporschauen! Keine johlenden Seeleute, keine rüden Sprüche. Ich weiß, die Leute wollen keine Harlekinaden, kein falsches Ochsenblut. Sie erwarten von mir echte Kunst. Unterhaltsam soll sie sein, aber doch auch bildend. Gehobenes Schauspiel mit etwas Gefälligkeit, das ist, was ich ihnen bieten werde.

Da vorn, in der ersten Reihe stehen Vater und Mutter. Wie ich mich freue, dass sie zu meinem großen Auftritt gekommen sind! Vater sieht müde aus, doch man merkt ihm an, wie stolz er auf seine Tochter ist. Mutter blickt so streng wie immer, als würde sie nur darauf warten, dass ich einen Fehler mache. Aber den Gefallen tu ich ihr nicht. Ich habe meine Rolle gut geübt.

Zwischen ihnen mein Bruder Frederick mit seinem trockenen Keuchhusten. Ich weiß, er wird bald auf eine lange Reise gehen. In ein fernes Land, wo es weder Leid noch Hass gibt. Zu einem Ort, an dem er geborgen ist. Wer weiß, wann ich ihm folgen werde.

Doch das hat Zeit. Du wirst in deinem Leben bis an die Grenzen gehen, aber dein Name wird unsterblich werden, *hatte damals die Wahrsagerin in dem Hafenschuppen von Trondheim gesagt. Ja, du hattest recht, gute Frau, denn heute fange ich damit an.*

Ist das nicht der kleine Erkan, der da zwischen den Reihen läuft und Programmhefte verkauft, der Sohn vom Schutzjuden? Er ist der einzige Junge, den ich mag, denn er hat mich nie verspottet.

Er bleibt stehen. Mit wem spricht er da? Einer der beiden Männer winkt mir zu. Es ist Johann von Ahlefeld, ich kann es genau erkennen. Gut siehst du aus, ganz der würdevolle Graf im Dienste seiner Majestät. Ich bewundere Frauen, die den schönen Künsten zugeneigt sind, *hattest du mir einst gesagt. Du bewunderst mich nicht nur, du liebst mich, das lese ich dir an den Augen ab. Bestimmt wirst du mich nach meinem Auftritt in deine Kutsche einladen und mich auf dein Schloss bringen. Wir werden Kinder haben.*

Neben ihm steht mein Onkel Jasper. Gutmütig schaut er drein, obwohl er gerade seine Frau verloren hat. Ich werde ihm nach meinem Auftritt die Kette mit dem Medaillon zurückgeben, die ihn an Catharina erinnert. Das bin ich ihm schuldig, denn ihm habe ich die Ausbildung meines musikalischen Talents zu verdanken.

Jetzt muss ich mich aber auf mein Spiel konzentrieren. Pulcinella gibt mir ein Zeichen. Er spielt seine Rolle als Seelsorger wirklich hinreißend echt. Von seiner Kunst werde ich noch so manches lernen können.

Dort hinten steht schon der Dottore mit dem Schwert in der Hand. Ich erkenne ihn, obwohl er eine Maske trägt. Ich mag diese Trauermaske nicht, aber so steht es nun mal im Regiebuch. Er wartet auf mich, auf Cintio.

Wo bleibt Sebastian? Er hatte versprochen, mir rechtzeitig die Handorgel zu bringen. Schade, ich vermisse sein violett schwarzes Haar und die funkelnden Augen. Soll Cintio denn ohne Musikbegleitung singen?

Nein. - Du da vorn, wunderlicher Alter, willst du zu meinen Lieder deine Leier drehn?

Und was ist das Leben? Eine Eselei.
Was ist das Dasein? Hohler Schaum,
Ein Gedicht, ein Schatten kaum.
Wenig kann das Glück uns geben.
Denn ein Traum ist alles Leben,
Und die Träume selbst ein Traum.

Dieter Bührig
Brüllbeton
Gmeiner-Verlag
www.gmeiner-verlag.de
ISBN 978-3-8392-1418-3
218 Seiten, 12 x 20 cm
Paperback; 9,99 €

»Ein ungewöhnlicher Krimi, rasant wie die Tour de France, mit überraschenden Etappenzwischenspurts!«

In Lübeck wird bei der Sanierung der als Brüllbeton in Verruf geratenen Fahrbahndecke auf der Ostseeautobahn eine Leiche entdeckt. Es ist ein Drogenkurier, dem Dopingkapseln im Magen zum Verhängnis wurden. Schnell gerät »Beton-Müller«, der Chef der Baufirma, Verdacht. Doch wenig später findet man auch ihn tot auf, den Rachen gefüllt mit Dopingkapseln. Alles sieht nach einem Konkurrenzkampf unter Drogenbanden aus, bis Kriminalhauptkommissar Kroll etwas in Beton-Müllers Privatleben aufspürt, das dem Fall eine überraschende Wendung gibt ...

Dieter Bührig
Fluchtvögel
Gmeiner-Verlag
www.gmeiner-verlag.de
ISBN 978-3-8392-1516-6
243 Seiten, 12 x 20 cm
Paperback; 9,99 €

»Zeitgeschichte spannend und hautnah.«

Was hat die Leiche eines Schwarzafrikaners in einem Kühlwagen zu tun mit der Insassin einer Pflegeanstalt für psychisch Kranke, die vor 25 Jahren nach einem schweren Unfall das Gedächtnis verlor? Auf den ersten Blick nichts. Doch als der Lübecker Kriminalhauptkommissar Kroll herausfindet, dass es in beiden Fällen um Fluchtversuche geht, wird er in einen Fall verwickelt, der ihn fast das Leben kostet.

Dieter Bührig
Der Klang der Erde
Gmeiner-Verlag
www.gmeiner-verlag.de
ISBN 978-3-8392-1219-6
270 Seiten, 12 x 20 cm
Paperback; 12,90 €

»Ein historischer Roman zum 100. Todestag von Gustav Mahler. Düster, atmosphärisch, mitreißend!«

Der Geiger Max Auerbach hat nach dem Scheitern seiner Ehe eine Anstellung beim Lübecker Stadtorchester unter Leitung des jungen Dirigenten Wilhelm Furtwängler gefunden. Als der glühende Verehrer Mahlers im Mai 1911 vom Tod des Wiener Meisters erfährt, verliert er jeden Halt: Auerbach entwickelt eine gefährliche Persönlichkeitsstörung. Er nimmt einen Doppelgänger wahr, der ihm aufträgt, in München die Orchesterpartitur von Mahlers »Lied von der Erde« zu stehlen und den Dirigenten der Uraufführung, Bruno Walter, zu töten ...

Dieter Bührig
Schattenmenagerie
Gmeiner-Verlag
www.gmeiner-verlag.de
ISBN 978-3-8392-1241-7
326 Seiten, 12 x 20 cm
Paperback; 9,90 €

**»Ein musikalischer Krimi mit
Regionalbezug, der auf wunderschöne Weise
die Grenzen zwischen Realität
und Fantasie aufhebt.«**

Nikolaus Romanowsky fühlt sich als Erbfolger des
Zaren Peter III. und plant, sich zum Herrscher eines
neuen, geeinten Zarenreichs emporzuschwingen. Als
Pächters der Fasaneninsel, die im Eutiner See nahe
dem Schloss liegt, spinnt er seine Intrigen und besei-
tigt alle, die ihm im Weg stehen. Inspektor Kroll
kommt in seinem neuen Fall nicht so recht voran.
Doch er erhält unerwartete Hilfe von der blinden Pia-
nistin Viviana. Inspiriert durch die Musik von Carl
Maria von Weber hilft sie dem Inspektor in ihren musikalischen Visionen bei der Entschleierung der Hintergründe und Motive der Verbrechen ...

Dieter Bührig
Schattengold
Gmeiner-Verlag
www.gmeiner-verlag.de
ISBN 978-3-8392-1088-8
276 Seiten, 12 x 20 cm
Paperback; 9,90 €

»Fantastisch und überaus spannend«

In Lübeck scheint die Zeit stehen geblieben zu sein. Aina, ein Adoptivkind, das seine Herkunft nicht kennt, lernt bei ihrer Aufnahmeprüfung an der Musikhochschule die Klavierpädagogin Rana Ampoinimera kennen. Diese ist von dem Ausnahmetalent der jungen Frau überzeugt und lädt sie in ihr Haus ein. Aina trifft auf Ranas Ehemann Adrian, einen Goldschmiede- und Uhrmachermeister, und seinen Gesellen Raik.

Doch dann erschüttert eine Serie von mysteriösen Todesfällen die Idylle. Was bedeuten die fremden Worte auf den Zetteln, die man bei den Toten findet? Kriminalinspektor Kroll ist ratlos …

Dieter Bührig
Die verschollene Jungfrau
Gmeiner-Verlag
www.gmeiner-verlag.de
ISBN 978-3-8392-1294-3
310 Seiten, 12 x 20 cm
Paperback; 12,90 €

»Skandal um eine verschwundene Jungfrau. Wo ist die fünfte Törichte geblieben? Ein Restaurator verliert sich im Schicksal der Jungfrau.«

Ein junger Restaurator wird mit der Restauration der Sandstein-Figurengruppe der Klugen und Törichten Jungfrauen im Lübecker St. Annenmuseum beauftragt. Sie gehörte einst zur Ausstattung der Burgkirche, die 1818 abgerissen wurde. Doch seither fehlt eine der Figuren. Was ist aus ihr geworden? Der Restaurator verliebt sich in die anmutigen Törichten. Sie verraten ihm ihr Schicksal, ein Lied von Liebe und Tod, Anpassung und Widerstand, Ehrgeiz und Verrat...

Dieter Bührig
Mauerriss
Gmeiner-Verlag
www.gmeiner-verlag.de
ISBN 978-3-8392-1621-7
273 Seiten, 12 x 20 cm
Paperback; 9,99 €

**»Der Traum vom dritten Weg -
Menschen zwischen den Mühlensteinen der
Geschichte«**

1989: Die DDR hat abgewirtschaftet. Korrupte Funktionäre bereichern sich durch staatlichen Kunstraub und Enteignung privater Antiquitäten. Wahlfälschungen bringen das Fass zum Überlaufen. Wie soll es weitergehen? Das Regime will den realen Sozialismus reformieren, die Gegner fordern die Wiedervereinigung unter kapitalistischen Vorzeichen. Doch Christian träumt von einem dritten Weg, vom demokratischen Sozialismus. Und privat muss er sich zwischen Beata und Dorisa entscheiden. Wem wird er folgen?

www.ingramcontent.com/pod-product-compliance
Lightning Source LLC
La Vergne TN
LVHW050549200726

843508LV00010B/1585